新闻采集与法

NEWS GATHERING
AND THE LAW

彭桂兵 著

图书在版编目(CIP)数据

新闻采集与法/彭桂兵著. —北京:北京大学出版社,2020.6
ISBN 978-7-301-31117-2

Ⅰ.①新… Ⅱ.①彭… Ⅲ.①新闻采访—法律—研究 Ⅳ.①D912.804

中国版本图书馆 CIP 数据核字(2019)第 301366 号

书　　　名	新闻采集与法 XINWEN CAIJI YU FA
著作责任者	彭桂兵　著
责 任 编 辑	刘秀芹
标 准 书 号	ISBN 978-7-301-31117-2
出 版 发 行	北京大学出版社
地　　　址	北京市海淀区成府路 205 号　100871
网　　　址	http://www.pup.cn　新浪微博:@北京大学出版社
电 子 信 箱	sdyy_2005@126.com
电　　　话	邮购部 010-62752015　发行部 010-62750672 编辑部 021-62071998
印 刷 者	三河市博文印刷有限公司
经 销 者	新华书店 880 毫米×1230 毫米　A5　10.75 印张　232 千字 2020 年 6 月第 1 版　2020 年 6 月第 1 次印刷
定　　　价	48.00 元

未经许可,不得以任何方式复制或抄袭本书之部分或全部内容。
版权所有,侵权必究
举报电话:010-62752024　电子信箱:fd@pup.pku.edu.cn
图书如有印装质量问题,请与出版部联系,电话:010-62756370

目 录

第一讲 新闻采集与法律:简论 P001
一、新闻采集环节的法律问题理应得到重视 …………… 003
二、新闻采集中的法律问题与采访活动的相关要素 …… 010
本讲小结 ……………………………………………… 060

第二讲 新闻采访权的法律保护与约束 P063
一、新闻采访权与新闻记者证 ………………………… 066
二、新闻采访权是"权利"还是"权力" ……………… 073
三、英美为什么没有"新闻采访权"一说 …………… 076
四、我国为什么有"新闻采访权"一说 ……………… 078
五、我国新闻采访权的法律保护与约束概况 ………… 081
六、如何从制度上保护与约束新闻采访权 …………… 085
本讲小结 ……………………………………………… 096

第三讲　新闻采集与政府信息公开　P099

一、记者信息采集与公民知情权 …………………… 100

二、记者信息采集与美国政府信息公开 …………… 109

三、记者信息采集与英国政府信息公开 …………… 115

四、记者信息采集与我国政府信息公开 …………… 119

五、记者对突发事件采访与我国政府信息公开 …… 125

本讲小结 ………………………………………………… 131

第四讲　新闻采集：审判庭上的摄像机　P133

一、美国的庭审直播：从完全禁止到逐渐开放 …… 135

二、英国的庭审直播：严格限制中渐趋松动 ……… 149

三、我国庭审直播的实践运用与理论争议 ………… 160

本讲小结 ………………………………………………… 179

第五讲　新闻采集与记者"拒证权"　P181

一、记者有保守匿名消息源的伦理义务 …………… 182

二、美国的记者"拒证权" …………………………… 186

三、英国的记者"拒证权" …………………………… 202

四、我国媒体可否为了赢得诉讼透露匿名消息源 … 214

本讲小结 ………………………………………………… 231

第六讲 隐性采访中的法律争议 P233

一、偷拍偷录有广义和狭义之分 ………………… 233
二、偷拍偷录不能触碰的法律禁区 ………………… 236
三、记者何时可以使用隐性采访 ………………… 244
四、隐性采访法律问题之一：隐私侵权或其他 ……… 245
五、隐性采访法律问题之二：暗访偷拍证据的证明力 … 259
本讲小结 …………………………………………… 272

第七讲 新闻采集中的"付费采访""有偿新闻"和"有偿不闻" P274

一、新闻采集中的"付费采访" ………………… 275
二、新闻采集中的"有偿新闻"和"有偿不闻" ……… 290
本讲小结 …………………………………………… 337

后 记 P338

第一讲 Lecture 1　新闻采集与法律:简论

近年来,新媒体技术引发的新闻业的根本性变革是有目共睹的。在生产端,机器人替代普通劳动力进入智力密集的新闻业,机器人新闻记者撰写新闻稿已经成为一种常态。在分发端,个性化阅读客户端实施的智能推送,把新闻的编辑发布权从人让渡给算法。在接收端,深度阅读可望不可即,纯文字的传统阅读变得更为小众化和精英化,图片和视频开始升级为 21 世纪的主流文本表现形式。[1] 毋庸置疑,技术的迭代更新对新闻业态和形态都会有极大的冲击。传统媒体时代的新闻生产分发过程——采访、写作、编辑、排版、印刷、发行等流程——在今天已经被大大地压缩和省略。但是,有一点可以肯定,无论新技术如何对新闻业产生影响,新闻业始终要受到法律和伦理的双重约束。即使在我们身处的算法推荐新闻的时代,算法推荐新闻仍然要受到法律和伦理的双重约束。这种信息传播方式备受法律和伦理的考验,引发了学界和业界对其传播方式法律和伦理上

---

〔1〕 参见腾讯研究院:《人工智能时代:新闻业的谢幕与重生》,http://www.tisi.org/4906,2018 年 12 月 2 日访问。

的争议。尽管诸如人工智能和算法推荐新闻是目前学界和业界关注的重点，但本书并不主要聚焦于这些话题。

在我国现时的媒介环境下，本书作者不太喜欢使用"新闻专业主义"这个舶来品，更倾向于使用"新闻职业化"这个概念。要使新闻真正成为人们赞誉和肯定的职业，始终离不开法律规范和伦理规范对其职业行为的规约。智能化新闻生产引发了一系列法律和伦理问题："电子人"或机器人在挖掘和使用数据的过程中会不会侵扰和泄露别人的隐私，机器人新闻记者写成的报道能不能算得上新闻作品？"电子人"是否具备民法上的人格权的要素？基于算法的推送会不会不考虑新闻接收者的选择意志而强行发送？……这些问题都需我们要深入思考。本书写作伊始，就抛出智能化新闻写作时代的法律和伦理问题，目的是谨防一种论调的产生：智能化新闻生产时代可以抛弃法律和伦理的双重约束。本书认为，不仅不可以抛弃法律和伦理的约束，还要更加关注传统媒体时代不曾有的新的法律和伦理问题。从美国大学的课程设置可以看出，即使是在应对新媒体技术带来的更多的新闻实务变革的情况下，美国的新闻学院仍然没有抛弃类似"大众传媒法规与伦理"这样的课程。这就从一个侧面印证了技术越发展越要重视新技术给新闻业带来的新问题。

媒介融合时代，传统新闻业确实有衰落趋势，《东方早报》《京华时报》等当年被看好的报纸在今天已经停刊或休刊。但新媒体技术对新闻业的影响有时也被学界和业界高估，特别是近年来各行各业都在讨论人工智能的影响时，新闻业更加呈现出一种悲凉的气息。究其根本，人工智能对新闻业到底会带来哪些变革？会不会彻底颠覆原有的新闻采编流程？本书认为未必有这种可能。现在人工智能对新闻业的影响只是比较初级的，尤其是人们提及的机器新闻报道，仍然处在低级的阶段，很难替代人工新闻报道。张志安教授在谈到人工智能对新闻业的影响时说道：它带来了新的速度、新的体验与新的分发，但它却不能带来真相与解释。[1] 换言之，对于新闻现场的信息采集和深度解析，人工智能无法完成这项任务。目前来看，人工智能充其量只能为传统新闻业提供补给的力量，而不能充分替代传统新闻业。所以，本书认为，研究传统媒体的新闻采集和报道中的法律问题，对当下的新闻业发展来说，仍然有必要而且很重要。

一、新闻采集环节的法律问题理应得到重视

一般而言，新闻工作流程可以拆解为两个步骤：第一步是新闻记者的信息采集或信息获取，第二步是新闻报道或新闻评论。国内传播法的教材，如魏永征教授的《新闻传播法教程》[2]、孙旭培教授的《新闻传播法学》[3]、顾理平教授的《新闻法学》[4]、邵国松教授的《网络传播法导论》[5]等教材多涉及新闻报道发

---

[1] 参见张志安：《人工智能带给新闻业新的速度和体验，却无法带来真相与解释》，https：//mp. weixin. qq. com/s/QZRhy575Lglmykwg6n7g6A，2019 年 1 月 26 日访问。
[2] 参见魏永征：《新闻传播法教程》（第五版），中国人民大学出版社 2016 年版。
[3] 参见孙旭培：《新闻传播法学》，复旦大学出版社 2008 年版。
[4] 参见顾理平：《新闻法学》，中国广播电视出版社 2005 年版。
[5] 参见邵国松：《网络传播法导论》，中国人民大学出版社 2017 年版。

表后引致的新闻侵权问题,也即,新闻报道对公民的名誉、隐私等人格权和著作权所造成的侵权诉讼。教材中所陈述的多数新闻案例都属于新闻报道公开发表以后所引起的法律诉讼。

关于新闻记者的信息采集或信息获取行为所引起的法律问题,国内传播法教材和专著也常涉及。例如,魏永征教授的教材涉及证券信息的采集、隐性采访的法律问题、新闻记者的采访权等。孙旭培教授的教材涉及新闻采访中的法律问题、记者对消息源的保护问题、司法信息的获取等。顾理平教授的教材涉及新闻记者的采访权、隐性采访的权利与义务等。邵国松教授的教材主要讨论的是网络信息传播中的法律问题,几乎不涉及新闻采集中的法律问题。可以说,以上列举的教材,其主要写作目的都不是专门针对新闻采集或信息获取环节的。这些教材对诸如记者采访特权以及采访权的限制与保护、新闻采集与庭审直播、新闻采集与政府信息公开、新闻采集与隐私权、新闻采集中的"付费采访"和"有偿新闻""有偿不闻"等法律问题就很少涉及。

相较于我国,美国对新闻采集或信息获取环节的法律问题的研究更加详细。C. 托马斯·第纳斯(C. Thomas Dienes)、李·莱文(Lee Levine)、罗伯特·C. 林德(Robert C. Lind)三人合著的《新闻采集与法》[1]就是例证。尽管该书版本有所更新,但目

---

〔1〕 C. Thomas Dienes, Lee Levine, and Robert C. Lind: *Newsgathering and the Law*, Charlotttesville, Virginia: Michie Law Publishers, 1997.

前仍显得有点落后,未涉及互联网时代的新闻采集或信息获取。全书设置了16个章节,近1000页,比较详细地写出了新闻采集或信息获取涉及的各方面法律问题。以下列出该书各章节的标题:第1章,新闻采集权的理论基础;第2章,接近司法诉讼:最高法院;第3章,接近司法诉讼:下级法院;第4章,法庭内拍摄;第5章,接近司法档案:刑事程序;第6章,接近司法档案:民事程序;第7章,接近司法诉讼中的参与者;第8章,接近公共场所以及公共事件;第9章,接近行政与立法机构;第10章,接近联邦政府档案;第11章,接近州政府档案;第12章,非政府场所中的新闻采集;第13章,新闻采集手段;第14章,记者特权的发展;第15章,州盾法(shield law)以及联邦立法;第16章,记者的宪法与普通法特权。

可以看出,第1章是总论,第2—7章涉及新闻记者对司法案件的接近与报道,第8章探讨新闻记者采访地点及采访对象所涉及的法律问题,第9—12章涉及新闻记者对政府以及立法机构信息的公开获取和报道,第13章是新闻记者采访方法或手段所涉及的法律问题,第14—16章涉及记者特权保护的法律问题。囿于国情不同,本书在章节的安排上虽参考了上述内容,但总体体系有所变化。

国内学术界对于新闻采集或信息获取引起的法律问题不够关注。国内新闻采访、写作等实务类教材可谓丰富,但几乎不提新闻采访和信息采集过程中的法律伦理议题(即使涉及,也只是零星),普遍只专注于对采访写作方法、基本文体的介绍等。例如,蓝鸿文教授的《新闻采访学》[1]、张征教授的《新闻采访教程》[2]、刘海贵教授的《中国新闻采访写作学》[3]、丁柏铨教授的《新闻采访与写作》[4],这些比较经典的新闻采访写作等实务教材和著作无不如此。

相比之下,美国的新闻实务类教材和专著不仅注重对新闻采访写作方法、基本文体的介绍等,也会单独开辟章节讨论新闻采集和报道中涉及的法律和伦理问题。以美国经典的新闻实务教材《新闻报道与写作》[5]来说,第25—27章,专章谈及新闻采集与报道中的法律、品味与禁忌、伦理。再如,凯利·莱特尔(Kelly Leiter)等人所著《全能记者必备:新闻采集、写作和编辑的基本技能》(第7版)[6],在第5章就专门讨论新闻采集和报道中的伦理和诽谤问题。在媒介融合时代,新闻记者信息采集中的伦理问题受到了新闻学界和业界更多的关注,比如,对上海外滩踩踏事件以及歌手姚贝娜逝世采访的争议,等等。对于新闻采集或信息获取中的法律问题,新闻学界和业界也应该投入相当的精力来关注。

---

[1] 蓝鸿文:《新闻采访学》,中国人民大学出版社2011年版。
[2] 张征:《新闻采访教程》,中国人民大学出版社2008年版。
[3] 刘海贵:《中国新闻采访写作学》,复旦大学出版社2011年版。
[4] 丁柏铨主编:《新闻采访与写作》,高等教育出版社2014年版。
[5] 〔美〕梅尔文·门彻:《新闻报道与写作》,展江主译,华夏出版社2004年版,第671—754页。
[6] 参见〔美〕凯利·莱特尔等:《全能记者必备:新闻采集、写作和编辑的基本技能》(第7版),朱铁军译,中国人民大学出版社2010年版,第51—65页。

典型案例 《南方都市报》记者刘某涉王林案

2015年7月15日,号称"气功大师"的王林因涉嫌一桩命案被警方控制。王林的情妇雷某被要求到公安机关协助调查,从而认识了办案民警钟某。钟某是刚入警四年的技术民警,负责现场拍照、整理证据材料。然而在雷某眼里,他成了能提供案件信息的关键人物。为了"打听案情",雷某频繁与钟某联系,并发生不正当关系。在二人交往期间,雷某先后花费六七万元为钟某购置名牌衣物等,二人还一同前往多地旅游。王林被捕后,其前妻张某从深圳市赶往江西省萍乡市想要"营救"他。雷某找到张某说,有个公安局的朋友可以为这个案子出力,但需要支付200万元"感谢费"。救人心切的张某同意了。

雷某将花钱找公安机关内部人员提供消息的事同时告诉了正在萍乡采访的《南方都市报》记者刘某。刘某回复说:"好事,钱可以谈。"雷某和张某称,刘某曾于2013年为正处于舆论漩涡中的王林在香港做过一次专访,王林对报道效果十分满意,刘某因此获得了王林一家的信任。此后两年间,刘某与王林保持着联系。王林出事后,刘某主动找上门来,雷某和张某便经常找他出谋划策。刘某坦承,为了能够随时获得王林案的一手材料,以便写出独家报道,他主动联系了雷某和张某,并提供了一些帮助。雷某从钟某那里获知自己的手机被监控后,希望刘某提供身份证办理手机卡。刘某便用同事的身份证办了两张手机卡,供雷某和钟某联系使用。应钟某和王林家人的要求,刘某还将自己的律师朋友侯某介绍给他们,替换掉王林之前的辩护律师。

此外,在雷某、张某向钟某购买王林案件信息的"交易"中,刘某还应雷某请求对张某进行了劝说。钟某的种种反常行为引起公安机关的注意。最终,钟某被警方立案审查,雷某、张某和刘某此后也相继被警方采取强制措施。

刘某对自己为了追求独家新闻罔顾新闻从业规范和法律底线的行为后悔不已。他坦言自己与张某、雷某等人的往来,只是为了获得"别人拿不到的"独家一手信息。他希望同行们以他为戒,再想得到的信息也应通过合法途径取得,绝不能铤而走险,以身试法。刘某同时表示,经过一段时间的认真思考,他对整个案件也作了深刻的反思,认识到自己的行为违反了法律:第一,用非正常手段向王林专案组成员打听案件进展信息,不仅违反了新闻采访有关规定,还涉嫌非法获取专案秘密;第二,在案件后期,自己客观上推动了王林前妻向专案组成员行贿,欲使王林脱罪、减罪,这也涉嫌共同行贿。

萍乡市公安局安源分局以涉嫌非法获取国家秘密罪刑拘刘某。后来,根据案件办理进展、犯罪嫌疑人违法犯罪事实及其具体情节,公安机关最终决定对刘某取保候审,钟某、雷某、张某被检察机关批准逮捕。[1]

南方都市报社负责人表示:深度调查是媒体获得事实真相的一种必要而有效的手段,但新闻调查行为并不享有法律豁免

---

〔1〕 参见王治国:《王林案中案真相调查:情妇前妻谋贿民警 南都记者涉案》,http://news.sina.com.cn/o/2015-10-31/doc-ifxkhchn5708894.shtml,2019年2月3日访问。

权，应严守法律底线，不能逾越。记者从事深度调查采访应秉持法治思维，避免触犯法律。南方都市报社将从此事中吸取教训，对采编人员加强法制教育和培训，明确记者调查活动的范围、调查活动中的权利义务，以法治思维推动记者调查采访的合法、良性发展。[1]

对于记者的新闻采集或信息获取环节，我们要集中关注两个方面：

（1）相比新闻伦理的角度，我们更应该从法律的角度审视记者的新闻采访环节。目前，我们主要是从新闻伦理的角度审视记者的采访行为。的确，有些新闻采访涉及的是引发人们争议的伦理问题。例如，记者是否可以将未发表的新闻稿交给自己的采访对象审改？在2015年"两会"期间，新华社记者吴某因为把一篇自己写的新闻报道交给采访对象审改而引发舆论风波。这是一个具有讨论空间的伦理问题。但就新闻采访活动而言，有些行为既涉及伦理问题，又涉及法律问题。例如，有调查显示，我国85.5%的民众认同记者的暗访、偷拍偷录行为，而很多学者也只是从伦理的角度谈论记者的暗访、偷拍偷录行为。[2] 其实，这类采访行为会侵犯采访对象的隐私权，这就涉及法律问题。和新闻采访的伦理研究相比，加强对新闻采访的

---

〔1〕 参见《王林案中案真相调查 情妇和前妻谋划出资200万向办案民警行贿"购密"》，载《南方都市报》2015年10月31日第AA14版。
〔2〕 参见黄建友、张志安：《付费探访与暗访的认知正当化：中国新闻人员对争议性编采手法的态度》，载《传播与社会学刊》2015年第33期。

法律研究也是有必要的。上述《南方都市报》记者刘某涉案就暴露出记者在调查性报道中遇到很多待确定的法律难题。

（2）记者信息收集环节中的法律问题不容忽视。这里的信息收集环节包括：新闻记者对政府以及企业等关乎新闻事件的信息资料的获取，公众向记者投诉或主动向记者提供信息资料，职业爆料人或者新闻线人向记者提供信息资料，等等。新闻记者是不是在《信息公开条例》的范围内收集信息？收集的关于政府或企业的信息，是不是属于国家秘密或者商业秘密的范畴？新闻记者在信息收集的过程中，是不是触碰了个人的隐私？新闻记者与职业爆料人或新闻线人之间是不是存在金钱交易？有没有"买密"的情形？特别是在刑事案件中，新闻记者如果不按法律规定的程序或者规则收集信息，很容易触碰法律的"高压线"。刘某案就鲜明地说明了记者在收集信息时要遵守法律底线。对于这里提出的一些问题，我们将在后面的章节中逐一讨论。

二、新闻采集中的法律问题与采访活动的相关要素

新闻采集过程中的法律问题与采访活动的相关要素有关：比如采访时间，在紧急状态下或突发事件的情况下，新闻采访活动必然要受到相关法律的限制；比如采访地点，平时在马路边记者从事采访活动不会受到限制，但是在发生交通事故，交警设置封锁线的情况下，不按照要求从事采访活动就可能违法。采访

活动的相关要素包括：采访时间、采访地点、采访对象、采访的事件、采访方式与手段等等。

（一）采访时间

平时或一般情况下，采访时间要素对新闻记者的采访活动并不会产生多少影响。在敏感时期、紧急状态或战争时期，新闻记者的采访活动往往就会受到不同程度的限制。

在敏感时期、紧急状态或战争时期，诸多国家都对民众的活动和自由施加更多限制，新闻记者的采访活动亦不例外。我国《突发事件应对法》第50条第1款第3项规定：社会安全事件发生后，组织处置工作的人民政府应当立即组织有关部门并由公安机关针对事件的性质和特点，依照有关法律、行政法规和国家其他有关规定，封锁有关场所、道路，查验现场人员的身份证件，限制有关公共场所内的活动。

天津港"8·12"爆炸事故发生后，《新京报》记者通过社交媒体描述了自己的所见所闻：

路上跟凌晨就进入第一现场的《新京报》摄影××联系，他还在里面，外面已经严格警戒……走了将近半小时，我来到了警戒线外。再跟××联系时，他说自己已经被武警赶出来了，不能再进去了。这么说，待会儿我有可能是里面唯一的记者。有警戒的地方进不去，我直接顺着高架桥往里（左边）走，高架桥下是一个工程车停车场，里面的人员已经撤离，无人看管。进去继续靠近火场。走了三四百米，忽然桥外的路边有保安出现，大声呵斥我:"出去!你干吗去?你这是第二次了啊!"我想他们认错人了。不作对抗,转身往回走,等停放的大卡车遮住我时,我就拐进了停车场靠近警戒线内部的位置。[1]

《新京报》记者事后所发布的这一条信息被很多网友点赞,这段文字也在微信中广泛传播。但本书作者认为,两位记者的职业精神固然可嘉,但他们突破封锁线拍摄的行为面临着被追究法律责任的风险,不可效仿。

《突发事件应对法》第50条第1款第4项规定:社会安全事件发生后,政府要依法依规加强对易受冲击的核心机关和单位的警卫,在国家机关、军事机关、国家通讯社、广播电台、电视台、外国驻华使领馆等单位附近设置临时警戒线。第57条规定:突发事件发生地的公民应当服从人民政府、居民委员会、村民委员会或者所属单位的指挥和安排,配合人民政府采取的应急处置措施,积极参加应急救援工作,协助维护社会秩序。这些条款对于记者也同样适用。

在敏感时期、紧急状态或战争时期,经常会实施宵禁或戒严,新闻记者一般不可外出。2015年11月,法国巴黎发生了系列恐怖袭击事件。法国总统奥朗德发表电视讲话,宣布法国进入紧急状态并关闭边境,呼吁居民尽量留在家中不要外出。根据法国《紧急状态法》,警方可在未经授权的情况下,依法关闭部

---

〔1〕 参见和冠欣:《走多远?作多久?》,https://weibo.com/p/1001603875743557146173,2019年12月12日访问。

分公共场所,在指定时间和区域实行宵禁。这是法国自1944年以来首次实施宵禁。

2014年8月,美国密苏里州发生了一起白人警察打死黑人青年事件,弗格森区随即陷入骚乱,州政府宣布该地区进入紧急状态,并下令实施宵禁。宵禁将从每天晚上12点持续到次日凌晨5点。宵禁的第二个晚上,3名记者被警方短暂扣留,有现场记者声称警员恐吓他们。[1] 宵禁或戒严的情况平时比较少见,但对记者或摄影师活动的限制也是考虑到他们的人身和财产安全。

国际人道法对战地记者有明文保护。在国际人道法的条约中,有两处提到了新闻记者。1949年《日内瓦第三公约》第4条第1款第4项规定,战俘包括战地记者。1977年《第一附加议定书》第79条明确提到对新闻记者的保护措施,规定将在武装冲突地区担任危险职业任务的记者视为平民,因此战地记者可以获得与武装冲突中的平民同等的权利和保护。

2015年5月27日,联合国安理会一致通过决议,谴责武装冲突中侵害和虐待新闻记者等媒体人员的行为,敦促追究相关人员责任。安理会强调,在冲突地区执行危险职业任务的记者只要没有采取任何影响其平民身份的行动,就必须被视为平民并受到尊重和保护。安理会谴责侵害记者行为不受惩罚的现象,敦促各国在其管辖范围内进行调查并追究相关人员责任。

---

[1] 参见《美国小镇宵禁前使用催泪弹 警察威胁向记者开枪》,http://www.xinhuanet.com//world/2014-08/19/c_126889373.htm,2019年12月15日访问。

安理会同时敦促立即无条件释放在冲突中被劫持为人质的媒体人员。[1]

(二) 采访地点

采访地点对记者采访的行为构成了巨大的限制,根据不同的采访地点,记者的采访行为相应地会受到法律不同程度的限制。

按照公私划分,在公共场所与非公共场所(也可细分为半公开场所和私人场所)采访就不一样。对于哪些场所是公共场所,法律并没有严格的界定。根据我国《公共场所卫生管理条例》,公共场所包括:(1)宾馆、饭馆、旅店、招待所、车马店、咖啡馆、酒吧、茶座;(2)公共浴室、理发店、美容店;(3)影剧院、录像厅(室)、游艺厅(室)、舞厅、音乐厅;(4)体育场(馆)、游泳场(馆)、公园;(5)展览馆、博物馆、美术馆、图书馆;(6)商场(店)、书店;(7)候诊室、候车(机、船)室、公共交通工具。

按照《英国广播公司编辑方针》(以下简称《BBC编辑方针》),有的公共场所也可以被列为半公共场所,诸如机场、车站和商场,虽然具有私人财产的性质,但是一般公众都可以进入。即使在一些被认为是公共场所或半公共场所的地方,有时也具有私人隐蔽性质,新闻记者也要考虑到被采访对象的隐私期待。路透社就规定:对于旅馆的阳台、海滩的私人区域、饭店和办公

---

[1] 参见倪红梅、史霄萌:《安理会就保护武装冲突中的记者通过决议》,http://news.xinhuanet.com/world/2015-05/28/c_1115430454.htm,2019年11月28日访问。

室后面的隐蔽部分,一个人有理由有隐私期待。对于新闻采集(暗访)和隐私侵权问题,将在第六讲具体讨论。

1. 私人场所的新闻采集

对于私人场所,记者不是不可以进入从事新闻采集,而是要获得主人同意。记者获得同意后,并不是可以不受限制地采访,仍然要受到主人的限制,包括拍摄的区域和记者活动的空间。在主人要求记者离开私人场所时,记者应离开。记者倘若不离开,主人可以认为记者擅闯私人场所,依照相关法律强行让记者离开。《英国报刊媒体职业守则》规定:记者不得采取恐吓、骚扰或尾随的方式进行采访。当被要求停止采访之后,记者不得继续对被采访人提问、致电、尾随或拍照。当被要求离开并且不得尾随之后,记者也不得滞留在被采访人的私人处所。但是,在具体的司法实践中,法院有时也倾向于保护媒体的采访自由。在Dempsey v. National Enquirer案中,被告想对原告在飞机事故中出色的逃生行为进行采访,但原告拒绝接受采访。被告聘用的记者来到原告的住所,不停地要求采访原告,即使在原告拒绝后仍然纠缠不休。在原告拒绝后的45分钟内,该记者一直驾车反复经过原告的住所门前。两天后,该记者又再次来到原告的住所,在又一次遭到原告的断然拒绝后,跟踪原告到达一家餐馆,继续要求采访原告,并试图拍摄原告在餐馆内的照片。直到原告提出要请餐馆的管理人员出来干预时,这名记者才离开。审理该案的法院认为,尽管被告聘请的这名记者的行为是让人心烦的,但是并未达到"让一个有理性的人高度反感"的程度,因此认定原告的诉讼请求没有法律依据,驳回其诉讼请求。[1]

典型案例 深圳联防队员强奸案中"最残忍的采访"

  2011年11月8日,《南方都市报》记者成希发表题为《妻子遭联防队员毒打强奸 丈夫躲隔壁"忍辱"一小时》的报道。报道称,31岁的杨武与妻子王娟(均系化名)在深圳市宝安区某街道租房开了间修电器的小店,10月23日晚,杨武的同乡、西乡街道社区治安联防队员杨某来到他们家,毒打并强奸了王娟。杨武出于恐惧,在杨某对妻子施暴的过程中始终躲在杂物间报警,未敢出来制止。面对后来的责骂,杨武称自己"软弱、窝囊、没用,是世界上最窝囊和最没用的丈夫"。

  这篇报道引起了社会的广泛关注。为了报道这条新闻,多家媒体的记者找到杨武家,用摄像机、相机、话筒和录音笔将杨武及王娟团团围住,一遍又一遍地向他们逼问事件的经过。尽管《南方都市报》此前的报道已经描述了受害人王娟的精神状态,称她"自事发后一直躺在家中不愿见人,也不愿与人对话,不吃不喝,精神失常,还时常撞墙",并有自杀行为,但蜂拥而至的媒体仍然一直逼问到王娟用被子捂住脸,杨武痛哭流涕地下跪哀求。[2]

---

  [1] 参见张民安主编:《侵扰他人安宁的隐私侵权——家庭成员间、工作场所、公共场所、新闻媒体及监所狱警的侵扰侵权》,中山大学出版社2012年版,第279页。

  [2] 参见叶铁桥:《"最残忍的采访"有违新闻伦理》,载《中国青年报》2011年11月12日第1版。

当时，一张照片和一段视频在网上疯传。照片的背景很杂乱，床上面堆满了衣物和床单。照片的右侧，一个女子向里侧卧在床上，两手抓着床单，将脸捂得严严实实。左侧，有好几只指甲涂得鲜红的手握着话筒，将它们凑到女子的头边。话筒上，南方电视、广东卫视"今日关注"栏目、深圳电视台"公共频道"的标识清晰可见。视频上，也是一群手持话筒的人走进了一间堆满废旧电视机的房子，他们围着一个身材瘦小的男子。这名男子跪在地上，头深深地埋了下去，用带着哭腔的声音说："我忍受的是所有男人不能忍受的耻辱和压力，我不愿意回忆，求求你们了，出去好吗？"

这一张照片、一段视频，在网络上引起了人们普遍的反感，许多人直呼这是"最残忍的采访"。清华大学新闻与传播学院陈昌凤教授对此冷峻评论道："有一种现场，呈现的不是专业性，而是无德、无知、利益至上。"[1]

中国人民大学新闻学院陈力丹教授认为：老实的杨武还要恳求记者出去，他不知道，这时记者的行为已经逾越了法律的红线，是对他们隐私的侵犯。根据我国的法律，他可以据此起诉侵权的媒体和记者；媒体为了煽情而披露公民的隐私，应当承担法律责任。

新闻记者所被允许接触的信息范围，与普通人并无不同。

---

[1] 转引自叶铁桥：《"最残忍的采访"有违新闻伦理》，载《中国青年报》2011年11月12日第1版。

新闻记者不是执法者(执法者进私宅也要出示有效的批件或证件),不能任意侵入他人的私生活区域。住宅是公民最重要的受到法律保护的私生活领域。在我国,公民的住宅不受侵犯的权利为《宪法》明文规定,而且受到《刑法》保护。有些记者可能会忽略这一法律原则,需要提醒注意。后文将会述及郭德纲徒弟打人事件,打人确实违法,应当受到处罚,但当时的报道却忽略了记者是在什么地方挨的打。传媒有权监督社会名人,但是记者无权闯进别人家里强行采访。冲突的发生地点表明了当事记者缺少法律意识。[1]

相关的法律既涉及私有财产权的保护,也涉及公民隐私权的保护。传统观点是把私人场所看作个人的私有财产,任何人未经主人同意不得进入或占有。但是,法学家发现这种财产性权利有时并不能保护人们的精神性权利,所以晚近时候,法律创造了隐私权(后面将会详细讨论)。如《英国报刊职业守则》规定:私人场所指拥有合理隐私权的公众或私人财产所在地,未经他人允许,不得在私人场所进行拍照。我国《宪法》第13条第1款规定:"公民的合法的私有财产不受侵犯。"我国《刑法》第245条第1款规定:"非法搜查他人身体、住宅,或者非法侵入他人住宅的,处三年以下有期徒刑或者拘役。"

无论中外,执法人员都拥有进入私人场所的特权,但记者能不能随同执法人员一起进入私人场所呢?在这方面,各国情况

---

[1] 参见陈力丹:《论传媒的"二次伤害"——以"联防队员入室强奸"案的报道为例》,载《新闻与写作》2012年第1期。

有所不同。在英美国家,记者是不能随同执法人员进入私人场所的。《英国广播电视媒体的编辑原则与播放条例》规定:在随同警方开展行动时,如突袭行动,从业人员应意识到自己可能要承担犯罪的危险(比如擅闯)。在 Wilson v. Layne 案中,媒体和警察一起在原告的住所执行搜查或逮捕行为。于是,原告向法院主张其民事权利被侵犯。低级法院对这些案件持几种不同的判决意见。联邦最高法院最终判决媒体这种"随行纪实"行为违反了《宪法》第四修正案,认为"住所是一个人的自治城堡"。[1]在我国,由于新闻媒体与执法机构的互动关系,记者是可以随同执法人员进入私人场所的。

典型案例 "记者暗访,警察保护",还是"警察调查,记者随同"?

2012 年 5 月,广东省打击制假售假专项行动小组工作会议在广州召开。会议上,省"三打"办副主任、省政府副秘书长林英传达了省领导的重要讲话,"我们要鼓励新闻媒体记者选择打击制假售假典型案例进行暗访,必要时还要安排公安人员进行保护",以确保记者更深入地调查和跟踪报道。省打击制假售假专项行动小组组长赖天生补充表示,参与暗访的记者名单将提前上报宣传部及公安厅,以便安排便衣警察确保记者安全。同时,

---

[1] 参见张民安主编:《侵扰他人安宁的隐私侵权——家庭成员间、工作场所、公共场所、新闻媒体及监所狱警的侵扰侵权》,中山大学出版社 2012 年版,第 407 页。

他还强调将对成绩突出的记者记功表彰。[1]

"将参与暗访的记者名单提前上报宣传部及公安厅,以便安排便衣警察确保记者安全"这一做法引起了学者和媒体人的热议。媒体人小诗认为:这种做法对于保护暗访记者的安全来说是件好事,但是要防止警察的保护变成记者采访的限制,否则就适得其反了。学者梁文永认为:警察部门对制假售假负有侦查义务,不支持记者冲到制假售假侦查第一线。派警察保护暗访记者,不如重视记者的举报,派记者作为"随军记者",随同警察前往侦查第一线。媒体人张旭认为:这些调查工作不应该由媒体做,应该由专业的部门如质监局、工商局、药监局、农业部、工信部等去做,因为这些部门都有专业的机构。如果由记者代替这些部门去调查,只能反映出这些部门的不作为,或者说失职。[2]

按照区域和国别划分,本地采访和外地采访、本国采访和外国采访也不一样。在我国,区域对采访活动的限制,完全可以以"市属媒体不得异地监督"来说明。市属媒体原则上不跨地区进行舆论监督采访报道。也就是说,本地发生的新闻,外地的市属媒体到本地采访就不被允许。换言之,对于市属媒体而言,只可在本地进行舆论监督采访,到外地进行舆论监督采访是不被允

---

[1] 参见冯艳丹:《汪洋鼓励记者暗访制假售假 称可安排警方保护》,https://news.qq.com/a/20120508/000138.htm?c,2019年11月29日访问。

[2] 参见《银行职员年薪20万仍称在社会底层 其他行业情何以堪》,http://www.chinanews.com/cj/2012/05-09/3874217.shtml,2018年11月29日访问。

许的。

国别也对采访活动产生限制。本国记者和外国记者往往会受到不同的限制。本国记者只要持有合法的新闻记者证,就可以从事采访工作,不需要经过任何人和任何机构的审批。而外国记者在我国采访则不一样,根据我国《常驻新闻机构和外国记者采访条例》,外国记者采访时应当携带并出示外国常驻记者证或者短期采访记者签证,不仅要持证采访,还须征得被采访单位和个人的同意。

到特殊地点进行采访更要受到特殊的法律限制,如军事基地、机场、医院、疫区、法院等。机密或敏感地点,如军事基地、核子设施、边境、出入境关卡、机场禁区范围,采访、拍摄活动通常要获得批准,并须有专人陪同。

2. 特殊地点的新闻采集:公共街道

公共街道属于公众场所,记者可以在街道上自由采访、拍摄,不需要经过申请。但是,如果街道上发生了交通事故、犯罪事件、群体性事件等,记者在公共街道上的采访、拍摄可能就要受到约束,特别是在警方设置封锁线、采访区的时候。在这方面没有明确的法律界限,只要在警方维持秩序的范围内,记者的采访、拍摄还是有一定空间的。无论是交通事故现场,还是犯罪现场,只要记者不是在警戒线内从事采访活动,警方就不能以"妨碍公务"等种种理由阻止新闻记者合理正当的采访。

有网友从交警的角度,总结了交警在处理事故现场遇到记者上前采访时应该注意的事项。这对于记者在公共街道上采访、拍摄交通事故具有指导作用。

A. 记者进入事故现场进行拍照、录像。设置警戒线,使记者与现场隔离。以保障交通安全和记者人身安全为由,劝记者尽快离开道路。

B. 记者被拦在警戒线外,但依然进行拍照、录像。尊重记者的采访权,不干涉,但要提醒对方注意个人安全,尽快离开。

C. 记者询问有关事故情况及原因。可以回答:我们正在紧急处理现场,没有时间介绍事故情况。如果记者一直等待民警处理完紧急情况后再要求采访,可以简要告知对方事故情况,如:几车相撞,什么车型,人员伤亡情况,救治情况等,另外要介绍警方采取的积极措施。但是,不能随意判定事故原因和责任。介绍事故情况务必要简略,重点强调交通安全意识,提醒大家遵守交通法规。如果是重特大交通事故,现场民警无权接受采访,应由指定的新闻发言人统一对外发布消息。[1]

典型案例 西安雁塔分局向《华商报》及当事记者致歉

2019年1月25日下午,西安市长安南路发生一起自来水爆管事件。雁塔分局民警在事故现场维持秩序,拉起了警戒线。因《华商报》记者有出入警戒线行为,民警在制止过程中与记者产生摩擦,并导致记者直播使用的手机损坏。记者被带到派出

---

〔1〕参见《基层民警应对记者采访实用手册》,https://mp.weixin.qq.com/s?__biz=MzI1MDA4NDE2Mg%3D%3D&idx=4&mid=2654320806&sn=1f6c4dc5e15e8447eb380bb433e39127,2019年12月2日访问。

所,不久被警方放出。26日凌晨,《华商报》官方微博发布了雁塔分局向《华商报》及当事记者致歉的文件。文件提及,经雁塔分局调查了解,民警在工作时不冷静,对此,雁塔分局向《华商报》及当事记者道歉,对于损坏的设备进行合理赔偿,并对执勤民警进行批评教育。[1]

在"人人是麦克风"的时代,不要说新闻记者在法律允许的范围内可以拍摄民警执法,就算是普通的网民,在不影响民警执法的前提下,也可以对其执法行为进行拍摄。公安部对此曾经有相关的要求。2016年7月,公安部举办的全国公安机关培训会上就明确指出,民警执法时,面对民众的围观、拍摄,在拍摄不影响正常执法的情况下,民警要自觉接受监督,要习惯在"镜头"下执法。记者采访民警执法,是履行正常的采访权,也是保障公众知情权的基本要求。[2] 正如《新京报》的一篇社论所言:在时下的全媒体时代,直播采访已是大势所趋,且不仅媒体记者有镜头,一般民众手中也有手机可以变成"直播工具"。如果民警执法,一看到镜头和手机就表现出"不适"甚至"抵触情绪",肯定不利于维护执法机关的形象。

---

〔1〕 参见潘闻博:《华商报记者采访时被带走续:警方致歉 对民警批评教育》,http://www.bjnews.com.cn/news/2019/01/26/543158.html,2019年10月3日访问。
〔2〕 参见《尊重采访权是维护政府媒体关系"润滑剂"》,载《新京报》2019年1月27日第A02版。

新闻采集与法

典型案例 记者拍摄车祸现场，交警队队长抢夺扣押相机

2010年6月21日，《银川晚报》摄影记者收到线索，在兴庆区凤凰南街与南薰街交叉路口，一辆厢式小货车将一位过马路的老人撞倒，致老人当场死亡。闻讯后，记者第一时间赶到现场。此时，一名处理事故的交警要求记者停止拍摄并远离事故现场，随后开始架设隔离带。摄影记者退出隔离带范围，在较远处继续拍摄。此时，银川市公安局交警支队兴庆区一大队大队长马某再次前来阻拦。摄影记者表示自己已退出隔离带范围，并不曾影响警方工作。但是，在马某的带领下，4名交警强行将记者手中的相机夺去并扣押。在整个过程中，警方只口头表示是因为记者妨碍公务而对记者的相机实行扣押，但未向记者出具任何扣押证明，也不曾表示是根据哪条法规判定记者的行为构成了"妨碍公务"。

作为当事人之一的马某在接受采访时表示："当时赶到现场后，只见一个小伙子在拍照，问他是干什么的，他不说话，也不出示工作证，我们视为他没有采访的权利，因此将他驱赶并没收了他的相机。"但是，当事摄影记者表示，对方自始至终没有询问其身份，也未让其出示工作证，并且他始终在警方设置的隔离带之外拍摄，并没有干涉警方工作。在被问及是按照哪条法律法规认定该摄影记者的行为"妨碍公务"，马某没有正面回答。

北京大成律师事务所银川分所见习律师赵刚表示，并没有相关法律明文规定在交通事故现场不可以拍照。赵律师说："法律条文里并没有规定交警可以扣押记者的采访器材，所以，对交

警的执法权需要质疑。但可以肯定的是,无论是公安机关还是交警部门,在执法过程中,扣押物品、拘留人员等,都需要向当事人出具证明,必须有正常的法律程序。兴庆区一大队民警在执法过程中没有出具证明的做法肯定是不对的。"赵律师认为,在不影响警方正常工作的前提下,记者应该具有采访的权利。[1]

摄影记者在公共街道拍摄,涉及公共场合中个人隐私权乃至名誉权保护的问题。一般而言,记者在像公共街道这样的公共场合拍摄,是完全可以的,而无须顾及个人的隐私权和名誉权被侵犯。但是,公共场合的拍摄涉及尺度的问题。著名摄影师曾璜在一篇文章中引用了"公众视野"(public view)概念来讨论公共街道等公共场合下摄影记者拍摄的尺度。"公众视野"就是"公众都能自然看见的范围"。[2]《BBC编辑方针》规定:处于公众视野(public eye)中的人们,在某些情况下只有较低程度的合理隐私期待。如果摄影记者对一般公众都能看得见的范围内的对象物进行拍摄,那么摄影记者的行为自然不侵权。曾璜以美国的一个案例为例:1982年,美国凯普出版公司下属的一份报纸刊登了一张照片,照片中,一名被劫持的妇女,全身仅裹着一条浴巾,在警察的帮助下从房屋中跑出来。事后,照片中的妇女控告摄影记者,她认为这张照片上的自己显得十分狼狈,有损其

---

〔1〕 参见黄超:《记者拍摄车祸现场 交警队队长带人抢夺扣押相机》,http://news.sohu.com/20100624/n273040719.shtml,2019年12月5日访问。

〔2〕 参见曾璜、黄文:《面对法律的摄影师——隐私权》,http://bbs.tianya.cn/post-928-5666-1.shtml,2019年12月5日访问。

形象。法庭考虑到这张照片是在公众视野下拍摄的,且照片具有很大的新闻价值,从而作出了摄影师不侵权的判决。[1]

但是,"公众视野"这个概念本身也是极具灵活性的,有些事物人的肉眼可能看不见,但是如果摄影记者的镜头稍微调一下,那些对象物可能就会出现在记者的视野之中。所以,对于公众视野也有特殊的限制。处在公共场所的摄影师如果利用特长镜头或通过爬树、钻地沟拍摄私人房间、院落及其中的人物,则不属于法律认同的"公众视野"的范围。在使用镜头长度的限制上,一般以不超过"人的肉眼可见"作为一个衡量标准。[2] 在美国,法院在此类诉讼中采用了灵活的"一般+例外"原则,法院一般都判决原告败诉,保护记者的采访、拍摄权。法院一般认为,公共街道属于公共场所,街道上人的活动处于旁观者的视野之中,因此身处公共街道上,人的隐私受到限制。记者在公共场合跟踪并观察某人的行为不受限制,但是记者不能骚扰他人。[3]

美国摄影记者盖莱拉在追踪拍摄美国前总统肯尼迪的遗孀、"希腊船王"奥纳西斯之妻杰奎琳·奥纳西斯及其孩子时,采用了一系列的非常手段,如驾驶动力艇尽量靠近正在游泳的杰奎琳,在街头对她紧追不舍,跳到正在骑自行车的孩子们面前拍照,潜入私人学校,甚至与杰奎琳的女佣约会,以便了解杰奎琳母子的行踪等等。法庭在衡量了公众对杰奎琳这样一个公众人

---

[1] 参见曾璜、黄文:《面对法律的摄影师——隐私权》,http://bbs.tianya.cn/post-928-5666-1.shtml,2019 年 12 月 5 日访问。

[2] 同上。

[3] 参见〔美〕梅尔文·门彻:《新闻报道与写作》,展江主译,华夏出版社 2004 年版,第 685 页。

物感兴趣的程度和她保护自己隐私权利的要求后,判处盖莱拉以后只能在距离杰奎琳 25 英尺以外的地方对其进行拍摄。法庭认为,在这个距离以内,有理由认为摄影师的行为可能伤害杰奎琳或使她受到惊吓。[1]

  法院并不是完全禁止这种跟踪拍摄行为,只是对拍摄的距离进行了限制。特别是对于具有新闻价值的公众人物的拍摄,法院还是倾向于站在摄影记者这边,肯定记者拥有跟踪、拍照并出售或发表这些照片的权利。在 Jackson v. Playboy Enters 案中,《花花公子》杂志未经三名男孩的同意,在他们与一名女警察站在人行道上谈话的时候拍摄了他们的照片。这些照片与这名女警察的裸照一同被刊登在杂志上。三名男孩起诉该杂志社侵犯了他们的隐私权。原告的处境实在值得同情。作为被告的记者未经原告同意,秘密拍摄原告的照片并将这些照片向公众公开,而且还是以一种令人难以接受的方式公开,这种行为显然是不妥的。但是,审理该案的法院认为,杂志记者拍摄原告照片的行为不构成侵扰他人安宁的隐私侵权行为,因为那些照片是在人行道上拍摄的,拍摄的环境完全暴露在公众的视野里。[2] 威廉·L. 普洛塞尔(William L. Prosser)教授认为,在公共街道上或者其他公共场所,原告没有独处的权利,仅仅跟踪原告也不会

---

[1] 参见曾璜、黄文:《面对法律的摄影师——隐私权》,http://bbs.tianya.cn/post-928-5666-1.shtml,2019 年 12 月 5 日访问。
[2] 参见张民安主编:《侵扰他人安宁的隐私侵权——家庭成员间、工作场所、公共场所、新闻媒体及监所狱警的侵扰侵权》,中山大学出版社 2012 年版,第 282 页。

构成对其隐私的侵扰。[1]

1990年,天津市民胡某称:天津《健康文摘》杂志当年第4期封二上刊登的照片《老年迪斯科》中有她的形象,因而该杂志侵犯了她的肖像权。原告提出:被告应赔偿其经济损失1亿元人民币和100万美元。天津市河西区人民法院的判决为:《健康文摘》刊登的照片属于新闻性照片,是在公开场所拍摄的,没有损害原告的肖像权。对于原告认为被告侵害了自己的肖像权的说法,不予支持。这一裁决实际上是与国际上通用的标准一致的。[2]

随着新媒体技术的发展,公共街道的拍摄到底有没有侵犯隐私权,仍然是一个引起争议的话题。2007年,谷歌开发了一项新功能——"街道视图"(Street View)。借助这一功能,用户可通过谷歌地图搜索到街道的实景照片。由于实景照片拍摄到许多人的日常生活场景,民间维权组织指责谷歌涉嫌侵犯民众隐私。用户借助"街道视图",可以模拟走在一个城市的街道上,查看附近的饭店,甚至拉近镜头寻找公交车站和路牌以制订出行计划。"街道视图"在为用户提供便利的同时,也提供了部分令人不快的照片。这些照片无意中拍摄了人们日常生活中的各种举动,包括两名女子身穿泳衣在斯坦福大学附近晒太阳,一名男子在街边便溺,一对情侣在人行道上拥抱,另一对情侣在车站

---

[1] 参见张民安主编:《侵扰他人安宁的隐私侵权——家庭成员间、工作场所、公共场所、新闻媒体及监所狱警的侵扰侵权》,中山大学出版社2012年版,第291页。

[2] 参见曾璜、黄萍:《面对法律的摄影师——隐私权》,http://bbs.tianya.cn/post-928-5666-1.shtml,2018年12月5日访问。

长椅上作出更亲密的行为,此外还有民众进入色情书店的照片和男子爬墙的照片。美国《连线》杂志网站上甚至要读者投票选出"最佳偷拍照片……无论是居民藐视法律的行为或热狗小贩摇动新款热狗的举动"[1]。

一些人认为,根据美国相关法律,拍摄公共场合的民众属于合法行为,所以谷歌的行为并不违法,只是缺乏责任感。但另一些人认为,谷歌的街道视图技术侵犯了那些照片中民众的隐私权,谷歌本可等到发明出用以模糊照片上民众脸部的技术后再发布照片。谷歌公司在撤除了部分照片后依然辩解说:街道视图仅公布公共设施的实景照片。

可见,无论是传统媒体时代还是新媒体时代,公共街道的拍摄都是一个具有争议性的话题,究竟有没有侵犯被拍摄对象的隐私权乃至名誉权,需要进行个案的权衡。但是,拍摄者需要掌握基本的尺度,那些利用特长镜头或潜伏在某处偷拍的行为,肯定不是合法的信息收集行为。

3. 特殊地点的新闻采集:医院

在医院的新闻采集,可以分为一般情况和特殊情况两种。

一般情况指的是对医院医疗、教学、科研、管理等方面的新进展和新成就进行采写,比如对某医院院长作访谈。对于此类新闻采集,记者只要遵循一定的流程,不会遇到太大的困难。要

---

[1] 章磊:《偷拍街道实景照片 谷歌被指侵犯隐私》,http://news.sohu.com/20070608/n250465450.shtml,2018 年 12 月 7 日访问。

遵循的流程大致如下：记者向医院宣传处提出采访要求——宣传处核验记者身份（记者证、单位介绍信），了解记者采访的目的、内容——宣传处向记者提供院内采访介绍信（接受媒体采访准入证或新闻媒体采访登记表），指定被采访科室联系人——联系人根据宣传处指令组织接待记者采访——必要的时候采访稿要交给被采访科室核稿。很多医院规定，不接受电话采访。

特殊情况主要是指医院涉及医患关系纠纷的情况下，特别是记者已经在事件现场，要求采访。对于此类新闻采访，每家医院所采取的措施不完全一致。

如北京某医院规定：凡接到记者涉及医疗纠纷的采访要求，医务处及相关科室人员在本案没有定论之前不接受采访，要第一时间与宣传处取得联系，三方共同研究是否接待，以及由谁出面接待、接待口径。[1]

另有一些医院是这样规定的：记者已经到达采访现场——保卫部或科室负责人礼貌接待，询问记者身份、采访目的和内容——报告宣传处或分管书记，核实了解情况——电话授权同意接待采访或到现场处理接待问题。[2]

记者向医院宣传处提出采访要求，但宣传处并没有同意记者采访，有些记者仍然到医院科室采访、拍摄，可能触犯医院的保密制度或者患者的个人隐私，尤其是记者采取暗访手段的时

---

[1] 参见《医院媒体采访和新闻发布管理办法》，https://wenku.baidu.com/view/9461f27cba68a98271fe910ef12d2af90342a845.html，2019年11月28日访问。

[2] 参见《医院新闻采访接待制度》，https://wenku.baidu.com/view/717995b670fe910ef12d2af90242a8956becaa17.html#，2019年12月10日访问。

候。特殊情况如果处理不好,记者和医院就会产生矛盾。有时甚至出现记者遭到医院保安或者医院科室人员殴打的现象。

典型案例 江西电视台两名记者在医院采访受阻

2015年11月26日上午,江西电视台两名记者在宜春市人民医院采访时遭医院保安殴打。26日上午,当事记者刘某和同事到宜春市人民医院采访一起医患纠纷事件。在知会医院宣传科工作人员后,他们来到精神内科病区进行拍摄,拍摄中遭到自称神经内科主任的工作人员的阻挠。刘某和同事表明记者身份并收起摄像机准备离开,两名医生试图阻止,并尾随他们来到楼下,还打电话叫来4名医院保安。保安阻拦他们离开并谩骂,到场的医院领导、宣传科工作人员尝试劝阻未果;随后,一名保安用手中的对讲机在刘某头上砸了两下,导致其头部出血。[1]

医院阻碍记者采访的行为如果触犯了刑法,自然要受到法律的制裁,这样也可以间接地保护新闻记者的采访权。从这个角度而言,笼统地说新闻记者的采访权得不到法律的保护,是没有道理的。

以下就是医院非法拘禁记者,触犯刑法中的非法拘禁罪,从而被检察院批准逮捕的案例。虽然法律捍卫的是记者作为普通公民的人身权益,但也间接保护了记者的新闻采访权。

---

[1] 参见周宽玮:《记者采访医患纠纷被医院保安打破头 警方调查》,http://news.sohu.com/20151126/n428325014.shtml,2018年12月12日访问。

新闻采集与法

典型案例 医院院长等8名犯罪嫌疑人非法拘禁记者

2015年11月,西安市周至县一产妇在县人民医院出现紧急情况,不幸离世。家属诉至法院,最终人民法院判决医院赔偿死者家属50余万元人民币。通过法院的强制执行,家属顺利拿到了这笔赔款。但是,当家属去医院取走产妇遗体时,却被告知要交每日150元、总计10多万元的"停尸费"。

陕西电视台《都市热线》栏目记者就此事对周至县人民医院采访时,在医院办公室内被十几个人团团围住。这些人试图抢夺他们的采访设备。抢夺过程中,十几个人一起对记者拳打脚踢。此后,上述人员又两次对记者进行殴打,并将记者拘禁在医院太平间里数十分钟。[1] 事发后,周至县公安局通报称,共有12名涉案人员因涉嫌非法拘禁罪被刑事拘留,1名涉案人员被行政拘留。被刑事拘留人员中,包括周至县人民医院院长李某。[2] 1月12日,周至县检察院根据案件事实和证据依法作出决定,以涉嫌非法拘禁罪,对周至县人民医院院长等8名犯罪嫌疑人依法批准逮捕。[3]

在医院,如果记者的采访行为触碰了患者的隐私,患者可以

---

[1] 参见王煜:《陕西记者采访遭围殴被锁太平间》,http://www.bjnews.com.cn/feature/2017/12/06/467442.html,2019年11月5日访问。

[2] 参见王煜:《陕西周至"记者采访被殴打锁太平间"追踪》,http://hn.ifeng.com/a/20180105/6282871_0.shtml,2019年1月5日访问。

[3] 参见《陕西记者采访被锁太平间 检察院批捕8名犯罪嫌疑人》,http://legal.people.com.cn/n1/2018/0113/c42510-29762492.html,2019年12月12日访问。

以隐私权被侵为由把记者告上法庭。《英国报刊媒体职业守则》规定:记者在医院或类似机构的非公众区域进行采访之前,必须出示证件并征得相关人员的同意。这项限制侵犯他人隐私的规定特别针对在医院或类似机构中展开的调查。

我们也可以从美国的一些判例中吸取教训。1942年,美国女演员巴贝尔起诉《时代周刊》案发生后,医院对于摄影师来说变成了一个危险的地方。事情的经过是:一位摄影师进入医院病房,拍摄了巴贝尔接受减肥治疗的照片,并将其发表在《时代周刊》上。巴贝尔为此起诉《时代周刊》侵犯其隐私权。受理此案的密苏里州法院宣判:隐私权应当包括人在自己家里或医院里进行治疗而不被公开的权利。从此以后,虽然医院可能是公共场所,但摄影师必须得到病人的同意才可以拍摄和发表其照片。在那些不可能得到当事人许可的情况下,拍摄只能在医院外或救护车外进行。即使是世界上第一例心脏移植手术、第一个试管婴儿这样的新闻事件,取得病人或其监护人的同意,也是有关新闻照片发表的必要条件。[1]

4. 特殊地点的新闻采集:军事基地

军事基地是国家军事力量的象征,是国家秘密的重要组成部分,涉及国家安全与利益。与美国不同,我国实行的是全民保密制度。《保守国家秘密法》第3条第2款规定:"一切国家机

---

[1] 参见曾璜、黄文:《面对法律的摄影师——隐私权》,http://bbs.tianya.cn/post-928-5666-1.shtml,2019年12月12日访问。

关、武装力量、政党、社会团体、企业事业单位和公民都有保守国家秘密的义务。"新闻记者不能被排除于保密主体之外。

《保守国家秘密法》第33条规定:"军事禁区和属于国家秘密不对外开放的其他场所、部位,应当采取保密措施,未经有关部门批准,不得擅自决定对外开放或者扩大开放范围。"这就说明,记者要到军事基地采访、拍摄,必须要按照合法的程序得到批准。即使军事基地对媒体机构开放,准许参观采访,记者也必须在专人陪同下参观,不能随意拍摄,否则就可能涉及泄密问题。陪同者本人属于涉密人员,对其进行拍摄就涉及泄密行为。我国《刑法》对非法获取国家军事秘密作了严格的法律规定。

实际上,每个国家都对军事基地的采访、拍摄作了严格规定。迪亚巴克尔军事基地是美军开辟的打击伊拉克"北方战线"的前线机场。军事基地门口有两架F-104战斗机的雕塑,在非常时期也摇身一变成了"军事秘密",军方规定禁止任何人在这里拍摄。我国新华社摄影记者刘某因为不听劝告,险些遭到军事基地的扣押。2013年11月,埃及伊斯梅利亚省军事法庭指控记者穆罕默德·萨布里在西奈半岛北部的军事基地偷拍军事设施,并在随后判处其六个月的有期徒刑,缓期执行。[1]

国内也有相关的案例发生:2005年,某领导同志到某重点军工企业视察工作,当地电视台派记者跟随报道。该企业明确告知记者部分场景涉密,不能拍摄。但该记者明知故犯,拍摄了

---

[1] 参见隋铭至:《埃及一记者因偷拍军事基地被法庭判六个月监禁》,http://news.china.com.cn/world/2013-11/05/content_30502102.htm,2019年12月14日访问。

部分尚处于保密状态的新型武器装备的外形,并在当地电视新闻中播放,被众多境内外网站转载,造成严重危害后果。

5. 特殊地点的新闻采集:机场

在机场从事新闻采访、拍摄,特别是在机场隔离区域的采访、拍摄,必须要首先申请,得到机场的新闻中心或宣传处批准。在申请的时候,要表明采访、拍摄的时间、地点、具体形式,因为机场方面要事先考虑机场的实际运行情况。在采访、拍摄的时候,要有相关的工作人员陪同。拍摄的时候要禁止使用摇臂、导轨等大型器材,以免干扰机场的工作。

北京首都机场的采访、拍摄规则分为商业性拍摄规则和非商业性拍摄规则。新闻采集主要涉及非商业性拍摄,所以本书选取其中一部分,具体如下:

非商业性拍摄(新闻、机场单位宣传资料)

(1)下载《北京首都国际机场采访、拍摄申请表》,填写相关信息。

(2)将填写好的表格及主管单位公函传真至首都机场新闻中心,传真:010-64530212,并拨打 010-64540125 确认表格已接收。如为针对机场相关人员、单位的采访,需提供采访提纲;如为宣传资料,需要提供拍摄内容详细资料及拍摄方法。

(3)新闻中心会尽快给予回复。确定拍摄时间、地点、具体形式。由于必须兼顾首都机场的运行,部分申请可能需要根据具体情况进行调整。

（4）在约定时间前到首都机场新闻办公室（3号航站楼1层商务要客室旁）开具拍摄介绍信。

（5）在工作人员陪同下进行拍摄。

提示：需要进入隔离区域的拍摄需要更长的申请时间，请至少提前1周申请。（隔离区包括：候机区域，国际出发区域，行李提取区域，停机坪等需要安全检查或凭机票进入的区域。）拍摄禁止使用摇臂、导轨等大型器材。我们无法为您提供电源，也不允许使用发电车、发电机等设备，如需灯光请携带电瓶供电。

6. 特殊地点的新闻采集：疫区

对疫区的新闻采集，记者要按照法律规定申请采访，不要乱闯、乱拍摄。我国《传染病防治法》第43条规定："……县级以上地方人民政府可以在疫区内采取本法第四十二条规定的紧急措施，并可以对出入疫区的人员、物资和交通工具实施卫生检疫。省、自治区、直辖市人民政府可以决定对本行政区域内的甲类传染病疫区实施封锁；但是，决定封锁大、中城市的疫区或者封锁跨省、自治区、直辖市的疫区，以及封锁疫区导致中断干线交通或者封锁国境的，由国务院决定。"该法第68条和第69条规定，疾病预防控制机构和医疗机构不得故意泄露传染病病人、病原携带者、疑似传染病病人、密切接触者涉及个人隐私的有关信息、资料。

《传染病防治法》的上述规定虽然不是直接针对新闻记者

的,但对于新闻记者也有间接约束力。地方政府或者国务院封锁疫区,对疫区实行紧急控制,就意味着记者不能随意进出疫区,要进出疫区就要像普通人员那样经过批准。记者获准进入疫区,在疫区拍摄的时候,要时刻注意保护病人或疑似病人的隐私信息与资料,这对于记者在平常情况下进入医院采访、拍摄也适用。知名记者柴静曾深入非典疫区进行采访报道,但也是在流行病调查小组的指导下进行,必须要进行全套的防护准备。

7. 特殊地点的新闻采集:地铁站

对于一般人来说,地铁站可能是公共场合。但是,记者在地铁站采访、拍摄,并不是完全没有要求,而是要根据每家地铁公司的规定。有的地铁公司就不允许记者随意采访、拍摄,比如长沙市的地铁站就是这样,如果记者要采访、拍摄,必须得到上级领导的批准,否则就被禁止。

地铁公司禁止拍照一般是基于以下两个方面的考虑:一方面,地铁驶入站台时,为避免驾驶员对信号灯的不当判断引发危险,禁止在站台旁使用闪光灯拍照。另一方面,地铁站内,尤其出入口、电扶梯、闸机附近通常人流量较大,因而不建议在该处长时间停留或拍照,避免引起拥堵及纠纷。如果是非商业性质的拍摄活动,相关单位或个人需先与地铁运营方联系,就拍摄时间、站点、范围等进行协商。

8. 特殊地点的新闻采集:法庭

首先,我们要正确区分记者对法院的拍摄和在法庭上进行采访。在对一些案件进行采访时,记者并没有出现在法庭上,而是在法院门口进行拍摄,这时法院工作人员要善待记者的拍摄,毕竟记者的拍摄不是出现在法庭上,对相关案件的报道并没有产生实质性的影响。如果法院工作人员对记者的拍摄行为处理不当,将对法院产生一定的负面影响。

典型案例 河南电视台都市频道记者到法院采访受阻

2013年,鹿邑县太清宫镇闫某饲养的3条烈性犬因看管不善,将当地93岁的村民贺某咬伤。随后,贺某起诉闫某讨要说法。此案经鹿邑县法院审理后,判决闫某赔偿贺某3万余元,但闫某拒不执行。2016年2月5日,执行人员依法对闫某采取了拘留措施。2016年2月15日,闫向法院缴纳1万元执行款,并由其儿子和第三人张某担保余款于2016年6月20日之前履行完毕,法院遂对其解除拘留措施。闫某被释放后,其儿子发现网上判决书与实际生效判决书不一致(鹿邑县法院试量法庭承办人张某不负责任,误将判决书草稿上报到中国裁判文书网),于是向法院提出上诉。鹿邑县法院在向中国裁判文书网申请撤回该判决书的同时,决定再审此案。

再审当天下午4时30分,闫某夫妇与两名记者一同来到鹿邑县法院大门口,两名记者带着摄影器材要求进院采访。门岗值班保安要求记者出示相关证件,因后者没有出示而拒绝让其进入法院。此时,鹿邑县法院正在组织法官乘坐租用的大巴车到周口市参加次日的全省法院首次入额法官考试。两名记者对着法院大门、办公楼及大巴车进行拍摄。4时56分,鹿邑县法院政治处主任孙某在得知有人在法院门外拍摄后,立即到大门口询问有关情况。孙某问了闫某夫妇情况后,对闫某说,天色已晚,法院又赶着组织人员去周口参加入额考试,让闫某夫妇下周一(12月5日)上午到法院信访大厅反映有关情况。同时,孙某向其中一名记者要了名片,对两名记者说,等向当事人了解有关情况后,会及时与他们联系。

12月5日上午9时29分,两名记者与闫某夫妇来到鹿邑县法院大门口。值班保安在例行安保检查时,要求记者出示有关证件。由于两名记者没有出示证件,值班保安不让其进入法院。两名记者在法院大门口拍摄,引起大量群众围观。在门岗值班的鹿邑县法院法警大队队长为维持门岗秩序,试图阻止记者拍摄,因未能有效制止,就让值班保安前去阻止。9时36分,值班保安在阻止记者拍摄的过程中,与记者争夺摄像机,将摄像机目镜损坏。另一名记者用手机继续拍摄,保安发现后,将该记者的手机收走。9时37分,一名记者拨打110报警。此事经过河南电视台都市频道报道后,在当地乃至全国产生较大的舆论影响。12月8日,河南省鹿邑县政法委在周口市中级人民法院举行新闻发布会,通报事件的详细经过和处理结果。法警大队队长等多名来自法院、公安系统的工作人员受到不同程度的处分。[1]

---

〔1〕 参见《河南记者在法院采访被阻:多名公务人员被处分》,http://news.sohu.com/20161209/n475356145.shtml,2019年12月16日访问。

法庭是一个特殊的空间,一个严肃的场合。无论是在哪个国家,记者从进入法庭,到在这个空间从事职业活动,都要受到严格的限制。诸多国家制定了专门的法律来规制记者在这个空间内的活动。尤其是对于记者能否对庭审进行直播的问题,20世纪90年代学术界就展开过讨论,随着新媒体的发展,这一问题日益变得复杂。本书将在第四讲专门讨论这一问题,在此不作展开。

记者到法庭上采访,实际上包含两个部分:进入法庭采访庭审过程和采访庭审参与人。进入法庭采访庭审过程,首先就要弄清楚将要采访的是否为公开审理案件。倘若是公开审理案件,记者将在法庭内做出何种行为?是旁听、拍摄录音,还是对案件进行直播?如果是采访庭审参与人,是采访被告、原告、证人、法官或陪审员,还是采访家属、其他人?

无论是在西方国家还是在我国,媒体与司法之间的关系都是一个特别重要而又复杂的问题,既涉及司法机关对新闻记者信息采集行为的制约,又涉及媒体对司法的监督。新闻记者对法庭信息进行采集,首先要明确该案件是否属于公开审判案件。依法不公开审判的案件,记者无法采访报道。我国实行公开审判制度,在《宪法》《刑事诉讼法》《民事诉讼法》《行政诉讼法》《人民法院组织法》以及《人民法院法庭规则》中都有关于公开审判制度的规定。

公开审判制度,是指人民法院对民事、刑事和行政案件的审判活动,除合议庭评议和法律另有规定的以外,向群众和社会公开的制度。这里的"公开"包含两方面内容:其一是对群众公开。公开审判的案件,允许公民旁听。除合议庭的评议秘密进行外,允许群众旁听案件的审理和宣告判决。其二是对社会公开。公开审判的案件,允许新闻记者采访。人民法院决定公开审判的案件,事先张贴公告,允许新闻记者采访报道,将案情与审理情况公之于众。[1]

《宪法》第130条规定:"人民法院审理案件,除法律规定的特别情况外,一律公开进行。被告人有权获得辩护。"

《刑事诉讼法》第11条规定:"人民法院审判案件,除本法另有规定的以外,一律公开进行。被告人有权获得辩护,人民法院有义务保证被告人获得辩护。"第188条规定:"人民法院审判第一审案件应当公开进行。但是有关国家秘密或者个人隐私的案件,不公开审理;涉及商业秘密的案件,当事人申请不公开审理的,可以不公开审理。不公开审理的案件,应当当庭宣布不公开审理的理由。"

《民事诉讼法》第10条规定:"人民法院审理民事案件,依照法律规定实行合议、回避、公开审判和两审终审制度。"第134条规定:"人民法院审理民事案件,除涉及国家机密、个人隐私或者法律另有规定的以外,应当公开进行。离婚案件、涉及商业秘密的案件,当事人申请不公开审理的,可以不公开审理。"

《行政诉讼法》第7条规定:"人民法院审理行政案件,依法

---

[1] 参见黄双全:《论公开审判制度的完善》,载《中国法学》1999年第1期。

实行合议、回避、公开审判和两审终审制度。"

《人民法院组织法》第 7 条规定:"人民法院实行司法公开,法律另有规定的除外。"

除了法律规定不公开审理的案件以外,其他的案件原则上法庭都要公开审理。对于公开审理的案件,并不意味着记者就可以强迫被告人接受采访。公开审判制度只能从法律意义上肯定新闻记者可以对案件采访报道,但是接受采访并如实回答记者提出的问题并非刑事案件被告人的义务。刑事案件的被告人(自然人)与具有向社会公众披露相关信息义务的权力机关、行政机关不同。前者有拒绝接受采访的权利,后者则有履行接受社会和媒体监督的义务。

对于公开审理的案件,记者旁听、录音、录像等也要受制于法庭规则。从 1979 年以来,《人民法院法庭规则》中涉及记者采访报道的条款发生了几次变化,具体如表 1-1 所示:

表 1-1 《人民法院法庭规则》中涉及记者采访报道的条款

法规	三部《人民法院法庭规则》中与记者有关的条款
1979 年《人民法院法庭规则(试行)》	第 8 条:公开审判的案件,允许新闻记者采访。记者凭人民法院发出的采访证进入法庭,可以记录、录音、录像、摄影和转播。
	第 9 条:公开审判的涉外案件,外国人要求旁听的,或者外国新闻记者要求采访的,可向主管部门提出,经人民法院许可,凭人民法院发出的旁听证或者采访证进入法庭,并且应当分别遵守本规则第 5 条、第 6 条、第 7 条、第 8 条的规定。

(续表)

法规	三部《人民法院法庭规则》中与记者有关的条款
1993年《人民法院法庭规则》	第8条第1款：公开审理的案件，公民可以旁听；根据法庭场所和参加旁听人数等情况，需要时，持人民法院发出的旁听证进入法庭。
	第10条：新闻记者旁听应遵守本规则。未经审判长或者独任审判员许可，不得在庭审过程中录音、录像、摄影。
	第11条：对于违反法庭规则的人，审判长或者独任审判员可以口头警告、训诫，也可以没收录音、录像和摄影器材，责令退出法庭或者经院长批准予以罚款、拘留。
	第14条：外国人或者外国记者旁听，应当遵守本规则。
2016年《人民法院法庭规则》	第17条：全体人员在庭审活动中应当服从审判长或独任审判员的指挥，尊重司法礼仪，遵守法庭纪律，不得实施下列行为：……（四）对庭审活动进行录音、录像、拍照或使用移动通信工具等传播庭审活动；……媒体记者经许可实施第1款第4项规定的行为，应当在指定的时间及区域进行，不得影响或干扰庭审活动。
	第19条第2款：行为人违反本规则第17条第1款第4项规定的，人民法院可以暂扣其使用的设备及存储介质，删除相关内容。
	第26条：外国人、无国籍人旁听庭审活动，外国媒体记者报道庭审活动，应当遵守本规则。

1979年《人民法院法庭规则（试行）》第8条规定："公开审判的案件，允许新闻记者采访。记者凭人民法院发出的采访证进入法庭，可以记录、录音、录像、摄影和转播。"可以看出，这里的前提是"公开审判的案件"。采访证是记者进入法庭采访的必备条件。该规则对新闻记者的采访和普通公民的旁听作了区分，新闻记者的采访需要采访证，普通公民的旁听需要旁听证，

两者不是一回事。至于采访证由谁来发放,是由院长、庭长,还是审判长,法律并没有作出明确说明。对于外国新闻记者的采访,法律作了特殊规定,要向主管部门提出申请,经人民法院许可,凭人民法院发出的旁听证或者采访证进入法庭。从字面上看,外国新闻记者只要有旁听证或采访证两者中的一个就可以。但是,《人民法院法庭规则(试行)》第 6 条规定,旁听人员不准录音、录像和摄影,这从侧面规定了外国新闻记者要采访案件必须要有采访证,只有旁听证还不行。

典型案例 《上海法制报》诉南阳中院案

1992 年,《上海法制报》记者李某在采访李谷一名誉权纠纷案时,领取旁听证后提前进入法庭拍照,被法警硬拖出法庭;再次进入法庭后,李某的相机又被强行夺走,胶卷被拉出曝光,记者证被扣押,李某本人被推出法院。于是,李某拿起法律武器,状告河南省南阳地区中级人民法院侵犯记者采访权。但是,河南省高级人民法院以"不符合起诉条件"为由驳回了诉讼。《上海法制报》旋即又向最高人民法院提出上诉。《上海法制报》认为,按照《人民法院法庭规则(试行)》的有关规定,公开审判的案件允许记者采访。《民法通则》也规定,国家机关工作人员在执行任务时,不得侵害公民和法人的合法权益。而南阳中级人民法院的行为则明显侵犯了记者的采访权,应赔偿其经济损失,归还记者证并赔礼道歉。[1] 这起首例新闻机构状告法院的诉讼案以原告撤诉告终。[2]

本书作者认为,《上海法制报》即使不撤诉,其诉由也是不充分的,甚至错误理解了1979年《人民法院法庭规则(试行)》的适用。按照当时的法律规定,"领取旁听证"和"法庭拍照"是两种不同的行为,前者的施行主体是普通公民,后者的施行主体是记者。"领取旁听证"只是普通公民旁听案件的必要要件,和记者在法庭上拍照并没有什么关系。记者在法庭上拍照必须以持有人民法院发放的采访证为必要要件。没有人民法院发放的采访证,记者就无权在法庭上采访、拍照。当时以采访证来约束记者的法庭采访等行为,有一定的道理。根据当时的情况,法院受理的案件特别少,新闻媒体要采访法院的次数也非常少,发放采访证是可行的措施。时任最高人民法院民事审判庭庭长梁书文说出了当时制定规则的背景:1979年《人民法院法庭规则(试行)》是为了适应《刑事诉讼法》颁布试行制定的。当时,"文革"时期被砸烂的公、检、法都在恢复中,人民法院的庭审活动还不多,也不规范,至于记者对庭审的采访报道就更少了。随着《民事诉讼法》《行政诉讼法》相继颁布,人民法院的庭审活动大量增加,原来的《人民法院法庭规则(试行)》已不能适应实际需要。[3] 只

---

[1] 参见曹亚瑟:《记者也来当"原告"》,载《中国记者》1993年第2期。
[2] 参见徐迅:《我们怎样进入法庭呢?——〈人民法院法庭规则〉修订及出台内幕》,载《新闻记者》1994年第12期。
[3] 同上。

有凭采访证才能进入法庭记录、录音、录像、摄影和转播的要求显然不能满足时代的需求。1993年《人民法院法庭规则》取消了记者采访证的要求,放松了对记者进入法庭的要求,和普通公民一样只要有旁听证即可。这正是顺应了媒体对司法案件报道越来越多的时代要求。

对比1979年《人民法院法庭规则(试行)》,1993年《人民法院法庭规则》更加丰富,由10条变成了15条。1993年《人民法院法庭规则》第10条规定:"新闻记者旁听应遵守本规则。未经审判长或者独任审判员许可,不得在庭审过程中录音、录像、摄影。"对照1979年《人民法院法庭规则(试行)》第8条,本条有如下变化:第一,记者在法庭内的权利由五项减为三项,少了记录和转播两项权利。但是,1999年的《最高人民法院关于严格执行公开审判制度的若干规定》又对法庭报道规范进行了修订:依法公开审理案件,经人民法院许可,新闻记者可以记录、录音、录像、摄影、转播庭审实况。这一规定恢复了新闻记者在法庭上从事职业活动的权利。第二,新闻记者若和普通公民一样进入法庭,不从事职业活动的,只需持旁听证即可,无须持专门的采访证。但是,进入法庭要从事职业活动,必须要经过审判长或者独任审判员许可,未经许可,就不可以从事录音、录像和摄影等。第三,外国记者进入并采访法庭程序简化。1993年《人民法院法庭规则》第14条规定:"外国人或者外国记者旁听,应当遵守本规则。"法律并没有对外国记者作出特殊规定。

2007年的《最高人民法院关于加强人民法院审判公开工作的若干意见》规定:依法公开审理的案件,我国公民(当然包括新闻记者）可以持有效证件旁听，人民法院应当妥善安排好旁听工作。因审判场所、安全保卫等客观因素所限发放旁听证的，应当作出必要的说明和解释。通过电视、互联网等媒体对人民法院公开审理案件进行直播、转播的，由高级人民法院批准后进行。这一规定首次明确了庭审直播由谁来批准。同时，该意见也明确指出新闻记者和普通公民一样进入法庭需要旁听证。新闻界普遍认为，该意见隐含了对记者的限制：没有单独列出对记者采访的规定，也没有涉及记者录音、录像、拍摄和转播的问题，由于没有涉及，在现实中就难以根据该规定进行操作。在实际操作中，法院乃至部分审判人员有发放旁听证、许可采访的权力，但是他们有各种理由不予发放旁听证。[1]尽管最高人民法院一再重申法庭主动接受媒体的舆论监督对于建立成熟的公开审判制度的重要性，但这一愿景在实践中并没有达到预想的效果。对于应公开审理的案件，新闻记者被法庭拒之门外的事经常发生。

2003年1月20日，沈阳市民营企业家李某涉嫌报复伤害沈阳市土地规划局局长一案，在沈阳市大东区人民法院公开开庭审理。尽管这一案件备受公众关注，但法院却以沈阳市某位领导"有批示"为由，拒绝了多家新闻媒体旁听的请求。当天，已进入旁听席并遵守有关旁听规定的新华社记者也被强行逐出法庭。该案例说明，新闻记者进入法庭的权利存在着变数。有时

---

〔1〕 参见崔林：《媒体对刑事审判监督及其界限研究》，法律出版社2013年版，第97页。

记者进入法庭采访的权利被剥夺不是因为领导"有批示",而是因为地方有相关的法律规定。下述案件中,法院以下达通知的方式阻止媒体接近法院,其理由是法院公开"案件事实"导致"法院未判,记者已先判",干扰了法院的正常审判秩序。

典型案例 六名记者被禁止旁听、采访法院

2003年6月,广东省委宣传部和广东省高级人民法院联合发布了《关于规范采访报道法院审判案件活动的若干规定》。该规定共八条,被当地记者称为"八条规定",其主要内容为:依法公开审理、尚未宣判的案件,记者可以旁听,但不得进行采访报道;已经公开宣判的案件,可以采访报道,但必须实事求是、客观公正,对事实和法律负责,并且不得作出与法院裁判内容相反的评论;省级以上(含省级)新闻单位采访各中级人民法院和基层法院的审判活动,必须经省法院新闻办公室审查批准;等等。2003年11月7日和11日,6家报社分别从不同角度报道了广州市中级人民法院正在审理的一宗离婚析产纠纷抗诉案,正是对此案件的报道使得各报社的撰稿记者招致"封杀"。2003年11月21日,广东省高级人民法院向全省各级人民法院、广州海事法院、广州铁路运输两级法院下发了《关于禁止戎明昌等六名记者旁听采访我省法院案件庭审活动的通知》(以下简称《通知》)。依据《通知》,从2003年11月20日至2004年11月19日,分属南方日报、羊城晚报、广州日报三大报业集团6家报社的6名记者将被禁止到广东省三级法院旁听、采访案件的庭审

活动。在《通知》中,广东省高级人民法院称:"该案由广州中院依照审判监督程序正在审理之中,有关事实和证据正在深入调查核实。上述记者仅凭掌握的有限材料及旁听庭审的情况,就公开披露所谓的'案件事实'并加以评价,'法院未判,记者已先判',严重影响了法院的正常审判秩序,对审判工作造成了恶劣的影响。"[1]

对于依法不公开审理的案件,在《刑法修正案(九)》通过以后,如果记者擅自报道、公开披露,可能就会触犯《刑法》第308条之一规定的报道不应公开的案件信息罪。记者在对司法工作人员、辩护人、诉讼代理人或者其他诉讼参与人进行采访之前,就要辨别涉及的相关案件是否属于依法公开审理的案件。

2016年《人民法院法庭规则》中使用的是"媒体记者",改变了1979年《人民法院法庭规则(试行)》和1993年《人民法院法庭规则》中使用的"新闻记者"一词。这次修改把普通公民和媒体记者在法庭上使用媒体的行为作出了明确的区分。普通公民在法庭上是禁止对庭审活动进行录音、录像、拍照或使用移动通信工具等传播庭审活动的。而媒体记者如果要对庭审活动录音、录像、拍照或使用移动通信工具传播,则必须要经过许可。如果媒体记者未经过许可(法律没有明确经过谁许可,但笔者推测应该是经过审判长或独任审判员的许可),擅自在法庭上录

---

[1] 参见金凌云:《广东法院"封杀"六名记者》,http://news.sina.com.cn/c/2004-10-01/19544478887.shtml,2019年12月20日访问。

音、录像、拍照或用移动通信工具传播庭审活动的，法院可以暂扣其使用的设备及存储介质，删除相关内容。如果记者旁听时只是携带手机，而没有传播庭审活动，则不应被禁止。《广州日报》一记者曾在通过法院安检、旁听案件时，因携带手机问题遭法警粗暴言语对待及掐脖子，事后涉事法警被责令停职检查。[1]

除此之外，法律对媒体记者的活动还作出了严格的限制：应当在指定的时间及区域进行，不得影响或干扰庭审活动。这里的区域应该是限定在旁听区，而不是审判活动区。2016年《人民法院法庭规则》第3条第3款规定："有新闻媒体旁听或报道庭审活动时，旁听区可以设置专门的媒体记者席。"所以，法院对记者的采访活动指定的区域应该是在旁听区，而一般不会在审判区。对于外国媒体记者，2016年《人民法院法庭规则》同样没有作出特殊对待，而是要求他们和国内的媒体记者一样，在采访报道庭审活动时，应当遵守该规则。

实操规范 合众国际社[2]关于不同场合新闻采集的实践技巧

即使新闻报道的内容是公正、准确的，记者的新闻采集方法

---

〔1〕 参见孙静：《女记者法院旁听案件 因携带手机问题遭法警掐脖》，载《北京青年报》2014年5月23日。

〔2〕 合众国际社（United Press International，UPI），美国第二大通讯社，国际性通讯社之一。

也可能使他们陷入法律麻烦。显然，记者和其他公民一样，一定不能通过违法途径获取信息。但是，犯罪行为和非犯罪行为的界限不总是清楚的。

避免麻烦的最好方式，当然是在进入任何受到限制的通道前获得同意，然后再进入采集新闻。

公共场所

记者基本上可以在公共街道和公园自由地采集新闻，包括在或从公共街道能看见（拍摄）或听到的任何东西。但也有例外情况。

犯罪和灾难现场

多数情形下，在公共场所采集新闻的自由已经延伸到犯罪和灾难现场。如果执法调查或其他官方行为仍在进行之中，那么该自由会受到限制。

即使执法官员表示同意记者在非公共场所采集新闻，也不能保证记者可以避免法律上的麻烦。一些记者已经因未经主人同意进入私人家中而承担损害责任，即使他们的出现被执法官员允许。

私宅

未经主人同意在私宅采集新闻是一种极端冒险的行为。记者使用秘密的方式进入私宅，在没有获得主人同意的情况下公然采集新闻。对此，法庭已因传媒侵犯隐私、入侵并故意增加情感悲痛而裁决传媒负有责任。

餐馆和酒吧

餐馆和酒吧对公众开放，记者通常拥有像普通市民一样的进入这类产业公共区域的自由。然而,这种自由并不意味着记者可以以新闻采集的名义做他们想做的事。如果记者忽视顾客对新闻采集的反对,那么就会像侵入私宅一样承担责任。另外,记者在其他公共产业的私人区域(例如餐馆厨房)也没有豁免权。

其他私人产业

其他私人产业的公共区域通常也被认为是对传媒开放的。在私人产业的私人区域,传媒采集新闻应负责任会有所变化,这取决于记者进入的方式、采集新闻的方式和获得资料的敏感度,以及其他多种因素。通常,记者使用隐藏的摄像机或埋伏战术会有侵扰之嫌,并可能引来欺诈诉讼。另外,如果获得并发表的资料是高度私人性的或冒犯性的,记者会承担侵扰隐私的责任。这种战术只能用于传统的新闻采集技术无效或不切实际时。[1]

(三) 采访对象

1. 公众人物

和采访地点一样,记者采访和拍摄的对象群体也决定着其采集行为是否合法。采访公众人物和采访普通人是有区别的。通论认为,在隐私权领域,公众人物的隐私权比普通人受到更多的限制,媒体可以更大程度地对公众人物进行曝光。

---

[1] 参见张宸:《当代西方新闻报道规范》,复旦大学出版社 2008 年版,第 180 页。

公众人物,也称"公共人物""公众人士"(public person)。

宋克明教授认为,公众人士分为公共官员和公众人物两类。[1] 魏永征、张咏华、林琳等学者也作出同样的分类。

美国传播法学者唐·R.彭伯(Don R. Pember)认为,公众人物包括公共官员、完全意义上的公众人物和有限意义上的公众人物。[2]

《〈媒体人新闻业务守则〉释义》把公众人物界定为:因成绩卓著,或身世显赫,或罪行重大等原因而知名的人。该划分大致属于学理上的狭义的公众人物范畴,并未明确将公职人员单独列出。但这并不意味着公职人员不属于公众人物,只要符合了"成绩卓著,或身世显赫,或罪行重大"的条件,公职人员也是公众人物。[3]

王利明教授和杨立新教授也作出类似界定:公众人物是指在社会各个领域中做出突出贡献,有卓越成绩,或因身份地位的显赫,或因罪行的重大等原因,而为公众所普遍知晓的人物。例如,著名的科学家、作家、影视明星、歌星、体育明星、各界典范人物以及皇亲贵族、臭名昭著的战犯等,都属于公众人物。[4]

王泽鉴教授则把公众人物与公职人员、政治人物并列,并指

---

[1] 参见宋克明:《美英新闻法制与管理》,中国民主法制出版社1998年版,第30页。
[2] 转引自徐迅等:《新闻侵害名誉权、隐私权新的司法解释建议稿(依据部分·续三)》,载《新闻记者》2008年第5期。
[3] 参见《媒体人新闻业务守则》编写组编著:《〈媒体人新闻业务守则〉释义》,中国政法大学出版社2015年版,第94页。
[4] 参见王利明、杨立新:《人格权与新闻侵权》,中国方正出版社1995年版,第417页。

出公众人物应包括演艺人员。[1]

Gertz v. Robert Welch, Inc. 案确立了判断公众人物的两项基准:(1)自愿主动接近媒体;(2)自担风险(assumption of risk),即自愿使自己涉入一项公共争议,因而成为一定范围内的公众人物,例如公职候选人、民意代表、运动明星及演艺人员等。[2]

对于名誉权中公众人物的概念和隐私权中公众人物的概念必须作出区分。公众人物隐私的弱化与限制,是指由于他们与公共事务、公共利益存在密切关系,所以其隐私范围小于普通人。例如,普通人持有财产数额属于隐私,而高官必须公开申报财产。而所谓公众人物名誉保护弱化与限制,仅仅是指在诽谤或名誉侵权诉讼中,为了保障或不致压制公民对公共事务的自由讨论,对于公众人物受到侵害的法律救济需要适用较高的归责标准。例如,"《纽约时报》公司诉沙利文案"中的"实际恶意"原则。[3]

在新闻采集环节,不会涉及对公众人物的名誉权的侵犯,而更多是因为采访方式的不当侵扰了公众人物的隐私权。上文在谈到公共街道上的采访时,实际上已经触及这一部分的内容。在公共街道上,公众人物比普通人更能引起新闻记者的注意和兴趣。即使在公共街道这样的场合,公众人物的隐私权保护也

---

〔1〕 参见王泽鉴:《人格权法:法释义学、比较法、案例研究》,北京大学出版社2013年版,第359页。

〔2〕 同上书,第324页。

〔3〕 参见徐迅主编:《新闻(媒体)侵权研究新论》,法律出版社2009年版,第225页。

极容易引发争议。在诸如私人住宅、私人房间这样的私人空间，公众人物的隐私权保护更是一个重要的话题。这样的案例中往往暗含着个人人格尊严被侵犯和个人福利提升的矛盾和冲突。例如，在以美国 ESPN 电视台前知名女主播艾琳·安德鲁斯（Erin Andrews）为受害人的隐私侵权诉讼中，被诉酒店就辩称他们管理固然有失误，未能防止安德鲁斯在房间更衣时被他人偷拍，但安德鲁斯在偷拍事件后知名度大增，事业发展更顺利，因此并无可救济的损失。安德鲁斯对此并不否认，但强调偷拍事件给她造成的身心伤害是真实、持久的。[1]

2. 未成年人

对未成年人的采访、拍摄与对成年人的采访、拍摄有所不同。由于未成年人心智尚不成熟，往往不能够像成年人那样明确判断接受采访需要承担什么责任、可能造成什么后果。对他们的采访，需要十分谨慎，否则不仅涉及新闻职业道德问题，而且容易引起新闻诉讼。采访未成年人一定要程序合法。这既是保护未成年人，也是保护新闻记者本人。著名调查记者胡展奋在《新闻记者》杂志上发表的一篇文章中[2]，谈到新闻记者在采访未成年人时要注意他们言辞的三个特征：

第一，准确程度不高。未成年人的叙述多停留在感观的印

---

[1] 参见戴昕：《公众人物的隐私保护：一个框架性理论重述》，载《现代法学》2017 年第 3 期。
[2] 参见胡展奋：《童言无忌 采访有忌——从几次采访经历看未成年人调查的注意事项》，载《新闻记者》2011 年第 8 期。

象,不善于也无能力进行综合思考,一般不会太留意某一事件的发生原因、经过及后果。只有作为当事人、被害人陈述或作为被告供述时,他们对自己所经历的事件或所作所为才可能会有较深刻的记忆。所以,在认定一个事实时,采访者应力争多方印证,单个证词只能作为参考。胡展奋举例说,1998年的冬天,他受命与摄影记者雍和合作,调查上海火车站的流浪儿童。流浪儿童中有个叫"小山东"的,年龄大约十一二岁。在说到社会上对他们的歧视和冷漠时,"小山东"把矛头直指当地公安,说"经常受到公安的恶骂和驱赶"。因为相信"童言无忌",胡展奋的报道中虽然没有直指公安,却作了强烈暗示。文章发表后,果然引起当地警方的强烈不满。经再次调查才发现,原来"小山东"把城管当成了公安。

第二,层次乱,缺少逻辑性。未成年人对某一事件进行表述时,一般容易想到哪里讲哪里,不分主次和因果关系。采访者必须在避免诱导的前提下,耐心地帮助他们理清头绪,谈话过程最好录音备查。新闻报道中关于汶川大地震中小林浩救同学的细节,确实存在前后不一致的现象,但如果考虑到一个9岁的儿童,每天要接受十几场采访、几十个成年人的盘问,被"存心拔高"的媒体无数次地暗示、诱导、怂恿,两个月下来,就算是成年人也早就崩溃了。还有一个跳楼逃生的小学生,他被媒体"拔高意向"逐日诱导的结果是,居然声称自己从"五楼"跳下而生还,而去过现场的记者都知道,那所"中心小学"最高也就四层楼。

第三,易受外界影响。未成年人的心智尚不成熟,缺乏主见和定力,人云亦云的情况时有发生,采访时必须排除外界干扰

（比如，外界情绪渗透、采访环境纷扰都会影响他们的叙述），才能保证其言辞的真实性。胡展奋记者举例说，2009年5月13日傍晚，13岁的初一女生黄某在放学回家后突然跳楼身亡。虽然留有遗书，但遗书上并未说明跳楼自杀的原因。对于黄某的自杀，校方和黄某的班主任矢口否认自己的责任。但黄某家长说，他们打电话给黄某的同班同学了解情况，约有80%的同学反映班主任在最后一堂课时"痛骂侮辱"了黄某，大约骂了25分钟。在校方干预后，记者对黄某的同学进行调查发现，凡先前透露过"老师痛骂黄某"的，忽然都改口说：老师根本没有骂过她。[1]

正因为未成年人言辞的易变性，记者在采访未成年人的时候，不能完全听信他们所说的话。我国法律没有这方面的规定，但可以参考公安机关询问调查未成年人获取证据的相关法律规定，对未成年人的言辞要反复核实。按照《未成年人保护法》和《公安机关办理未成年人违法犯罪案件的规定》等法律，讯问未成年犯罪嫌疑人、被告人，询问未成年证人、被害人，应当依照《刑事诉讼法》的规定，通知其法定代理人或者其他人员到场。询问未成年人，严禁使用威胁、恐吓、引诱、欺骗等手段获取证据。讯问未成年人前，除掌握案件情况和证据材料外，还应当了解其生活、学习环境、成长经历、性格特点、心理状态及社会交往等情况，有针对性地制作讯问提纲。这些规定对于记者采访未

---

[1] 参见胡展奋：《童言无忌 采访有忌——从几次采访经历看未成年人调查的注意事项》，载《新闻记者》2011年第8期。

成年人具有参考意义。

在未成年人同意接受记者的采访时,记者要充分认识到这种同意是否有效。英国路透社的规定值得我们参考:在你拍摄和发表孩子的照片时,应始终保持警惕。未成年人属于受特殊保护的群体,并且他们被认定为没有能力作出法律上有效的同意。因此,即使你获得了孩子的拍摄许可,如果他们的家人或监护人提出异议,你仍然可能侵犯他们的隐私权。[1]

未成年人在学校接受教育的时候,记者能不能对其进行采访、拍照?我国法律并没有对此问题作出回答。可以参考域外的经验,一般情况下,学校不应答应记者接近未成年学生进行采访、拍照。确实要对未成年学生采访、拍照的,必须要经过学校的许可。对未成年学生采访、拍照时要有教师在场。特别是对未成年人在学校遇到性侵这类事件的采访,尤其要考虑周全。《英国报刊媒体职业守则》第6条有关未成年人采访的特别规定可供参考:(1)未成年人在学校接受教育不得受到不必要的干扰;(2)记者不得就影响相关未成年人福利的问题对16岁以下的未成年人进行采访或拍照,或者在未经或未取得未成年人父母或对该未成年人负有责任的人同意的情况下,对该未成年人进行采访或拍照;(3)未经校方许可,不得接近在校学生并对其进行拍照;(4)除非明显地有利于未成年人,不得为获取对未成年人福利造成影响的资料而向未成年人支付报酬,不得为获取

---

[1] 参见张宸:《当代西方新闻报道规范》,复旦大学出版社2008年版,第180页。

与其子女或被监护人有关的信息而向父母或监护人支付报酬；(5) 不得将未成年人的家长或监护人的名声、劣迹及地位作为报道该未成年人私生活的唯一原因。[1]

典型案例 记者采访被拐儿童案[2]

2011年，"网络打拐"广受关注，《新民周刊》也在第一时间介入报道。为探究虐待童丐的源头，经周刊主笔胡展奋策划，首席记者杨某赴河南省周口市太康县调查采访。调查中"两名儿童致死，多名儿童失踪或致残"的虐待儿童、操纵儿童"卖艺"乞讨的团伙中，以"黑心丐头"翟某为首的黑恶势力引起杨某关注。杨某找到了任某，她是跟随翟某时间最长，也是当时所能找到的伤痕最让人触目惊心的一个孩子。经过拍照和录音，杨某取证很顺利。但是，有一个细节引起了胡展奋的注意：对任某取证时做到了有法定监护人（任某母亲）在场，但是任某母亲"说话很明显前言不搭后语"，"眼神呆滞，村里都说她是疯子"。任某母亲在场有效吗？如果翟某起诉到法院质疑任某母亲在场无效怎么办？

为了避免翟某起诉，打击报复记者，胡展奋和杨某决定换任某的父亲作为合法监护人，重新录音、拍照取证，务必做到"程序

---

[1] 参见张宸：《当代西方新闻报道规范》，复旦大学出版社2008年版，第180页。
[2] 参见胡展奋：《童言无忌 采访有忌——从几次采访经历看未成年人调查的注意事项》，载《新闻记者》2011年第8期。

合法"。询问现场设在任某的家中,按有关规定,询问者(记者)在"二人以上"。询问前,记者设定了问题范围。询问时,也只是指着任某一处处的伤疤问怎么回事,并不提示"谁打的""他真凶恶"之类的诱导和评语。如果她说出一处伤口,记者也只是简单地问:他为什么打你?或者,被打后感觉怎么样?

报道见报后,果然有一位自称翟某律师的人来电,威胁说:"你们的报道严重失实,对儿童的采访'程序非法',对翟某构成诽谤罪……"幸亏记者事先作了相当周密的准备,所以面对他的威胁,记者淡淡地说:"就怕你们不起诉!欢迎有机会把翟某的滔滔罪行曝光于社会,公之于法庭,公开讨论。"

除了以上讨论的采访时间、采访地点和采访对象等采访活动的相关因素会触发新闻采集中的法律问题外,采访事件本身的性质也会决定新闻记者的采集行为是否违法。例如,采访事件是否具有公共性,也就是我们通常所说的是否包含公共利益的元素。如果记者采访的完全是私人性的行为或活动,那么记者就可能因为披露私人性的信息而侵犯被采访人的隐私权等人格权益。

本讲小结

本讲用了较长的篇幅说明两个问题:

一是新闻采访类的教材要充分重视培养新闻记者以及其他新闻工作者的法律素养。比起国外的同类教材,目前我国诸多新闻采访类的教材并没有充分重视这部分问题,在设定章节时往往忽略这一内容。即使今天智能化、社交化的传播方式日益弱化职业化的新闻传播,但职业化的新闻传播仍然是主流。既然如此,职业化的新闻传播行为就要纳入法治化的轨道,新闻工作者的信息采集和采访行为必须依法进行,依法受到法律的保护与限制。所以,接下来的章节主要聚焦于新闻记者职业化的新闻传播行为,而暂且不谈智能化、社交化的传播方式所引发的各类法律问题,尽管这类传播方式所引发的各类法律问题受到的关注度非常高。魏永征教授在《法律素养:记者的必修课》一书后记中强调:我们国家正在全面推进社会主义法治建设,无论是从事专业的新闻工作,还是日常在互联网上传播信息、发表意见,都应该纳入法治的轨道。其中,专业的新闻工作者尤其要起到表率作用:既遵循法律规定的底线,又懂得用法律保护自己的权益。[1] 本书后面将要讨论的新闻采访权的保护与限制、新闻记者的信息采集与政府信息公开、新闻工作者对法庭审判的庭审直播、新闻工作者处理匿名消息源、新闻工作者和消息源之间的互动等所引发的法律问题,都是新闻记者职业化的新闻传播行为所触及的法律问题。当然,有时也会讨论相关行为中所包含的伦理问题。

二是对于后面的章节可能讨论不到的问题,先在简论中总括性地予以介绍。后面主要分六讲来讨论新闻记者职业化的新闻传播行为所触及的法律问题(或者伦理问题)。而实际上,新

---

[1] 参见魏永征:《法律素养:记者的必修课》,复旦大学出版社2017年版,第344页。

闻记者职业化的新闻传播行为所引发的法律问题远不止于此，它与新闻采访的各类要素，即采访的时间、采访的地点、采访的对象以及采访的事件紧密相关。

关于采访时间，新闻记者在平时从事新闻采集活动并不受制于法律的约束，但在敏感时期、紧急状态或战争时期等特殊时期，新闻记者的采访活动往往就会受到不同程度的法律限制。

关于采访地点，新闻记者在公共场所和非公共场所从事新闻采集活动受法律限制的程度不同。在公共场所，新闻记者的采集活动不受法律限制。但是，如果公共场所发生了事故，新闻记者的采集活动就要受到不同程度的约束。前文主要围绕公共街道来讨论这一问题。对于半公共场所，新闻记者在从事采访活动的时候就要充分考虑到这些地点可能带有的私人属性，如机场、医院、法院、地铁站等。

关于采访对象，如果新闻记者采访普通人，只要普通人愿意接受采访即可，一般不会涉及相关的法律问题，当然，刻意侵扰或者揭露普通人的隐私不会被允许。如果新闻记者采访的对象是公众人物，就存在着复杂的一面，不仅因为新闻媒体曝光公众人物的频率较高，而且我们经常存有"高官无隐私""名人无隐私"这样的错误观念。如果新闻记者采访的对象是未成年人，也需要特别注意，新闻媒体对未成年人进行采访不仅可能会侵犯未成年人的隐私权，更为关键的是，未成年人接受媒体的采访，必须在成年人的监护下进行。

第二讲 Lecture 2 新闻采访权的法律保护与约束

习近平总书记多年来一直强调舆论监督的重要性,坚持舆论引导和舆论监督两者并重。1989年5月,习近平在福建宁德任地委书记时发表了《把握好新闻工作的基点》的讲话,讲话中强调:运用舆论监督武器,要有强烈的社会责任感,讲究社会效果。要有利于维护安定团结的政治局面,有利于改革、开放,有利于党开展工作。舆论监督的出发点应该是积极的、建设性的。监督的重点应该针对那些严重违反党和国家重大政策以及社会生活中存在的重大问题,要抓典型事件。2006年7月21日,习近平在给驻浙中央媒体介绍浙江省情时强调:各级党委政府要与新闻媒体积极沟通,欢迎新闻监督,闻过则喜;要充分运用舆论监督这个武器,推动各项工作。2016年2月,习近平总书记主持召开党的新闻舆论工作座谈会时谈到,舆论监督和正面宣传是统一的。新闻媒体要直面工作中存在的问题,直面社会丑恶现象,激浊扬清、针砭时弊,同时发表批评性报道要事实准确、分析客观。

既然舆论监督工作那么重要,无论是哪一种类型的媒体,只要被赋予了正当的新闻采访权,新闻记者的采访工作就要受到保护。当然,新闻记者在履行采访工作时如果侵犯到他人的合法权益,那么这种采访工作也应受到一定程度的限制。

我国每年都会发生多起新闻记者在履行采访工作过程中被人身侵犯事件。无论是官方媒体记者还是市场化媒体记者,或者被赋予新闻采访权的网络媒体记者,都可能被采访对象以及与采访对象有关的人阻挠或禁止采访。由于只有少数网络媒体被赋予新闻采访权,因此很少见到网络媒体记者采访被阻挠的现象。官方媒体记者被阻挠的例子如下:2007年8月13日,湖南省凤凰县沱江大桥发生垮塌事件,酿成特别重大事故。《人民日报》记者在招待所采访遇难者家属时,突然进来一群人阻止记者采访。记者要求他们出示证件但遭到拒绝。他们自称是"政府的人"。最终记者只好报警。更让记者吃惊的是,当警察正在做笔录的时候,从门外进来一位自称湘西州委常委、宣传部长的男子。该男子表示,因为发生了一些不愉快的事情,向《人民日报》和新华社的记者道歉,而其他媒体记者的采访行为是非法的、不受保护的,并要将正在做笔录的其他三位记者带走查办。在《中国青年报》《南方都市报》《经济观察报》记者们的据理力争下,该男子才没有得逞。[1]

本案例中值得玩味的是,《人民日报》和新华社的记者虽然受到了"道歉"的优待,但也无法幸免于被阻挠。

---

〔1〕 参见《采访凤凰大桥垮塌遇难家属 人民日报等记者被打》,http://news.xinhuanet.com/zgjx/2007-08/20/content_6570246.htm,2019年6月5日访问。

比起官方媒体,市场化媒体记者采访时遭阻挠现象更是屡见不鲜。这里主要是指那些正当的新闻采访遇到的阻碍甚至是造成记者人身伤害,而不包括假借新闻采访之名去搞寻租、去实施新闻敲诈的非法行为。2009年5月,湖北省巴东县发生的女服务员邓玉娇刺死官员案受到全社会的关注,全国各地媒体记者前去巴东县采访。《新京报》记者孔某和《南方人物周刊》记者卫某在巴东县野三关镇采访邓玉娇的外婆时,被当地不明身份的人围攻殴打,并被强制写下"未经当地批准不得擅自到此采访"的书面材料,采访获得的录音及照片也被强行删除。直到一个小时后,打人者才将录音笔、照相机等设备还给记者。警察和当地宣传部门随后赶到现场。[1]

通常是谁在阻挠记者的采访甚至殴打记者?除了采访对象本人以外,很多时候,阻挠甚至殴打记者的人的身份并不明确。在上述两个案例中,殴打记者的人的身份就是不明确的,记者被打最终也是不了了之。类似的事例数不胜数。但是,有时打记者的人的身份是明确的。试举一例:2015年1月21日,《南方都市报》记者在深圳市一海鲜山庄暗访当地警员涉嫌聚众"吃娃娃鱼"时,被参与饭局的警察殴打。深圳市公安局官方微博就此事首次发布通报后,旋即被舆论质疑为"玩文字游戏,避重就轻"。通报中把"记者被围殴"说成是"与现场人员发生冲突"。

---

[1] 参见杨超:《采访邓玉娇案两记者遭围殴 被强制写下书面材料》,https://www.chinacourt.org/article/detail/2009/05/id/359594.shtml,2019年6月5日访问。

新闻采集与法

通报中提及的东深分局局长王某疑因"涉嫌妨碍调查"被立案调查。[1]

记者被打涉及我国新闻记者采访权的法律保护与限制,以及在我国特有的社会语境下如何解决新闻记者采访权益保护的问题。下文主要从新闻采访权与新闻记者证、新闻采访权是"权利"还是"权力"、英美为什么没有"新闻采访权"一说、我国为什么有"新闻采访权"一说、舆论监督与新闻采访权的保护、新闻采访权如何从根本上得到保障等问题入手来展开本讲的内容。

一、新闻采访权与新闻记者证

新闻记者在采访工作中被阻挠或被打,有时候是因为在采访对象看来,采访自己的记者并不是合法的记者,也即不持有国家新闻出版行政管理部门核发的新闻记者证。这样的事例已经在国内发生多起。

典型案例 《中国贸易报》记者被打致死案

2007年1月10日上午约9时,《中国贸易报》山西记者站工作人员兰某和同事常某到大同市浑源县一座手续不全的煤矿采访,结果受到矿主侯某等8人的毒打。矿主侯某声称,之所以

---

〔1〕参见杨锋、鲁千国、张洪玮:《打记者事件,14民警多为深圳警界官员》,载《新京报》2015年1月28日第A20版。

要打兰某,是因为他们出示的工作证不是国家新闻出版总署核发的记者证,并未盖有新闻出版总署的印章。[1] 兰某出示的工作证上盖有中国贸易报社的公章。工作证显示兰某的职务是专题中心主任,发证日期是2006年12月27日。时任中国贸易报社社长杨晓东面对媒体时解释说:"兰某确实是报社的工作人员,但是正如我们在网上所说明的那样,他是1月3号刚刚成为我们报社记者站试聘的工作人员……因为兰某本人没有记者的资格和身份,所以他没有采访权。我们规定没有记者证的工作人员可以协助记者收集一些新闻线索。"[2]但是,在矿主侯某等人看来,兰某他们就是"假记者"。兰某伤势严重,被送至医院,因抢救无效于第二天死亡。

同年6月27日,被告人侯某被判无期徒刑,郑某、武某、马某、李某、高某分别被判处5—15年有期徒刑,郑某犯窝藏罪被判处有期徒刑1年。法庭同时判令侯某等6人赔偿兰某的亲属共计38万元。[3]

典型案例 央视记者采访遭警方强行扣留

2004年5月25日,中央电视台《东方时空·时空连线》栏

---

[1] 参见宁风:《矿主打死记者案:内幕徐徐揭开》,http://www.jcrb.com/n1/jcrb1242/ca591111.htm,2018年6月18日访问。
[2] 参见《兰成长:一个"记者"的意外死亡》,http://news.cctv.com/society/20070120/101635.shtml,2018年6月18日访问。
[3] 参见陈伟、刘宇:《〈中国贸易报〉聘用人员兰成长被打致死案一审有果》,载《山西日报》2007年6月30日第A2版。

目两位记者在沈阳市采访某房产开发公司野蛮拆迁事件时,被沈阳市和平区民主路派出所民警以"核实记者身份"为由"请进"派出所,并扣留长达3个小时。

在采访现场,房产开发公司保安叫来的沈阳市和平区民主路派出所的两名民警强行终止两位记者的采访。两名民警在现场查看了记者的介绍信后,仍坚持要到派出所核实记者的身份。央视记者主动拨通了台内制片人的电话,请求民警现场核实。起初,民警拒绝接听电话,后在记者的一再要求下勉强接听。虽然制片人已经证实了记者的身份,但两民警仍然把记者带到和平区民主路派出所。在此过程中,民警始终未出示他们的身份证件。

记者被带到派出所后,再次出示了介绍信,并提供了工作电话,请求民警核实。但是,该派出所民警无动于衷,反而继续扣留记者。13时30分许,即扣留记者一个多小时以后,派出所民警强行夺走了记者的摄像机和所有的拍摄素材。《中国青年报》记者就此事打电话给民主路派出所,该派出所接电话的人称扣留记者一事完全是歪曲事实:"我们只是做我们该做的,公安机关不可能做这么糊涂的事。他们没有采访证,也没有记者证,我们只是请他们来说清楚(情况),并没有怎么对待他们。"[1]

兰某与央视记者的采访目的可能有所不同,但他们都是因

---

[1] 参见董伟:《央视记者沈阳采访拆迁遭警方强行扣留》,https://www.chinacourt.org/article/detail/2004/05/id/118194.shtml,2018年11月26日访问。

为没有出示国家认可的新闻记者证,而遭到阻挠或者遭警方强行扣留。这就让读者心生疑惑:难道记者只有手持国家颁发的新闻记者证,才可以行使采访权?简言之,新闻记者证＝新闻采访权?新闻采访权是否为持证记者的专有权利?我国《新闻记者证管理办法》第2条第2款规定:在中华人民共和国境内从事新闻采编活动,须持有新闻出版总署核发的新闻记者证。也就是说,倘若记者从事新闻采编活动,就必须要出示新闻出版总署核发的新闻记者证。据此,上述案例中的矿主侯某要求兰某出示新闻出版总署核发的新闻记者证,派出所民警要求核实央视记者的身份并不是没有道理的。但是,现实中仍然会遇到如下问题:

（一）实习记者或特约记者的采访权如何认定

《新闻记者证管理办法》第9条第1款第3项规定了领取新闻记者证人员的条件之一是:必须是在新闻机构编制内从事新闻采编工作的人员,或者经新闻机构正式聘用从事新闻采编岗位工作且具有一年以上新闻采编工作经历的人员。第10条第2项规定:新闻机构以外的工作人员,包括为新闻单位提供稿件或者节目的通讯员、特约撰稿人,专职或兼职为新闻机构提供新闻信息的其他人员,不可以向其颁发新闻记者证。按照这两条规定,对于那些进入媒体从事新闻采编工作不足一年,或者虽然工作满一年,却尚未具有相应资格的新闻从业人员,对于那些到媒体实习的新闻从业人员（实习记者）或者媒体不定期临时聘请的特约记者,他们没有新闻记者证,如何从事新闻采访活动呢?

正如有论者所说,即便是中央级媒体,其聘用的采编人员也未必全部拥有记者证。作为弥补措施,新闻单位大多采用本单位印制的工作证或采访证件。如兰某随身携带的工作证上盖有记者站的钢印,就可以证明其身份。[1]

(二)公民记者的采访权如何认定

随着自媒体和社交媒体的发展,无论是国外还是国内,都出现了一个新的群体——公民记者。公民记者虽然没有国家新闻出版总署核发的新闻记者证,但是在社交媒体时代,他们可以利用自己的采访设备随时记录现实生活中发生的事件。特别是对于一些突发事件,往往是由公民记者首先爆料公开。值得关注的是,公民记者也在我国的法院判决书中得到了承认。2013年7月25日,雷政富案爆料人朱瑞峰状告华声在线网站"华声论坛"名誉侵权案获得胜诉,法院判决网站向朱瑞峰赔礼道歉并赔偿精神损害抚慰金。在华声在线股份有限公司经营的"华声论坛"上,注册用户名为"汴京王海洋"的网民发布了《雷政富淫乱视频事件爆料人朱瑞峰骗子嘴脸》《揭露"人民监督网"及朱瑞峰真实面目》等三篇网帖。在网帖和回帖中,不仅涉及大量有关朱瑞峰个人状况的虚假信息,还诽谤朱瑞峰"利用非法网站敲诈勒索"等等。法院认定,华声在线网站怠于履行管理职责,致使网络用户侵害原告朱瑞峰的损害后果扩大,应当承担相应责任。

---

[1] 参见刘海明:《新闻采访权是否记者证持有者的专利?从兰成长无"记者证"被殴打致死事件说起》,载《新闻记者》2007年第5期。

法院最终判决华声在线连续 30 日置顶刊登赔礼道歉公告，逾期不执行，法院将在相关媒体上刊登判决书主要内容。同时，判决华声在线股份有限公司赔偿朱瑞峰精神损害抚慰金 3 万元。除了朱瑞峰获得赔偿外，这一判决备受关注的一点是对朱瑞峰身份的记载——人民监督网公民记者。这是法院第一次在判决书中确认原告的"公民记者"身份。[1] 法院认定的公民记者，应该没有新闻出版总署核发的新闻记者证，那么朱瑞峰从事的采访活动究竟是合法还是非法呢？

总之，以是否持有新闻记者证衡量记者身份的真假存在问题。在很多情况下，一些从事新闻采编工作的人员并没有记者证，这种情况以中央电视台最为典型。造成这种现象的主要原因如下：一是新闻出版部门对媒体记者数量实行总量控制，即规定一家媒体只能申领一定数量的记者证，如果媒体实际聘用人数超出这一限额，就会有很多记者、编辑无法领到记者证，而只能以媒体的内部证件替代；二是很多媒体为了考验聘用人员的职业能力和忠诚度，通常规定只有在聘用期满一定时限后才能颁发记者证，这就导致很多记者、编辑在期满前没有记者证；三是根据国家规定，申领记者证的人员必须先通过新闻出版部门组织的统一考试，在此之前，即使实际从事新闻采编工作，也不能颁发记者证。此外，境外媒体和一些尚未得到新闻出版行政管理部门批准记者证名额的国内媒体，也无法向记者颁发中国

---

[1] 参见孙莹：《"公民记者"身份首次获法院确认》，http://news.sina.com.cn/c/2013-07-25/145927769907.shtml?qq-pf-to=pcqq.c2c，2018 年 6 月 25 日访问。

统一制式的记者证。[1]

典型案例 记者采访郭德纲别墅侵占绿地事件被打

相声演员郭德纲在自家别墅外的小区公共用地搭建了一处20多平方米的私家花园,引起小区邻居和物业的不满。郭德纲家人给出的解释是:搭建花园是开发商许诺的,只不过他们与物业没有协调好。他们在花园外搭建栅栏,是为了防止粉丝翻窗户进入家中。2010年7月31日,北京电视台《每日文娱播报》节目就此事进行了报道。小区物业负责人在接受采访时,明确表示小区没有带私家花园的别墅,圈占绿地属于违建行为,且曾就小区内不少业主圈占绿地的行为下发过通知。而涉嫌违章的郭德纲别墅里出现的两个人(其中一人就是后来的打人者李某)也表示:"如果这事儿不对,我们可以商量。"8月1日下午约4点左右,《每日文娱播报》栏目组的记者周某和一名摄像人员又前往郭德纲的别墅实地采访。这次采访遭到了郭家人的阻止,争执中记者被郭家人打伤。[2] 从网络上传播的录音和视频中,可听到周某不止一次强调:"我采访你是在执行我的任务","记者采访的权利不是你给的,是人民赋予的"。[3]

---

[1] 参见陈杰人:《采访报道是衡量真假记者的唯一标准》,http://news.southcn.com/china/bgcn/200701240426.htm,2018年6月25日访问。

[2] 参见柏小莲:《回溯与分析:一块绿地引发的记者被打事件》,http://ent.qq.com/a/20100804/000074_1.htm,2018年6月30日访问。

[3] 同上。

4日凌晨,郭德纲在其博客上发表了一篇题为《有药也不给你吃》的文章,回应这一系列事件。其中有一段是这样写的:"你有采访的权利,我有维护隐私的权利。《新闻记者证管理办法》规定有记者证的事,你来这仨人有一个有记者证的吗?咱们上有关单位理论去!"[1]

8月5日,李某因涉嫌殴打周某,被北京市公安局经济技术开发区分局行政拘留7天,罚款200元。[2]

二、新闻采访权是"权利"还是"权力"

(一)"权利"属性说

坚持此种观点的人认为,新闻采访权是个人言论自由权的延伸。从本质上说,新闻采访权并不是记者才有的特权,是新闻记者作为公民的"个体权利",只不过新闻记者以公开传播信息为目的,才使得其采集信息的活动与众不同。魏永征教授认为,采访是一种采集信息的行为。保障和规范这种行为的法源,可以一直追溯到言论自由的原则。采访并不是记者才拥有的特权。人人皆有言论自由,人人也就皆有采集信息的自由。采访权是一种权利,而非权力。如果认为记者行使采访权就意味着

---

[1] 参见《郭德纲回应打人事件:记者无证私闯民宅还偷拍》,http://news.cri.cn/gb/27824/2010/08/04/107s2943191.htm,2018年6月30日访问。
[2] 参见《打记者的郭德纲徒弟被拘留》,载《新华日报》2010年8月6日第B03版。

任何人都必须接受采访,这是把权利误解为权力了。在国外有这样一句新闻职业格言:在任何时候都不应将记者混同于警察。警察的侦查权是一种权力,而记者采集信息只是行使人人皆有的言论自由的权利。我国的新闻媒体在群众中享有很高的声誉和威望,其采访活动一般都会得到有关单位和群众的尊重和支持,但是这不等于采访行为可以"权力化"。[1]

杨立新教授也认为,采访权是新闻权的组成部分,新闻权是由采访权和报道权构成的。新闻权的权利来源是我国《宪法》规定的新闻自由,既然如此,采访权当然是一种与义务相对应的权利,而不是具有国家强制力的权力。[2] 采访本身就是一种调查活动,而以采访为内容主体的采访权实质上也就是一种调查权。应当指出,记者的这种调查权与行政、司法工作人员享有的调查权是应当严格区分的,从性质上说是权利和权力的区别。后者是一种国家授予的权力,有国家强制力量作为保证;而前者,只是一种自主性的权利,采访对象并没有接受采访的义务。[3]

(二)"权力"属性说

坚持此种观点的人认为,虽然我国的传媒单位大都已改制为企业,但传媒结构的本质没有变,仍然具有"喉舌"的属性。特别是像《人民日报》、新华社、中央电视台等媒体,其记者在行使

---

〔1〕参见魏永征:《新闻法讲座之十四——记者同被采访个人的平等关系——二说记者的采访权》,载《新闻三昧》2000年第3期。

〔2〕参见杨立新:《隐性采访的合法性及其法律保护》,载《中国记者》2000年第2期。

〔3〕参见徐芳、李俊良:《新闻记者采访权初探》,载《当代法学》2002年第11期。

新闻采访权的时候会被认为在行使公权力。公众对政府、社会有监督权,记者的首要任务便是准确报道信息,满足公众对社会、政府工作状况的知情需要。记者享有采访权,主要是因为他们被公众推到了舆论监督的前沿,他们行使的采访权实际上是下情上传、上情下达的手段,他们是公众的情报员与代言人。记者的采访权不是私权利,而是"公众权力",或者是一种"职权""职责"。[1] 有的记者在采访时人身权遭到侵害时,经常会以《刑法》第277条(妨害公务罪)来对抗施暴者,这说明记者潜意识中把自己视为拥有"权力"的国家机关公务人员。[2]

(三)"权利"与"权力"双重含义说

坚持此种观点的人认为,新闻采访权作为言论自由权的延伸,属于普通人都拥有的权利范畴,但由于它还代表着党传递声音的一种工具,因而兼具权力的属性。曾任光明日报社法律处处长的黄晓博士则认为,采访权不纯粹是一种民事权利,而且具有行政权力的性质,因为报道与否不是由记者自己的意愿决定,而是其职责所在。因此,一旦发生纠纷,法律应适当向公众利益的捍卫方倾斜。[3] 2002年,针对一起记者被打事件,时任新闻出版总署政策法规司副司长于慈珂指出,报社作为新闻出版单位,是经过国家新闻出版行政管理部门依法审批成立的,有权对一些社会问题和现象进行客观公正的报道和监督。记者受报社

---

〔1〕 参见陈翔:《关于采访权的几点思考》,载《新闻界》2001年第5期。
〔2〕 参见陈力丹:《采访权是公民言论自由权的延伸》,载《现代传播》2004年第3期。
〔3〕 转引自魏晶:《如何保障记者的采访权?》,载《声屏世界》2003年第10期。

指派进行采访,实际上行使了报社的权力。报纸作为大众传媒和舆论工具的属性,也决定了记者的采访权具有特殊性,不能等同于一般的民事权利。[1]

三、英美为什么没有"新闻采访权"一说

对于"采访",《辞海》中的解释是"采集访问",《现代汉语词典》中的解释是"搜集寻访"。无论是"采集访问"还是"搜集寻访",在法律上都属于表达自由的范畴。[2] 在英美等普通法系国家,普通公民的表达自由受到法律保护。例如,美国《宪法》第一修正案规定:"国会不得制定关于下列事项的法律:确立国教或禁止信教自由;剥夺言论自由或出版自由;或剥夺人民和平集会和向政府请愿申冤的权利。"英国虽然没有成文的宪法,但是两百多年争取新闻自由的传统,使得其新闻自由的保障具有稳固的法治基础,以至于马克思的夫人燕妮·马克思称英国是"众所公认的出版界圣地"[3]。

在英美,公众的言论自由、出版自由受到法律的保护与限制,新闻记者理应包括在内,没有必要作出与其他人不同的规定。因此,出现了魏永征教授所说的,在英美有关新闻学和传播

---

〔1〕 转引自于杨:《丰台公安分局副局长:殴杨事件不会不了了之》,载《京华时报》2002年4月2日第3版。

〔2〕 参见李月明:《普通公民有没有采访权?》,http://news.sina.com.cn/c/pl/2007-01-21/092812095175.shtml,2018年7月2日访问。

〔3〕 《马克思恩格斯全集》第16卷,人民出版社1995年版,第688页。

法学的著作中,从来没有看到过与中文"采访权"这一表述相对应的说法。我们所见到的是"寻求、获取和传递信息的自由"(freedom to seek, receive and impart information,《公民权利和政治权利国际公约》第 19 条)、"获取信息的权利"(right of access to information)、"采集信息或新闻的自由"(freedom to gather information or news)这一类说法,而不存在采访权(right to interview)这样的用语。这是为什么呢?首先,寻求、获取和传递信息,是人人皆有的权利,诚如《公民权利和政治权利国际公约》所载,它包含在表达自由里面,是每个人的基本人权,不需要对记者作特殊的规定。其次,访问必须是两相情愿的事情。记者要访问你,你可以接受,也可以不接受,不能因为他是记者,你就必须接受他的访问,不接受就违法,这样访问不就成审问了吗?所以,不可以规定记者有区别于普通人的"访问权"。[1] 新闻工作者也曾试图争取采集新闻的权利得到《宪法》第一修正案的特别保护,但是该主张从来没有得到过法院的支持。判例表明,新闻记者不享有国家工作人员的豁免权,如有记者跟随安全人员进入私宅拍摄现场,当事人起诉可获得法官的支持。[2]

顺便要说的是,在美国虽然没有新闻采访权一说,也无须对新闻采访权从法律上给予特别保护,但这不意味着美国记者在寻求、获取和传递信息方面没有争议。最大的争议是新闻记者是否享有"拒证权"。记者拒证权是指在司法活动中新闻记者拒

---

〔1〕 参见魏永征:《有关采访权的几点看法》,https://www.taodocs.com/p-185834464.html,2018 年 7 月 10 日访问。

〔2〕 同上。

绝提供消息来源的权利。赋予记者拒证权的目的是为了保护信息来源,而不是信息本身。拒证权的内容分为四个方面:(1)拒绝公开信息来源身份;(2)拒绝出示可能曝光信息提供者身份的信息内容;(3)拒绝接受询问;(4)拒绝接受搜查、扣押。恶意向新闻记者取证,造成信息来源利益遭受损害的,必须承担由此带来的法律后果。[1]关于新闻记者是否享有拒证权,将在第五讲详细探讨。

美国并未通过立法的方式区分出新闻工作者与普通公民之间的差异。但是,相关部门曾探讨是否应该赋予新闻工作者其他普通公民未能享有的"记者特权",甚至考虑通过建构专属特权的"新闻记者保护法"(亦可称为"盾法")的联邦立法方式,赋予记者某些特权和豁免记者某些法律事务,尤其是在诉讼程序中拒绝透露消息来源的特权。[2]在州一级,"记者拒证权"已经得到了某些州法律的承认,但在联邦层面,这一问题一直备受争议。

四、我国为什么有"新闻采访权"一说

"新闻采访权"一词在我国新闻传播学界和业界经常被使用,在官方文书中也经常出现。例如,新闻出版总署发布的《关

---

〔1〕 参见高一飞、陈小利:《论记者拒证权》,载《证据科学》2008年第5期。
〔2〕 参见刘静怡:《数位时代的"记者特权":以美国法制之发展为论述中心》,载《新闻学研究》2009年第98期。

于进一步做好新闻采访活动保障工作的通知》中就提到，新闻机构对涉及国家利益、公共利益的事件依法享有知情权、采访权、发表权、批评权、监督权。本书认为，我国之所以有"新闻采访权"一说，有如下几个原因：

（1）在英美国家，媒体是与立法机构、司法机构、行政机构并列的"第四权力"机构；我国的媒体则有所不同，在领导权上，我国坚持党对新闻媒体的绝对领导。2016年2月19日，习近平总书记在党的新闻舆论工作座谈会上发表讲话，他强调："党的新闻舆论工作坚持党性原则，最根本的是坚持党对新闻舆论工作的领导。党和政府主办的媒体是党和政府的宣传阵地，必须姓党。"因此，在媒体工作的新闻记者就代表着国家的利益从事新闻采访活动。这种国家利益原则把作为一种职业活动的新闻采访与普通的个人采访活动相区别。因此，从"实然"的角度说，认为新闻采访权是权利而非权力，是有待商榷的。

（2）从事新闻采访活动是要经过行政许可的，持有新闻记者证才可以从事新闻采访活动。有论者认为，作为一个法律概念，采访权在我国现行法律体系中没有明文规定，尚处于习惯性权利状态。[1] 本书作者认为这种说法是不太准确的。我国新闻出版总署2005年1月10日发布《新闻记者证管理办法》，并于2009年对此管理办法进行了修订。2014年，我国又把新闻网站的记者证核发纳入了《新闻记者证管理办法》。新闻记者的

---

[1] 参见徐芳、李俊良：《新闻记者采访权初探》，载《当代法学》2002年第11期。

从业资格和采访行为就这样被纳入了行政许可的范畴。行政许可是有排他性的,某项行为只有政府许可才可以做,否则就不可以做,这就把采访权的特权性质法律化了。[1]

(3) 在我国,公众普遍对新闻媒体寄予很高的期望,往往把新闻媒体看作社会正义的化身。很多人遇到不平之事时,首先想到的不是寻求规则、法律的保护,而是新闻媒体的曝光,所谓"十年上告,不如一次上报"[2]。正因为社会公众对新闻媒体的普遍过高期待,才使得部分新闻记者过分地夸大自己从事的新闻采访活动,认为自己可以"包打天下""无所不能",从而寻求和呼吁对新闻采访权的特殊保护。在美国,虽然把新闻媒体作为社会公共利益的代言人是社会的共识,但无论是立法还是司法,都并没有把新闻媒体的采访活动作为特殊对象予以保护,只是经常会在司法判例中对媒体的表达自由予以倾斜性保护。这是为了充分捍卫表达自由在民主社会中不可取代的作用所作出的司法保护措施。正如顾理平教授所说,基于公共利益的新闻权利应该得到特殊保护。[3] 在司法实践中,对于基于公共利益的新闻采访带来的司法诉讼,法官在自由裁量权的范围内,也应该对新闻媒体的表达自由予以倾斜性保护。这是从司法方面捍卫新闻采访权。当然,新闻采访权被予以特殊保护,并不是部分记者用来寻租的借口。有人可能打着捍卫公共利益的幌子来侵犯

---

[1] 参见魏永征:《有关采访权的几点看法》,http://media.stu.edu.cn/weiyongzheng/archives/29953,2018 年 7 月 10 日访问。

[2] 参见顾理平:《新闻权利与新闻义务》,中国广播电视出版社 2010 年版,第 153 页。

[3] 同上书,第 155 页。

国家、集体和社会的利益以及他人的权利和自由。正如有学者所说,在现实生活中,"公共利益"也可能成为一个侵犯人权的幌子,德国法西斯的统治已经证明,"过度滥用公共利益以剥夺私人之自由,则后果不堪设想"[1]。

五、我国新闻采访权的法律保护与约束概况

记者采访受到阻碍,往往是由于两个方面的原因:一是记者的法律意识淡薄,采访时不太注重方式方法,侵犯了采访对象的人格权益,比如隐私权。采访对象出于不满和无奈,对记者还以人身攻击,郭德纲弟子李某殴打北京电视台记者周某事件就是如此。二是新闻记者采访的目的是要向大众公开访问到的信息,采访对象由于害怕信息被公开,进而触犯到自己及所在单位的利益,尽力想掩盖信息。2008年11月7日生效的《新闻出版总署关于进一步做好新闻采访活动保障工作的通知》就指出:"个别政府部门未认真履行政府信息公开义务,一些企事业单位及社会组织为规避舆论监督,拒绝新闻机构及记者的采访,甚至出现打骂新闻记者等严重问题,侵犯了新闻机构的采访权和社会公众的知情权。"记者被打往往是由于后一原因,事例也数不胜数。前一原因多涉及私法领域的法律问题;后一原因多涉及

---

[1] 马岭:《利益不是权利——从我国〈宪法〉第51条说起》,载《法律科学(西北政法大学学报)》2009年第5期。

公法领域的法律问题。本讲主要谈的是后一原因引发的问题。

我国《宪法》第35条明确规定:"中华人民共和国公民有言论、出版、集会、结社、游行、示威的自由。"《宪法》第41条第1款规定:"中华人民共和国公民对于任何国家机关和国家工作人员,有提出批评和建议的权利;对于任何国家机关和国家工作人员的违法失职行为,有向有关国家机关提出申诉、控告或者检举的权利,但是不得捏造或者歪曲事实进行诬告陷害。"这一条款与《宪法》第27条第2款相对应:"一切国家机关和国家工作人员必须依靠人民的支持,经常保持同人民的密切联系,倾听人民的意见和建议,接受人民的监督,努力为人民服务。"

虽然新闻采访活动不同于个人的表达活动,它具有职业化的属性,属于机构性权利的一种,但是新闻记者也是普通公民,也拥有普通公民的权利,所以理应受到《宪法》第35条和第41条的保护。《宪法》第47条规定:"中华人民共和国公民有进行科学研究、文学艺术创作和其他文化活动的自由。国家对于从事教育、科学、技术、文学、艺术和其他文化事业的公民的有益于人民的创造性工作,给以鼓励和帮助。"当然,新闻采访权也是有边界的,《宪法》第51条规定:"中华人民共和国公民在行使自由和权利的时候,不得损害国家的、社会的、集体的利益和其他公民的合法的自由和权利。"新闻记者同样也要遵循这条宪法规定。

由于新闻采访权是一项职业性的权利,为了使职业权利行使有序,国家理应对新闻记者的采访活动进行管理。很多国家是由行业协会来管理新闻记者的,我国则是由国家新闻出版行政管理部门通过发放记者证的方式管理的,即把新闻职业纳入国家的行政体制之中。国家新闻出版行政管理部门对新闻采访活动作出了一定的法律保护与限制。《新闻出版总署关于进一步做好新闻采访活动保障工作的通知》规定:"新闻机构及其派出的采编人员依法从事新闻采访活动受法律保护,任何组织或个人不得干扰、阻挠新闻机构及其采编人员合法的采访活动。"

由以上规定可以看出,受法律保护的新闻采访活动是有条件的,是受到严格限制。首先,记者从事新闻采访活动必须要持新闻记者证,不持新闻记者证的采访活动不受法律保护。其次,即使新闻记者持新闻记者证,如果进行违法采访,也不受法律保护。所谓违法采访,是指新闻记者的采访活动违反《宪法》第51条的精神与原则。值得注意的是,即使新闻记者没有持新闻记者证去采访,只要其采访活动不违背《宪法》第51条的原则,那么他的采访活动本质上是不违法的,只不过不受法律保护。对于普通公民的采访,采访对象没有接受采访的义务,可以接受采访,也可以拒绝。《新闻记者证管理办法》第5条规定:"新闻记者持新闻记者证依法从事新闻采访活动受法律保护。各级人民政府及其职能部门、工作人员应为合法的新闻采访活动提供必要的便利和保障。任何组织或者个人不得干扰、阻挠新闻机构及其新闻记者合法的采访活动。"持有新闻记者证的记者,承担着满足公众知情权的重任,各级人民政府及其职能部门、工作人员,由于掌握着涉及公众利益的政府信息,理应具有接受新闻记者采访的义务。这是持有新闻记者证的采访和未持有新闻记者证的采访的重要区别。

不仅如此,我国一些政法战线的领导人也认识到保护新闻记者采访权的重要性。2000年,时任最高人民法院院长肖扬要求司法机关要坚决为舆论监督提供司法保护,他提出了"六点论":(1) 新闻记者在采访中遇到围攻、殴打、伤及人身权利时,人民法院理应对违法者依法惩处,坚决为新闻记者提供司法保护;(2) 对那些存在问题而又不正视问题,反而阻挠记者采访、侵害记者采访权的,人民法院应对记者的权益予以司法保护;(3) 对新闻单位和记者的一切合法权益,人民法院依法给予保护;(4) 新闻单位和被批评者发生纠纷时,人民法院应在坚持以事实为根据,以法律为准绳,公正裁判的基础上,尽量采取调解方式解决,依法保护新闻单位的名誉权;(5) 新闻记者在进行舆论监督时,被诬告、被陷害、被攻击的,人民法院应该坚决保护记者的正当权益;(6) 新闻记者对法院工作特别是审判工作的采访,各级法院要积极配合,尽量提供方便和保护,不应阻挠记者的正常采访。[1]

一些地方性法规更是明确规定了对新闻采访权的保护。如2003年12月27日,深圳市人民检察院起草的《深圳市预防职务犯罪条例》初稿规定:新闻记者在预防职务犯罪采访工作过程中享有的知情权、无过错合理怀疑权、批评建议权和人身安全保障权,任何单位和履行职务的人员都应当配合、支持,自觉接受新闻媒体的监督。这里虽然没有直接提及新闻记者的采访权,

---

〔1〕 参见邢岩:《肖扬要求人民法院主持舆论监督》,载《新闻大学》2000年第2期。

但提到了新闻记者的知情权、批评建议权等与新闻采访权紧密相关的权利。

2004年12月,海南省发布《中共海南省委关于舆论监督工作的暂行规定》,该暂行规定主要是为了回应中共中央2004年2月17日发布的《中国共产党党内监督条例(试行)》。该暂行规定第8条规定:"党和国家机关及其工作人员应当支持和配合新闻媒体依照规定进行的采访活动。除涉及国家秘密、商业秘密、个人隐私和其他依照法律、法规规定不应当公开的事项外,接受采访的单位和个人应当及时、如实地向新闻媒体介绍情况。依法负有信息公开义务的单位应当在法定信息公开范围内及时向新闻媒体公开相关信息,不得隐瞒事实。"

六、如何从制度上保护与约束新闻采访权

(一) 落实宪法中公民言论表达的权利与义务

新闻采访权的本质就是公民的言论表达自由的实现。《宪法》对公民言论表达自由的保护条款是第35条和第41条,对言论自由的限制条款是第51条。

我国政府一直强调要落实宪法的各项条款。2012年12月4日,习近平总书记在首都各界纪念现行宪法公布施行30周年大会上的讲话中指出:"宪法的生命在于实施,宪法的权威也在于实施。……我们要以宪法为最高法律规范,继续完善以宪法为统帅的中国特色社会主义法律体系,把国家各项事业和各项

工作纳入法制轨道……宪法与国家前途、人民命运息息相关。"

对于宪法中规定的公民权利与义务,习近平总书记一再强调:坚持人民主体地位,切实保障公民享有权利和履行义务。公民的基本权利和义务是宪法的核心内容,宪法是每个公民享有权利、履行义务的根本保证。

2014年10月23日,党的十八届四中全会审议通过的《中共中央关于全面推进依法治国若干重大问题的决定》也指出:"坚持依法治国首先要坚持依宪治国,坚持依法执政首先要坚持依宪执政。全国各族人民、一切国家机关和武装力量、各政党和各社会团体、各企业事业组织,都必须以宪法为根本的活动准则,并且负有维护宪法尊严、保证宪法实施的职责。一切违反宪法的行为都必须予以追究和纠正……任何组织和个人都必须尊重宪法法律权威,都必须在宪法法律范围内活动,都必须依照宪法法律行使权力或权利、履行职责或义务,都不得有超越宪法法律的特权。"

和普通人的言论表达活动一样,新闻记者从事采访活动也必须要在宪法规定的范围内进行,也必须要尊重宪法法律权威,必须依照宪法行使新闻采访的权利,履行新闻采访的义务。如果新闻记者的采访权侵犯了他人的权益,可以通过《民法典》等法律法规来规范调整。但如果新闻记者受到来自公权力的侵犯,又没有伤害到记者的人身权益的话,则很难通过《刑法》等法律法规来规范调整。宪法主要是对公权力予以约束以保障公民权益的根本法。人民群众法无禁止皆可行,公共权力法无授权则不可为。[1] 习近平总书记所说的依宪治国,就是为了把公权力关进"笼子",防止其恣意妄为。如果对公权力不加约束,公权力动辄就会阻碍和干扰新闻媒体正常的采访活动。只有对公权力加以约束,此类阻碍和干扰采访活动的事件才会减少。

依宪治国的基本任务之一,就是以宪法为统帅,完善我国社会主义法律体系,使国家的各项事业与工作都纳入这个体系中,以法律的手段管理这些事业与工作,从而推动我国法治化水平的不断提高。宪法的实施,其核心部分就是如何通过制定法律(立法)、执行法律(执法)和解释法律(释法)落实宪法中的公民权利与义务。也即宪法学者所说的,宪法实施可以大致分为三类:立法实施、行政实施、司法实施。立法实施是指立法机构依宪法规定的权限和程序作出的立法行为。行政实施是指行政机构依宪法与合宪法律规定的权限和程序作出的行政行为,主要体现为由此制定的行政法规、规章以及依法作出的具体行政行为。司法实施是指司法性质的机构依据宪法作出的司法行为。[2]

在新闻传播领域实施宪法,同样也要在立法、行政和司法三个层面进行。换言之,就是要通过立法、行政和司法对公民的言论出版自由的边界作出清楚划分。一方面,保障公民与新闻媒体的言论表达权利;另一方面,对公民与新闻媒体言论表达权利

---

[1] 参见魏永征:《媒体可以为依宪治国做些什么?》,载《新闻记者》2015 年第 1 期。
[2] 参见张千帆主编:《宪法》(第二版),北京大学出版社 2012 年版,第 89—94 页。

的滥用进行规制。这是国外新闻传播法律通行的规则,旨在实现保障公民和新闻媒体的言论表达权利与防止公民和新闻媒体对国家、社会及他人的利益造成损害的双向平衡。

我国《宪法》第 35 条有关于言论、出版自由的规定,但《宪法》之下没有人大通过的相关法律,而只有位阶更低的国务院行政法规,如《出版管理条例》《广播电视管理条例》等。从行政法规的具体内容看,这些行政法规更多倾向于对媒体的规制,并不能在法律上充分保障公民与新闻媒体的言论、出版权利。拿 2016 年修订的《出版管理条例》来说,共九章 73 条,只有第 5 条提到出版自由的问题,该条款的具体内容为:"公民依法行使出版自由的权利,各级人民政府应当予以保障。公民在行使出版自由的权利的时候,必须遵守宪法和法律,不得反对宪法确定的基本原则,不得损害国家的、社会的、集体的利益和其他公民的合法的自由和权利。"该条款虽然体现了"双向平衡",但在关于各级人民政府应当保障公民依法行使出版自由的规定上,并没有切实可行的具体措施。各级人民政府应如何保障公民依法行使出版自由的权利?如果政府在保障公民和新闻媒体的言论表达权利上不作为甚至主动侵害公民或新闻媒体的言论表达权利,公民与新闻媒体该如何寻求法律救济?就像前文中所谈到的《南方都市报》记者暗访深圳警察吃娃娃鱼,遭到涉事警察和安保人员殴打,新闻记者应如何诉诸法律处理这种事件?按照十八届四中全会的精神,必须在宪法的框架内通过立法、执法和司法,落实宪法原则。上述主要围绕执法层面来谈,至于司法层面,由于目前我国不能在司法中直接引用宪法条款,也即宪法不能司法化,所以这一部分我们不作探讨。接下来我们主要探讨是否有必要在立法层面落实宪法中规定的出版、表达自由权利,以解决以言代法、以权压法,用粗暴的方式对待新闻媒体的舆论监督问题。

(二) 是否有必要制定规制新闻传播活动的专门法律

是否有必要在宪法的框架内制定针对新闻传播领域的专门法律,从而使得新闻记者采访权的保护与限制有具体的法律可依,这是一个长期处于争议中的问题。国家新闻出版总署原署长、全国人大教科文卫委员会主任委员柳斌杰曾两次透露,人大正研究新闻传播立法,十八届人大任期内有望提交审议。一次是十八届四中全会刚开过不久,他告诉媒体记者,新闻传播要有法治思维,走向法治轨道,否则,底线不清,边界不明,媒体不好把握。另一次是在 2015 年全国"两会"期间,在接受记者采访时,柳斌杰表示,今后凡是属于公共新闻传播范畴的,包括互联网新闻服务等,都将纳入新闻传播法中来管理,不过自媒体这一传播形式暂不会纳入。柳斌杰先生两次关于新闻传播立法的媒体采访引起了新闻传播学界和法学界的热议。

南京师范大学新闻与传播学院顾理平教授评价道:从提出立法建议到着手立法准备,我国新闻传播领域的立法经历了漫长的时间,几乎可以说是我国讨论时间最长而依然没有出台的一部法律。[1] 20 世纪 80 年代,我国就启动了新闻传播立法的

---

[1] 参见顾理平:《新闻权利与新闻义务》,中国广播电视出版社 2010 年版,第 154 页。

工作,党的十三大报告指出,必须抓紧时间制定新闻出版、结社、集会、游行等法律,建立人民申诉制度,使宪法规定的公民权利和自由得到保障,同时依法制止滥用权利和自由的行为。启动工作持续了10年。有研究者把这10年立法实践分为三个阶段:呼吁阶段(1980—1983年)、研究、起草和征求意见阶段(1984—1988年)和停滞阶段(1988年后)。在研究、起草和征求意见阶段,中国社会科学院新闻法研究室、新闻出版署新闻法起草小组和上海新闻法起草小组成立运行,共有三部新闻法文稿诞生。[1]但是,三部新闻法文稿最终也只是成为历史资料,并未得到实施。

1998年11月23日,时任全国人大常委会委员长李鹏接受德国《商报》驻京记者思立志的采访时说道:我们将按照法定程序制定一部符合中国国情的新闻法。2008年11月3日,《人民日报》发表署名华清的文章——《科学、依法、有效管理 加快新闻领域立法工作》。文中写道:我国正处于改革发展的关键阶段,新情况、新问题层出不穷,这对新闻工作领域的法治化建设提出了新的更高的要求。应加快新闻领域的立法工作,继续完善与新闻工作相关的法律法规,为做好新闻工作、提高舆论引导能力提供法律保障。20世纪80年代后,虽然国家新闻立法的脚步停滞不前,但全社会仍然对此寄予很高的期待。据全国人大教科文卫委的孙雷同志介绍,九届人大(1998—2003)以来全

---

[1] 参见张杰:《二十世纪八十年代中国新闻立法史研究》,中国传媒大学2012年硕士论文。

国人大共收到代表有关新闻立法的议案6件,建议4件。新闻传播立法已经引起了有关部门的高度重视。[1]上述柳斌杰接受媒体采访时吐露的心声也可以说明这点。

对于新闻传播领域立法,社会各界并未达成共识。支持者认为,公民的权利与义务是宪法规范中的核心内容,如何通过制定法律保障《宪法》第35条和第41条中的公民言论、出版权利的实现,在我国的立法体系中是一项亟待完成的任务。习近平总书记在首都各界纪念现行宪法公布施行30周年大会上的讲话中提到,我国各项事务都要在宪法法律的范围内活动,由于新闻传播也是一项重要的关系公共利益的社会性事务,理应纳入法治的轨道。否则,在新闻传播领域难以在立法层面实施宪法的原则与精神,公民的言论表达权利与媒体的出版表达权利也就很难得到宪法等法律保障。

反对者认为,我国新闻传播领域缺乏的不是相关的法律法规,而是执行这些法律法规的能力。换言之,我们不能很好地在执法层面实施宪法原则和精神。像《出版管理条例》《广播电视管理条例》这些行政法规,再加上与《民法典》《民事诉讼法》《刑法》《刑事诉讼法》等法律的联动,完全可以使新闻传播领域的活动有法可依,再制定新闻传播领域的专门法律,实属没有必要。[2]

---

[1] 参见王松苗:《新世纪:媒体如何从容行使"监督权"》,载《检察日报》2001年1月3日第5版。

[2] 参见魏永征:《法律素养:记者的必修课》,复旦大学出版社2017年版,第263页。

笔者无意卷入以上争议，但想从以下视角来探讨目前我国是否有必要制定新闻法或新闻传播法的相关问题。换言之，我们学术界是否能以更广阔的视野讨论、借鉴国外的新闻传播立法经验。

柳斌杰署长说，意识形态的政治立场问题和学术传播领域的问题要有所区别，学术传播领域里仍要研究别人的文化、学术等。通过研究他国的立法经验并从中吸取教训，可以审视我国新闻传播领域的立法乃至法律制度状况。

国内学术界一谈到借鉴国外经验，经常会谈到美国、英国的情况。英美的确有诸多成熟的经验可资借鉴，但英美属于海洋法系国家，一是它们没有涵盖新闻传播某一领域或者全部领域的专门立法；二是它们有漫长的宪治传统，与我国所坚持的中国特色社会主义法律体系有着较大的差异。因此，如果单以英美这两个国家为例，就显得视野不够开阔。

笔者的博士论文梳理了欧洲大陆法系的41个国家的新闻传播立法的历史和现状，这些国家大多数都针对新闻传播领域制定了专门的法律。有的是针对所有媒体类型（包括互联网）的立法，如奥地利的《媒体法》；有的是以宪法为框架旨在落实宪法所保障的媒体言论自由的新闻传播法或出版法，如葡萄牙、西班牙颁布的新闻法和出版法，至今经过数次修改仍然有效。笔者印象最深刻的是，波兰在1984年制定的社会主义时期的《新闻法》，在民主转型后至今仍在波兰法院适用。当然，上面所列举的这些国家，除了制定针对所有传统媒体领域的法律以外，也制定了针对新闻传播某一领域的法律，例如葡萄牙、西班牙等多数国家也制定了广播电视法,或者把广播与电视分开立法,制定广播法和电视法。

综上所述,新闻采访权本质上是公民言论、出版自由的延伸。宪法中虽然没有直接提及新闻自由,通常情况下人们往往会由言论、出版自由推及新闻自由。无论是落实宪法中公民言论、出版自由的权利与义务,还是在宪法的框架内制定专门的新闻传播法律,都是从他律的角度对新闻记者的采访活动予以保护与约束。除此之外,我们也要重视新闻记者的自律机制的形成,没有良好的自律机制,光依靠他律机制,新闻采访权也很难得到保障。通常我们所说的"以自律换自由"就是这个意思。中央人民广播电台原法律顾问徐迅教授对英国的报界进行研究后发现:自律的媒介最自由。英国报业为了减少政府和法律对报业的干预,尽可能在自律的层面消减报业对社会和个人的负面影响。[1]

(三)强化新闻记者的职业责任和职业道德

我国著名法学家、政治学家、新闻学家张友渔在 20 世纪 80 年代谈新闻传播领域是否应立法时就说道:"搞报纸批评,从主观上要求新闻工作者有责任感、实事求是的作风和高尚的职业道德。"[2]新闻采访权作为一种职业化的权利,必须具备一定的职业精神和职业意识。马克思说过,道德的基础是人类精神的

---

[1] 参见徐迅:《以自律换取自由——英国媒介自律与隐私法》,载《国际新闻界》1999 年第 5 期。
[2] 参见张友渔:《张友渔文选(下卷)》,法律出版社 1997 年版,第 475 页。

"自律"。职业道德的基础当然也就是职业精神的"自律"。"他律"可以补充、监督自律,但无法代替"自律",而"自律"必须先"自主"。[1] 丹尼尔·C.哈林(Daniel C. Hallin)和保罗·曼奇尼(Paolo Mancini)在谈到新闻专业化时,提出了三个重要的维度:(1)自治;(2)独特的专业规范;(3)公共服务取向。但是,笔者认为这是理想类型的新闻专业化维度。新闻记者的采访活动往往并不是中立的,可以说永远达不到自治的程度,采访可能是记者实现个人利益的有预谋的行动,采访可能受到资本和政治力量的双重控制。经济学者汪丁丁教授说:"今天,新闻的不幸是双重的。第一种不幸源于我们生活在一个市场疯狂的时期;第二种不幸源于我们生活在一个转型期社会里。"[2] 汪教授所说的"双重不幸"实际上是指,今天的新闻受到资本和政治的双重控制。在计划经济时代,传媒的商业化意识淡薄,完全不考虑要迎合市场的需求,无须顾及受众的感受;改革开放以来,传媒的"事业单位、企业管理"的二元体制逐渐确立,但是并没有改变党对传媒的领导,只是在经营管理上传媒自身具有一定的自治权。因此,就自治这一维度来说,改革开放以前和以后,传媒的性质似乎并无变化。

就传媒独特的专业规范来说,改革开放以前和以后有显著的变化。改革开放以前,传媒毫无伦理约束可言,"假、大、空"的报道时常充斥于报纸版面。改革开放以后,假新闻也频繁上演,

---

〔1〕 参见芮必峰:《新闻专业主义:一种职业权力的意识形态——再论新闻专业主义之于我国新闻传播实践》,载《国际新闻界》2011年第12期。

〔2〕 参见汪丁丁:《人与知识》,东方出版社2014年版,第169—170页。

传媒失范现象屡禁不止,导致的媒体诉讼接踵而至。但毕竟我国形成了一整套的传媒伦理规范,新闻记者的采访行为也基本遵循这些伦理规约,"越界"的记者采访活动经常受到新闻传播学界和业界的质疑。媒体对歌手姚贝娜去世、上海踩踏事件的报道,出现了诸多让公众质疑的违背专业规范的行为。1991年我国就已出台了《中国新闻工作者职业道德准则》,就新闻采访活动作出了诸多规定,比如要求通过合法途径和方式获取新闻素材,采访时要出示有效的新闻记者证;要认真核实新闻信息来源,确保新闻要素及情节准确;要坚决反对和抵制各种有偿新闻和有偿不闻行为,不利用职业之便谋取不正当利益,不利用新闻报道发泄私愤,不以任何名义索取、接受采访报道对象或利害关系人的财物或其他利益,不向采访报道对象提出工作以外的要求;要维护采访报道对象的合法权益,尊重采访报道对象的正当要求,不揭个人隐私,不诽谤他人;要维护司法尊严,依法作好案件报道,不干预依法进行的司法审判活动,在法庭判决前不作定性、定罪的报道和评论。

就传媒的公共服务取向而言,我国传媒兼具党的"喉舌"和公共服务双重功能。改革开放以前,传媒的信息服务并不考虑受众的感受,传媒发挥的功能是单一的。改革开放以后,传媒机构依然在党的领导之下,但多数传媒已经走向了市场化,这就意味着要考虑到大众的需求,传媒由单一功能向双重功能转向。考虑到公共服务取向,有时传媒可能会为了顾及大众的感受,而全然忽略对私人权益的保护。在诸多的新闻采访活动中,传媒假借公共利益之名侵犯采访对象或与采访对象相关的利益,违背了职业操守。2019年7月28日,四川广播电视台新闻频道晚间节目播出暗访调查报道,新闻标题为《女儿"工作"的那条街:记者加入调查涉黄按摩店》。这本来是一个非常平常的节目,却出现了不可描述的画面:"记者"的下体部位直接暴露在电视镜头中,并且没有打马赛克。报道播出后,四川广播电视台旋即卷入舆论的漩涡中。这就是媒体机构假借公共利益之名,实质上侵犯采访对象利益的典型例子。[1]

按照哈林和曼奇尼的三个新闻专业化的维度,我国传媒的职业化程度还相差甚远,但这并不是新闻记者采访活动放松伦理约束的理由。新闻行业要在公众中树立权威,必须依靠法治的外在保障和伦理的内在约束,只有这样,新闻采访权才能得到根本的保护,新闻权威才能更好地在当前充满竞争的媒介环境中得以树立。

本讲小结

新闻记者的采访活动经常受挫或受到阻碍,这是新闻学界和业界经常讨论的话题,而且每每在社交媒体上传播时都容易成为新闻热点。本讲围绕如何保障和限制新闻记者的采访活动的问题而展开,主要涉及如下内容:

一是新闻采访权和新闻记者证的关系。没有新闻记者证的采访活动可以被理解为个人表达自由的实现,但绝不是一种职

---

[1] 参见王小明:《"暗访"按摩店节目出现不当画面 四川电视台发道歉信》,http://society.huanqiu.com/article/2019-07/15217943.html?agt=2133,2019年8月2日访问。

业化的新闻传播行为,在我国目前很难受到法律的保护。所以,实习记者从事采访活动,必须跟随正式的记者,由正式记者的指导和陪同,不然不能算作职业化的新闻采访活动。换言之,个人从事新闻采访活动必须受到法律的约束。持有新闻记者证的采访活动虽然也可能遭到阻挠,但它是受到官方认可的职业化行为,不至于发生像兰某一样的悲剧。

二是关于新闻采访权的属性认定。本讲列举了"权利"属性说、"权力"属性说、"权利"和"权力"并重说三种观点。笔者认为三种说法都有一定的道理,但更倾向于"权利"属性说。

三是探讨英美国家为什么没有"新闻采访权"一说。在英美,公众的言论自由、出版自由受到法律的保护与限制,新闻记者作为普通公众,理应包括在内,没有必要作出特别规定。值得注意的是,在英美国家讲的新闻记者特权,并不是新闻记者的采访特权,而是抵御行政机关、司法机关拒绝提供证据的特权,也被称为新闻记者的"拒证权",这一问题将在第五讲详细讨论。

四是探讨我国为什么存在"新闻采访权"一说。本讲从我国独有的新闻体制、新闻采访需要国家行政管理部门行政许可、媒体在社会中扮演的社会正义角色三个面向回答这一问题。"新闻采访权"的提法基于我国独特的新闻体制和社会体制。

五是探讨我国新闻采访权法律保护的总体概况。从国家的宪法层面,到部门规章以及政法战线领导人,再到地方法规,无不支持新闻媒体在舆论监督过程中采访权的保障与约束。但是也要看到,我国对于新闻采访权的法律制度保障与现实情况还是有一些距离,需要全社会的共同努力。

六是探讨如何从根本上保障新闻采访权。本讲对这一问题也尝试作出回答,主要聚焦于三个方面:依宪治国背景下需要落实宪法中公民言论表达的权利与义务;是否有必要在宪法框架内制定规制新闻传播活动的专门法律;强化新闻记者的职业责任和职业道德的必要性与重要性。

第三讲 新闻采集与政府信息公开
Lecture 3

20世纪90年代以及21世纪初,世界上多数国家都制定了旨在让政府透明化运作的信息公开制度。这不仅是一种趋势,也是一种历史的必然。世界范围内的民主化浪潮、新技术发展的突飞猛进、公民权利意识的增强等,正是这诸多因素的合力作用,才使得政府透明化运作成为大势所趋。新闻媒体是政府信息公开和传播的重要手段,无论是政府主动公开还是被动公开。政府通过新闻媒体主动发布信息,新闻媒体通过舆论监督政府从而使其被动公开信息,都要依靠记者的信息采集活动。良好的信息公开制度的建立,不仅可以保障公民的知情权,而且可以为记者的信息采集活动提供法律保护,让记者们更易于接近官方的消息和档案。记者接近官方的消息和档案,不仅是因为公民个人有时无法做到的,也无时间和精力去做,还因为公民和政府都需要记者作为职业化活动的主体去接近官方的消息和档案,这种职业化的信息采集,是个人无法取代的。

本讲主要从以下几个方面展开阐述:记者信息采集与公民

知情权,记者信息采集与美国政府、英国政府和我国政府的信息公开,突发事件中的记者采访与政府信息公开。

一、记者信息采集与公民知情权

知情权(right to know),又称获知权、知晓权等,指公民了解政府和行政机关的各种公共信息的权利。它是在当代西方和我国得到承认的一项新的公民权利、民主权利,也是大众传播媒介所获得的一项新的权利。与人民的知情权相对应的,是政府和官员有"告知的义务"(obligation to inform)。[1]

广义的知情权泛指公民知悉、获取信息的自由与权利;狭义的知情权仅指公民知悉、获取官方信息的自由与权利。[2] 也即,人民有权利知道或获取官方信息。官方信息为什么要为人民所知?

第一,从信息经济学的角度说,官方信息是一种公共资源,既然是公共资源,排除任何人和任何机构对公共资源的垄断与独占。除非公民知道或获取信息侵犯了国家利益、公共利益和个人利益,垄断与独占信息才变得合法,而且这种除外的条件和情形是由法律规定的。

---

〔1〕 参见丛日云:《大众传播时代的西方民主》,http://www.aisixiang.com/data/27313.html,2018 年 7 月 26 日访问。

〔2〕 参见宋小卫:《略论我国公民的知情权》,载《法律科学(西北政法学院学报)》1994 年第 5 期。

第二,从民主政治的角度说,民主社会的有效运作必须依靠公民畅通的言论表达,公民言论渠道不畅通的社会,其民主程度肯定不高。进而言之,如果公民没有知悉和获取信息的权利,言论表达自由就成为无源之水、无本之木,无法体现其在民主社会中的核心价值和功用。弗兰西斯·培根曾经指出,"知识就是权力",保密则使得政府可以通过对特定领域知识的排他性占有,来扩张自己的实际权力,使得即使是言论表达自由也很难对政府权力加以有效控制。[1]

第三,从政府自身的运作来说,及时地让人们知情,有利于防止政府的腐败与堕落。"阳光是最好的防腐剂",只有把政府的运作过程以及决策程序公开、曝于阳光之下,政府的行为才能得到人们的监督。因此,许多国家的信息公开法案又被称为"阳光法案"。原中央编译局何增科教授认为,遏制"一把手"腐败和权力滥用,要靠体制内的力量,也要靠体制外的力量、公民的力量、媒体的力量。这些力量要靠信息公开才能发挥作用。[2] 可以说,信息公开制度是制度性反腐的重要利器之一。2014年1月,国家发展改革委党组召开专题集体学习会,对国家发展改革委原副主任刘铁男案件进行了深入剖析,并指出:监督乏力,缺乏有效平台和载体;监督脱离业务,游离于权力运行之外,且形式落后,多以事后监督为主,仅看流程和形式难以发现项目审批

---

〔1〕 参见〔美〕斯蒂格利茨:《自由、知情权和公共话语——透明化在公共生活中的作用》,宋华琳译,载《环球法律评论》2002年第3期。
〔2〕 参见《反腐,从书记挂帅到党内法治》,https://www.douban.com/group/topic/73819882/,2018年8月5日访问。

背后的权钱交易。[1]

公民的知情权比言论表达权利更重要,但是从时间之维上看,它的提出是晚近的事。作为一种权利主张的法学概念,它是由曾任美联社总经理25年之久的肯特·库珀(Kent Cooper)1945年1月在一次讲演中率先使用的。没有公众对于公共信息的知悉或获取,公民的言论表达权利就失去了价值,就成为无内容可言的"言论自由",只是徒有虚名罢了。

因此,一些国际性条约都把知情权放在了言论自由之前。1948年12月10日,联合国大会通过的《世界人权宣言》第19条规定:人人有权享有主张和发表意见的自由;此项权利包括持有主张而不受干涉的自由,和通过任何媒介和不论国界寻求(seek)、接受(receive)和传递(impart)消息和思想的自由。《公民权利和政治权利国际公约》第19条第2款也规定:人人有自由发表意见的权利;此项权利包括寻求、接受和传递各种消息和思想的自由,而不论国界,也不论口头的、书写的、印刷的、采取艺术形式的或通过他所选择的任何其他媒介。两个国际性条约都把"寻求信息"放在了第一位,说明没有"寻求信息",接受和传递信息就失去了根基。

随着改革开放的深入和与国际社会的接轨,我国日益重视公民的知情权,在历次的党代会报告中都会提及"知情权"。例如,党的十七大报告指出:要健全民主制度,丰富民主形式,拓宽

---

〔1〕 参见李源:《发改委深入剖析刘铁男案件?教育警醒党员干部》,http://fanfu.people.com.cn/n/2014/0110/c64371-24077226.html,2019年8月5日访问。

民主渠道，依法实行民主选举、民主决策、民主管理、民主监督，保障人民的知情权、参与权、表达权、监督权。扩大人民有序政治参与，保证人民依法实行民主选举、民主协商、民主决策、民主管理、民主监督。党的十八大报告指出：坚持用制度管权管事管人，保障人民知情权、参与权、表达权、监督权，是权力正确运行的重要保证。党的十九大报告指出：维护国家法制统一、尊严、权威，加强人权法治保障，保证人民依法享有广泛权利和自由。巩固基层政权，完善基层民主制度，保障人民知情权、参与权、表达权、监督权。《国家人权行动计划（2012—2015年）》，把知情权作为一项公民权利与政治权利单独提了出来，从推进政府信息公开，推进政府办事公开，积极稳妥推进审计工作信息公开，不断完善政府新闻发布制度、新闻发言人制度和党委新闻发言人制度，建立健全领导干部任免信息向社会公开制度，规范和监督医院、学校、公交、公用等公共企事业单位的办事公开工作，推行厂务公开，完善村务公开等八个方面提高公民知情权的保障水平。

在我国的法律法规中，已存在大量各种类别的知情权。孙旭培教授对此作了列举：如《消费者权益保障法》第8条规定的消费者对商品和服务的知情权；《职业病防治法》第33条规定，用人单位应将工作过程中可能产生的职业病危害及其后果、职业病防护措施和待遇等如实告诉劳动者，不得隐瞒或者欺骗；《执业医师法》第26条规定了医师应当如实向病人或者其家属介绍病情；《证券法》第三章中对投资人知情权作出了规定；《公司法》对股东及投资人的查询权、查阅权有相关规定；《物业管理条例》中规定了业主知情权,等等。[1]

在现代社会,由于公民个人的时间和精力有限,不可能对所需要的信息一一去申请,公民的信息需求主要是由大众传媒和新媒体的传播来满足。政府发布信息也往往是通过大众传媒和新媒体来实现。因此,公民知情权的实现往往是由记者的知情权决定的。记者对政府公共信息的知悉和获取,不仅是记者采访权的实现,更重要的是为公民提供所需要的官方信息,有利于实现公民对政府的监督,也有利于社会的良好运转。

典型案例 原《解放日报》记者马某诉上海市规划局政府信息公开

为了对一项新闻事件进行深入采访,时任《解放日报》资深法政记者马某于2006年4月18日上午到上海市城市规划管理局(以下简称"上海市规划局")要求进行采访,但被拒之门外。该局宣传处项处长告诉马某,他被拒绝的理由是事先未经过批准,不符合采访条件,要采访必须提交书面采访申请。项处长要求马某写一份书面申请传真给他们。当天马某回到报社便将书面采访申请传真给了该局,并与项处长通过电话确认她已经收到。电话中项处长告诉马某,他的书面申请已转该局有关业务处室。而上海市规划局之后提出,马某的采访提纲上没有加盖

---

[1] 参见孙旭培:《新闻传播法学》,复旦大学出版社2008年版,第116页。

报社公章,报社并没有委托马某采访。

2006年4月23日,马某又以挂号信形式向上海市规划局寄送了书面采访申请,请该局按照《上海市政府信息公开规定》提供应当公开的政府信息,并在15个工作日内给予答复。上海市规划局在收到挂号信后发现里面没有报社公函,于是他们与马某所在单位联系,要求转告马某他们不接受采访。而马某认为记者采访不需要提供公函,再次遭到拒绝后,他以公民身份向法院提起诉讼。马某诉讼的主要依据是2004年1月20日上海市人民政府发布的《上海市政府信息公开规定》。

2006年5月18日,马某起诉上海市规划局信息不公开案被上海市黄浦区人民法院正式受理。马某在接受《中国青年报》采访时说:"最后的结果并不重要,关键是要让有关部门重视记者的新闻采访权。"马某在他的行政诉讼状中称,根据《上海市政府信息公开规定》,政府部门对与经济、社会管理和公共服务相关的政府信息,应当主动公开或者应申请公开;公民、法人和其他社会组织有权依据该规定,要求政府机关向其提供有关政府信息。该规定还确立了政府新闻发言人制度,新闻发言人代表各级政府向社会发布政府信息。因此,对新闻记者的采访申请,各级政府部门也应依申请公开政府信息。马某在行政起诉状中,要求法院判决上海市规划局按照《上海市政府信息公开规定》提供由他申请应当公开的政府信息。当天,马某还向中国记协发出一封信,题为"新闻采访权司法救济的一次尝试"。6月7日,马某迫于其不愿透露的原因,突然以"放弃对被申请人的采访申请"为由撤回了诉状。最终,这起引起业界和学界广泛关注的案件以"息诉"的方式结束。[1]

这是国内第一起新闻记者起诉政府机关信息公开案,具有划时代的历史意义。此案带来了关于记者信息采集与公民知情权的一系列问题。下文将围绕这些问题展开讨论。

（1）记者起诉政府信息不公开,还是起诉政府侵犯新闻采访权？马某向法院递交的行政诉讼状表明,他起诉的主要目的是让上海市规划局提供他申请的信息,与此同时,马某又向中国记协发去了一封题为"新闻采访权司法救济的一次尝试"的信件,这就让人不免怀疑,马某起诉的目的究竟是什么？是起诉上海市规划局信息不公开,还是捍卫自己的采访权？

据马某自己说,他主要是为要求政府公开相关信息。如果马某起诉上海市规划局信息不公开,有一定的法理依据,那就是《上海市政府信息公开规定》；如果马某起诉政府侵犯自己的采访权,那在现行的法律体系中找不到相应的法律依据。复旦大学新闻学院黄瑚教授认为,马某以公民的身份起诉政府部门信息不公开是可行的,因为有《上海市政府信息公开规定》作为依据；但他如果以新闻记者的身份起诉政府部门侵犯新闻采访权,则无法可依。[2] 拒绝信息公开是不是对新闻采访权的侵犯？

---

〔1〕参见陈建云:《采访权与政府信息公开——从我国首例记者起诉政府部门信息不公开案件谈起》,载《新闻记者》2006年第10期。

〔2〕参见周凯:《上海一记者起诉市规划局信息不公开》,http://zqb.cyol.com/content/2006-06/02/content_1404266.htm,2018年11月2日访问。

有学者认为,侵犯采访权的行为有显性和隐性之分。限制记者人身自由,阻碍记者采访,显然是侵犯记者采访权的行为。记者可以适用人身权法对侵权行为人提起指控,通过保护自己的人身权达到保护采访权的目的,这类情况在我国已不乏案例。政府机构拒绝接受记者采访,不向记者公开法律允许范围内的政府信息,是否也属于侵犯记者采访权的行为?答案是肯定的。只不过这种侵权行为是隐性的"软暴力"行为,上海市规划局拒绝接受马某采访,即属此类行为。由于采访权在我国不是法定权利,从我国宪法规定中虽然可以推理出采访权是受其保护的公权利,但是我国还没有建立违宪审查或宪法诉讼制度,所以马某在寻求司法救济时,只好起诉对方违反了《上海市政府信息公开规定》的有关规定,无法诉求采访权。[1]

(2)记者申请信息公开被拒,是否具有起诉政府的主体资格?2007年通过的《政府信息公开条例》规定的申请信息公开的主体是公民、法人或者其他组织。记者如果是以普通公民身份申请政府信息公开,符合信息公开法规的规定。如果记者是以自己的职业身份去申请政府信息公开,则于法无据。有业内人士指出,媒体不是公民的代议机关,记者不是公众的法定代理人。在获取政务信息上,记者并不比一般公民拥有优先权,只不过记者的职业特点要求其必须关注政务,但其采集政务信息的采访行为亦并非执行国家公务。因此,在采访被拒时,媒体无权

---

[1] 参见陈建云:《采访权与政府信息公开——从我国首例记者起诉政府部门信息不公开案件谈起》,载《新闻记者》2006年第10期。

以原告身份起诉,记者也只能以公民身份起诉。即使记者胜诉,法院也不会判令将政务信息提供给其所供职媒体。此时,记者起诉的意义势必大打折扣。[1] 作者对此种观点不太认同。美国《信息自由法》虽然也是面对一般公民的,但真正查阅资料的大都是记者,实质上该法赋予了他们更大的采访权利。前文已经述及,公民知情权的实现主要是靠媒体与记者,记者如果没有争取政府信息公开的意识,遑论普通公民呢?记者即使不能以职业身份起诉,以普通公民身份起诉,也意义重大。

(3)记者申请信息公开为的是公共利益还是个人利益?公民为了私人利益申请信息公开,那本是无可厚非之事。《政府信息公开条例》明确规定:公民、法人或者其他组织可以自身生产、生活、科研等特殊需要,向政府机构申请信息。记者如果是以普通公民的身份,可以为了自己的个人利益申请政府公开相关的信息,但如果记者是以职业身份去申请,应该是为了公共利益,获取的信息也才能通过自己供职的媒体公开。在马某的案例中,社会上出现一种说法——马某去申请公开襄阳路动迁的相关材料,是因为他有私人利益牵涉在其中,他本身就是被拆迁户之一,所以他是借新闻采访之公器,谋求自己拆迁补偿利益之私。为了证明自己的清白,马某不得已只能跑到该地段拆迁相关部门开了份加盖公章的"情况说明",证明自己与动迁利益无关。马某倘若真是被拆迁户之一,他以公民的身份申请上海市

---

[1] 参见周凯:《上海一记者起诉市规划局信息不公开》,http://zqb.cyol.com/content/2006-06/02/content_1404266.htm,2018年11月2日访问。

规划局的相关信息,捍卫自己的个人利益,其行为是正当的。但是如果他再把申请的信息通过供职的媒体报道出来,这种报道行为就使马某申请信息公开发生了实质性的转变,产生"借新闻采访之公器,谋求自己拆迁补偿利益之私"的嫌疑。这就在记者以普通公民身份申请信息与通过供职媒体报道之间产生了一种张力。记者以普通公民身份申请信息符合法律规定,但又不能通过媒体报道出来;通过媒体报道的信息,如果是记者以职业身份申请获得,又不符合法律规定。如何处理这个两难问题,不是让马某一个人头疼的事情,也是法官、行政机关可能暂时无法解决的事情。

二、记者信息采集与美国政府信息公开

新闻界和政府信息公开制度之间是共生的关系。许多国家的政府信息公开制度的确立离不开新闻界的功劳,反之,政府信息公开制度确立后对新闻界的健康发展也至关重要。美国1966年《信息自由法》的出台就是由20世纪50年代初期一场由美国新闻界倡导和推动的"知情权"运动引发的。在这场运动中,新闻界先后成立了各种研讨、交流"知情权"理论和思想的学术社团,并组织实施了一系列有关政务信息、公共记录公开化的调查、报道和宣传活动,从而为《信息自由法》的制定奠定舆论基础。《信息自由法》确立了政府文件公开是原则、不公开是例外的规则,除了九种根据规定不予公开的信息以外,其他的所有政

府信息都可在法律的指导下由政府主动公开和依申请人申请公开。九种例外的信息包括：保密文件、机关内部人事规则和制度、根据其他法律作为例外的信息、商业秘密、政府的内部联系、个人隐私、执法文件、金融制度和地质信息。《信息自由法》改变了1966年以前政府援引《家政法》或《行政程序法》中的限制性条款，以"公众利益的需要"为由拒绝有关信息材料的公开的惯例，从而为美国新闻界获取政府信息提供了坚实的法律保障。《信息自由法》很好地说明了新闻界和政府信息公开之间的共生关系。新闻界与美国政府信息公开关系的最好例子就是"五角大楼文件"案，此案发生在《信息自由法》通过五年之后。

典型案例 "五角大楼文件"信息公开案

1971年的《纽约时报》诉合众国案，通称"五角大楼文件"案。五角大楼文件，即《美国——越南关系，1945—1967：国防部的研究》，是一份美国国防部对美国卷入越南政治军事评估的秘密报告。该报告是1967年由前国防部长麦克纳马拉授权一个越战历史专题组编写而成。该报告使用了大批国防部、国务院的机密文件。作为国防部最高机密，该报告仅印制了15份，被政府相关机构或图书馆收藏，与美国空军关系密切的思想库兰德公司也藏有两份。

1969年9月，"五角大楼文件"编写者之一，原兰德公司雇员丹尼尔·埃尔斯伯格违反保密规定，从公司调出整套文件，私自复印。为了揭露美国政府在越南战争问题上的欺骗行为，结束越南战争，1971年3月，埃尔斯伯格将这些文件泄露给了《纽约时报》。6月13日，《纽约时报》开始连载"五角大楼文件"，美国朝野为之震动。14日傍晚，司法部通知《纽约时报》，文件中有事关国家安全的重要机密信息，须将文件归还国防部，否则将根据1917年《间谍法》起诉报纸，《纽约时报》回绝了司法部的要求。15日，《纽约时报》继续发表第三期"五角大楼文件"系列报道，并通过声明的形式对政府的新闻"预检"进行抗拒。政府对此非常恼火，将《纽约时报》告上了纽约联邦地区法院，并申请法院禁令，禁止其继续发表文件。法院在未作出裁决的情况下，发布了临时禁令，这也是美国新闻出版史上第一个法院禁令。

不过，法院禁令并未阻止其他报纸对文件的公开。6月18日，《华盛顿邮报》也发表了"五角大楼文件"，同样被司法部告上了华盛顿地区法院。18日夜，纽约地区法院和华盛顿地区法院几乎同时审理《纽约时报》案和《华盛顿邮报》案。为了推翻政府的一面之词，两家报纸作了充分的准备，《纽约时报》竭力证明政府以国家安全之名掩盖自己决策失误，《华盛顿邮报》想证明"五角大楼文件"公开并非是对此类文件的第一次披露。最终，两家地区法院都宣布报纸胜诉。

然而，在上诉法院，两家报纸的命运却各不相同。华盛顿特区上诉法院虽然发布了针对《华盛顿邮报》的临时禁令，但在随后的庭审中，又裁定报纸胜诉。就在同一天，纽约上诉法院却裁定支持政府，维持法院禁令。6月24日，《纽约时报》和政府几乎同时上诉，要求最高法院彻底解决新闻自由与国家安全这一宪法问题。25日，最高法院将《纽约时报》案与《华盛顿邮报》案并案审理,在裁决之前,暂时延长禁令。7月28日,最高法院以6:3确认驳回政府维持禁令的要求,支持了报纸的立场。7月30日,最高法院公布法院裁决,声明对任何针对表达的事先限制,最高法院都将强烈质疑其合宪性,政府要实行事先限制,必须负有重大的举证责任。[1]

本案中的"五角大楼文件",并不是新闻界依照《信息自由法》的原则与程序公开获取的,而是通过来源于个人的非法泄露。"五角大楼文件"因为涉及国家的机密与安全,政府不可能依照《信息自由法》主动公开,申请人依照《信息自由法》申请此类信息公开的话,也可能因为该文件属于九类不予公开的信息而被政府拒绝公开。可见,这个文件并不属于政府依法主动公开和依申请被动公开的范畴。因此,在最高法院对该案裁决的时候,法官们并没有援引几年前通过的《信息自由法》,而是直接裁决下级法院发放事前禁令是否符合《宪法》第一修正案的合宪性的问题。该案并没有解决记者获取政府档案进行报道与政府以国家安全之名保守文件之间的矛盾。最高法院裁决媒体胜诉,只是因为政府并不能对自己申请事前禁令承担一定的举证责任,而不是因为最高法院清楚地界定了国家机密的范畴,认为报社发表的"五角大楼文件"并不在国家机密的范畴之内。"五角大楼文件"案并未解决《信息自由法》关于国家安全的例外规定给予白宫相当大的自由裁量权的问题,即通过行政命令确立

---

[1] 参见牛静:《新闻传播伦理与法规:理论及案例评析》,复旦大学出版社2015年版,第168—169页。

具体标准,根据这些标准,关于国防或者外交事务的文件将被归类为国家机密。虽然这样做有一定的必要性,但是这种自由裁量权也为其打开了滥用权力的大门。[1] 正如有论者所说,本案中,最高法院以针对表达自由的事先限制必须承担重大举证责任为由,判决报纸胜诉,却又在未清晰界定"国家安全"的含义、厘清信息自由与国家安全关系的情况下,支持政府的行政特权及其保密制度,使得该案的判决非但未能给新闻出版自由提供充分保护,反而成为政府限制新闻出版自由的法律基础。[2] 政府认识到这种问题,于1974年对《信息自由法》进行了修改。这次修改授予联邦法院秘密(in camera)审查权,即联邦法院可以秘密审查以决定政府文件是否按总统的标准归入了恰当的保密等级。随着计算机的普及,政府的诸多信息是以数字化的方式储存的,1996年对《信息自由法》的修订将电子信息以与文件信息同等的地位纳入该法中。

对于新闻记者来说,申请政府的信息越来越受到法律的保护,政府的自由裁量权愈益受到严格限制。2006年春,《纽约时报》记者戴维·巴斯托发起了一项针对美国国防部的信息公开申请。他在此前的调查中发现,众多美国退伍的将军频频在多家新闻媒体上露面,为美国的伊拉克战争政策进行辩护。巴斯

---

[1] 参见〔美〕约翰·D.泽莱兹尼:《传播法:自由、限制与现代媒介》,张金玺、赵刚译,清华大学出版社2007年版,第218页。
[2] 参见颜廷、任东来:《美国新闻出版自由与国家安全——以1971年五角大楼文件案的研究为中心》,载《新闻与传播研究》2008年第6期。

托怀疑,这背后有美国国防部的特别支持甚至利益输送。为了查清内幕,巴斯托向美国国防部索要所有与退伍将军有关的文件。根据《信息自由法》,公民有权获得这些材料。《纽约时报》最终打赢了同美国国防部的信息公开官司,如愿拿到了想要的"机密"材料。2008年4月20日,巴斯托撰写的报道《电视评论员幕后的五角大楼黑手》发表,揭露了一些美军高级将领退休后担任广播和电视评论员,但他们暗中接受五角大楼(美国国防部的代称)续聘,为伊拉克战争辩护的过程;报道中还揭示了多位前高级将领曾为从美国军事政策中获利的公司辩护,只因他们与那些公司存在不可告人的利益勾结。巴斯托的报道后来获得了2009年普利策新闻奖的调查性报道奖。[1]

巴斯托的案例再一次告诫我们,法律保障新闻记者获取信息是多么重要,不仅保障了公众对政府信息的知情权,更重要的是可以监督政府的腐败。如果没有完善的法治保障,记者接近政府信息就几无可能。因为很多官员不愿意让媒体获得公共事务记录,也不愿意让他们列席会议。大多数官员认为他们管理的材料和资料属于他们,而非公众。美国报纸主编协会的报告指出:虽然每个州及哥伦比亚特区都有公开资料和公开会议法,但是从小型报纸到全国性日报,许多报社发现,他们仍陷身于关于一个最基本的民主权利的争论之中,这个最基本的民主权利就是:

---

〔1〕 参见段宏庆:《马骋:一个人的信息公开战》,http://duanhongqing.blog.caixin.com/archives/84413,2018年8月8日访问。

找出政府的各分支机构及其代理机构在干什么。[1]

三、记者信息采集与英国政府信息公开

英国政府的保密文化传统由来已久,《政府保密法》早在1889年就生效,但政府对该法不太满意,认为针对女王的文官未经授权泄露政府秘密信息的控制不够严格。但是,民众对傲慢自大的政府一直不满。特别是在欧美其他许多国家的政府都在逐渐给予人民更多知情权的时代背景下,政府越来越意识到保密文化对政府公信力的伤害。在2000年《信息自由法》出台之前,英国政府信息公开的依据主要是《使用政府信息行为规范》,这是一部没有法律效力、保密色彩浓厚的规章。2000年11月30日,《信息自由法》获得议会和女王批准生效,该法将于2005年1月1日在英国政府各机构逐步实施。这个被称为"议会之母"的国家的"信息公开法"比世界上第一部信息公开法,即美国的《信息自由法》晚了34年,比世界上首先赋予公民获得官方文件权利的瑞典的有关规定晚了234年。[2] 英国的信息公开制度采用的是肯定概括和否定列举的方式,除了例外信息,其他都是应当公开的。

---

〔1〕 参见〔美〕梅尔文·门彻:《新闻报道与写作》,展江主译,华夏出版社2004年版,第694页。
〔2〕 参见周汉华主编:《外国政府信息公开制度比较》,中国法制出版社2003年版,第137页。

信息公开豁免的例外情形包括：可以通过其他方式获得的将要公开的信息或者已经公开的信息；与国家安全有关的信息；损害国防安全的信息；损害国际关系的信息；损害大不列颠联合王国内部关系的信息；损害经济利益、与公共机关实施的侦查和诉讼有关的信息；与法律实施有关的信息和法院档案；与审计职能有关的信息；与议会的特权有关的信息；与政府政策的制定有关的信息；与对公共事务的有效管理有关的信息；与女王陛下、其他王室成员及其家族的通信有关的信息；与健康、安全有关的信息；与个人信息有关的信息，获得信息以保密为前提；法律职业特权信息。

此外，任何立法禁止披露的信息都是例外信息，商业秘密等也是例外信息。相较于美国《信息自由法》规定了九种例外信息不能公开，而英国《信息自由法》规定了近二十种例外信息不能公开。这也是《信息自由法》通过以后，在英国社会引发激烈争议的重要原因之一。记者申请政府信息公开，同样是因为例外信息规定得过多，获取信息困难重重，即使不是被拒绝，通过诉讼赢得信息公开的胜利也要经历漫长的过程。

典型案例 《卫报》记者罗博·埃文斯要求公布查尔斯王子私人信件

2005年，《卫报》记者罗博·埃文斯写信给政府部门，要求披露查尔斯王子在2004年9月至2005年4月间写的30封信以及各部门的回信。政府部门拒绝了他的要求。于是，埃文斯根据英国《信息自由法》将政府状告到信息专员处。经过近三年的调查和研究，信息专员处支持政府部门拒绝披露信件内容的决定。《卫报》并不罢休，一直上诉到英国上诉裁判所。又经过三年研究，2012年9月，上诉裁判所宣布，查尔斯王子的27封信件可以公开。但一个月之后，这一决定被英国总检察长多米尼克·格列弗推翻了。理由是：查尔斯王子是英国未来的国王，要保持政治中立。而公开这些私人信件，会对他未来的君主地位造成极大不利影响。不过《卫报》并未认输，而是继续上诉，将总检察长和他的办公室告到了英国上诉法院。英国上诉法院宣判必须公开信件内容。2015年3月，英国最高法院维持原判，这些信件终于被公开。《电讯报》称，漫长的法律战让政府耗费了纳税人40万英镑。[1]

另一案例也说明了记者在现行法律下主动申请政府信息公开的艰难。英国《卫报》曾试图了解英军在阿富汗造成平民伤亡的情况。造成平民伤亡比较严重的事件会由宪兵队介入调查，于是《卫报》向英国国防部申请公开英军宪兵队调查平民伤亡事件的记录。历时九个月后，《卫报》才从国防部获得了对部分事件的调查报告，且这些报告已经过严格审查，删去了部分信息。[2]

---

〔1〕 参见王鹏：《打10年官司 英媒获准公开王子"私信"》，载《新京报》2015年5月15日第A22版。
〔2〕 参见卢宜宜：《英国记者如何使用信息自由法？》，载《阳光》2012年第1期。

对于美国《信息自由法》的通过,新闻界功不可没,舆论的力量在成文法通过过程中发挥了巨大的作用。英国《信息自由法》的制定受到媒体舆论的干预是有限的,它是在多种力量的直接或间接作用下出台的。大致包括如下几个因素:

(1) 民主运动的影响。英国是一个民主社会。民主社会是一个公众参与的社会,民众要参与,首先必须要对政府信息知情。政府信息公开理应成为民主社会中公众关注的焦点,各政党在竞选时都以制定信息公开法为竞选纲领。

(2) 法治的压力。英国虽然是一个法治社会,但政府对信息的控制毕竟是对权力的控制(信息即权力),政府控制信息可以更便利地行使行政裁量权,避免公众的监督。法治社会应该是开放的社会,政府必须被置于公众的监督之下。

(3) 人权运动的压力。《欧洲人权公约》第10条明确规定:人人享有表达自由的权利。此项权利应当包括持有主张的自由,以及在不受公共机构干预和不分国界的情况下,接受、传播信息和思想的自由。获取和接受信息是一项关乎人权的行为。英国在1998年制定《人权法》,信息公开运动获得了人权的动力。

(4) 后现代文化对信息公开的影响。后现代文化使公众个体不仅处于社区信息的包围之中,而且处于全球化语境当中。在后现代社会中,人们了解足够多的信息,才能弄懂这个世界,因为他们不能信任任何制度和专家,只有获得信息,个人才能掌握其命运。[1]

《信息自由法》规制的政府机构包括中央和地方各级政府部门、警察、国家医疗保健系统和教育机构在内的约十万个英国公立机构。皇室、国家安全和情报部门、法院和特种法庭均不受这一法律辖制。这和美国《信息自由法》的规制对象类似。申请信息公开的主体是英国公众。从数量上看，记者不一定是申请信息公开的主要群体。加拿大联邦政府收到的所有信息公开申请中只有约10%是由记者提出的；在美国，估计这一比例只有5%。但是，记者在使用相关法律方面的重要性不能仅从数量上判断，因为记者索取信息不是为了个人需要，而是用于媒体报道。在报道中记者通常会介绍他们如何援引信息公开法向政府相关部门索取信息。一般公众了解到信息公开法律的存在，以及公民如何能运用这些法律来获得信息，大多是通过媒体的报道。[2]

四、记者信息采集与我国政府信息公开

（一）我国政府信息公开立法简短回顾

我国政府信息公开制度的构建最早是从政务公开起步的，

---

〔1〕 参见周汉华主编：《外国政府信息公开制度比较》，中国法制出版社2003年版，第175页。
〔2〕 参见卢宜宜：《英国记者如何使用信息自由法？》，载《阳光》2012年第1期。

1987年中共十三大提出"提高领导机关的开放程度,重大情况让人民知道,重大问题经人民讨论"。20世纪90年代,我国尝试实践了从村务公开到镇务公开、警务公开、检务公开等各个领域的信息公开。我国从2002年才真正开始在行政领域实行信息公开立法。广州市于2002年11月制定了《广州市政府信息公开规定》,随后上海、武汉紧跟其步伐,加快制定地方政府信息公开法规。2003年,作为国务院立法调研项目,"政府信息公开条例"被列入了国务院的立法计划。2005年3月,中共中央办公厅、国务院办公厅颁发了《中共中央办公厅 国务院办公厅关于进一步推行政务公开的意见》,明确要求加快制定"政府信息公开条例"。[1]《政府信息公开条例》最终于2007年1月17日在国务院第165次常务会议上通过,自2008年5月1日起施行。

(二) 在公开与保密之间的信息公开立法

《政府信息公开条例》(以下简称《条例》)共分为五章,包括总则、公开的范围、公开的方式与程序、监督和保障、附则。总则说明了条例制定的目的与原则。立法目的是保障公民、法人和其他组织依法获取政府信息,提高政府工作的透明度,促进依法行政,充分发挥政府信息对人民群众生产、生活和经济社会活动的服务作用。立法原则是应当遵循公正、公平、便民的原则,行

---

[1] 参见吕艳滨、[英]Megan Patricia Carter:《中欧政府信息公开制度比较研究》,法律出版社2008年版,第19页。

政机关公开政府信息,不得危及国家安全、公共安全、经济安全和社会稳定。有些学者套用英美信息自由法的"公开为原则、不公开为例外"来评价我国的《条例》。本书作者认为,这是对《条例》错误的评判。一是因为《条例》总则并没有显在和潜在表明"公开为原则、不公开为例外";二是因为《条例》并未采用英美信息自由法肯定概括和否定列举相结合的立法模式,并没有列举豁免公开的信息种类,"不公开为例外"缺乏立论基础。

在《条例》中,信息是否公开受到了诸多的限制。《条例》第8条规定,信息的公开不得危及国家安全、公共安全、经济安全和社会稳定,可以概括为"三安全一稳定"。信息公开的范围分为政府主动公开的信息和依申请被动公开的信息。无论是主动公开还是被动公开,公开前都应当依照《保守国家秘密法》以及其他法律法规和国家有关规定对拟公开的政府信息进行审查。这是一条灵活的审查机制规定,可操作的空间极大。

涉及国家秘密、商业秘密、个人隐私的信息政府不得公开,这是各国信息公开法律都认同的豁免信息种类。但是,这类信息也不是绝对地不可以公开,《条例》第14条第4款追加了"但书"条款,否定了"绝对地不公开"。经权利人同意公开或者行政机关认为不公开可能对公共利益造成重大影响的涉及商业秘密、个人隐私的政府信息,可以公开。

因此,涉及国家秘密的信息可以绝对地不公开,涉及商业秘密、个人隐私的信息,政府就要作出权衡。在全面揭示涉及的利益后,对于利益进行排序,原则上公共利益优先于非公共利益,公开的公共利益优先于不公开的公共利益,"公益优先"和"公开优先"是信息公开法的核心价值。[1]

按照《条例》的规定,涉及国家秘密的信息政府可以绝对地不公开。问题的关键是,国家秘密的范围如何界定?这就要依靠信息公开的外部配套制度来限制国家秘密的范围。外部配套制度中,国家的保密制度是最为重要的。在我国,国家的保密制度主要由保密法调控。2010年4月29日,第十一届全国人大常委会第十四次会议审议通过了新修订的《保守国家秘密法》。修订后的《保守国家秘密法》通过上收定密权、建立定密责任人制度、设立保密期限制度、健全自行解密与解密审查相结合的解密制度,从主体、时空、程序等多个角度作了调整,缩小了国家秘密的范围。但是,修订后的《保守国家秘密法》与当前政府信息公开的制度和社会需求相比,仍有改进的空间。第一,修订后的《保守国家秘密法》对于国家秘密的范围、定密、解密等的规定仍然过于弹性化;第二,虽然修订后的《保守国家秘密法》在第4条强调,应既确保国家秘密安全,又便利信息资源合理利用,法律、行政法规规定公开的事项,应当依法公开,但是,对于信息公开的基本原则并没有确立好,未见在该法中将这一原则具化为相应的操作性条款。[2]《条例》虽然提供了国家秘密的绝对保护,但《保守国家秘密法》对国家秘密的范围规定得过于弹性化以及对操作程序的规定不够具体,导致了政府在遇到公开与保密产

---

〔1〕 参见王敬波:《政府信息公开中的公共利益衡量》,载《中国社会科学》2014年第9期。

〔2〕 参见王锡锌:《信息公开的制度实践及其外部环境——以政府信息公开的制度环境为视角的观察》,载《南开学报(哲学社会科学版)》2011年第2期。

生尖锐冲突的案例中，宁愿选择保密而不是公开。这就为新闻记者在采集政府信息时设置了重重困难，最终记者可能无功而返。在下述这个案例中，记者虽不是因"国家秘密"吃了闭门羹，但其中的缘由不难猜测。

典型案例 媒体采访，想知道美剧下架背后的真实原因

2014年4月26日，《生活大爆炸》《傲骨贤妻》《海军罪案调查处》和《律师本色》四部美剧突然在视频网站下架，让剧迷们感到蹊跷。这四部美剧均非美国的限制级剧集，并无暴力、色情、低俗剧情，因此"美剧下架"在微博上成为热门的话题，网友们如剖析悬疑剧一般，搜寻着各种蛛丝马迹，揣测各种可能性。四部美剧突然被下架之后，记者联系了拥有这些美剧版权的多家视频网站的相关负责人，询问是否知道这些剧集被下架的原因。"所有视频网站都是接到了一份通知，要求马上下架这四部美剧，通知上没有说原因。"一位不愿透露姓名的视频网站负责人告诉记者，"用户看到的'因政策等原因暂时无法提供观看'的提示是网站自己加的，没有特殊意思，只是通用的标准措辞。"

对于政府管理部门要求下架这四部美剧的原因，几位视频网站的负责人纷纷表示，自己也是一头雾水。尽管"扫黄打非·净网2014"专项行动正在进行，快播等含有色情内容的网站刚刚被叫停，但这四部美剧的类型完全和色情、暴力不沾边。所以，有人猜测，如果《生活大爆炸》都要下架，那估计80%以上的美剧都"保不住"了。"如果是因为暴力、色情，那《行尸走肉》

《汉尼拔》还在；如果是因为'三俗'，那《破产姐妹》还在；如果是因为题材敏感，那《纸牌屋》还在……"一家视频网站的相关负责人表示，非常不能理解这种"选择性执法"的标准，甚至"连想去揣测一下监管部门的意图都很难"。就四部美剧下架一事，记者致电政府管理部门相关机构，工作人员表示，不接受采访，"并不是所有信息都可以公开的"。[1]

除了《保守国家秘密法》外，《档案法》也对记者接近采访所需要的档案信息作出了一些规定。2020年修订的《档案法》第27条规定："县级以上各级档案馆的档案，应当自形成之日起满二十五年向社会开放。经济、教育、科技、文化等类档案，可以少于二十五年向社会开放；涉及国家安全或者重大利益以及其他到期不宜开放的档案，可以多于二十五年向社会开放。国家鼓励和支持其他档案馆向社会开放档案。档案开放的具体办法由国家档案主管部门制定，报国务院批准。"很明显，以档案形式存在的信息，具有相当长的保密期，公众难以获取，这事实上使档案信息具有了类似于"国家秘密"的不予公开的属性，可以称为"准国家秘密信息"。[2] 新闻记者在采集过程中，不免要查看与采访相关的档案信息，但在目前情况下，很多档案信息记者是很难接触到的，况且很多档案信息本身就是新闻。2011年5月31

---

[1] 参见《广电总局回应美剧下架：并非所有信息都可以公开》，http://www.chinanews.com/yl/2014/05-14/6167000.shtml，2018年8月16日访问。

[2] 参见王锡锌：《信息公开的制度实践及其外部环境——以政府信息公开的制度环境为视角的观察》，载《南开学报（哲学社会科学版）》2011年第2期。

日上午，由五辆中巴车载着国内外70多名记者到了北京西城区丰盛胡同，在这里一幢不起眼的旧楼前停下。这里是中国国家档案局、中央档案馆所在地。"国家档案局、中央档案馆部分藏品和利用成果展"正在这里进行，由中共中央对外宣传办公室组织的这次集体采访活动，是史无前例的。[1] 像这样政府统一组织的集体采访活动并不多，更不要说记者主动申请政府公开相关档案信息了。

五、记者对突发事件采访与我国政府信息公开

每当发生突发事件的时候，民众和媒体的注意力就立刻聚焦于该事件的信息发布，这个时候也最能考验政府信息公开的雅量和智慧。2007年8月30日，第十届全国人民代表大会常务委员会第二十九次会议通过《突发事件应对法》。该法通过之前，提交全国人大常委会一审的草案对媒体擅自发布突发信息予以更多的限制。一审草案第45条规定："履行统一领导职责或者组织处置社会安全事件的人民政府应当按照有关规定统一、准确、及时发布有关突发事件应急处置工作的情况和事态发展的信息，并对新闻媒体的相关报道进行管理。"第57条规定："新闻媒体违反规定擅自发布有关突发事件处置工作的情况和

---

〔1〕 参见宋阳标：《中国档案开放：能否揭开历史的面纱》，http://www.timeweekly.com/html/20110609/12553_1.html，2018年8月16日访问。

事态发展的信息或者报道虚假情况,情节严重或者造成严重后果的,由所在地履行统一领导职责的人民政府处5万元以上10万元以下的罚款。"最终通过稿删除了第45条中的"并对新闻媒体的相关报道进行管理"和第57条的全部内容,这说明了我国在信息公开立法方面的进步,立法部门意识到新闻媒体在信息公开上可以发挥更大的功能。

我国政府在突发事件中的信息公开,最突出的事例就是2008年5月突发的汶川大地震,也是《条例》与《突发事件应对法》颁布近一年以后,政府对这两部法律的实践。汶川地震发生时,正是北京奥运会紧锣密鼓的准备阶段。为了重新规范北京奥运会及其筹备期间外国记者在华采访活动,国务院于2006年11月1日颁布了《北京奥运会及其筹备期间外国记者在华采访规定》,该规定自2007年1月1日起施行,2008年10月17日自行废止。汶川地震正好发生在规定生效的这段时间。该规定第6条:"外国记者在华采访,只需征得被采访单位和个人的同意。"英国《泰晤士报》北京分社社长马珍(Jane Macartney)用"前所未有的新闻开放,令人惊讶的秩序井然"评价中国政府在汶川地震中的信息公开行为。马珍说:"以前任何采访都得特别申请,经常申请递上去了,要么拖拖拉拉,要么干脆就没下文了。"1996年2月的丽江大地震,她手下的记者就没能去那里采访。美国公共广播公司(NPR)的自由记者陈家敏(Jamila Trindle)用"难以置信"来形容自己在这次地震后的观感,让她难以置信的是"可以在中国这么自由地采访这样一个灾难"。5月22日,陈家敏还制作了5分11秒的特别报道《豆腐渣震动中国?》在

NPR播出。同时,她告诉美国听众:中国政府已经表示将严惩豆腐渣工程责任者。[1]

有学者总结汶川地震中政府信息公开的五点经验:"依我之见,汶川地震事件中这种信息公开的模式,绝非政府公报、政府网站、新闻发布会之类举措或规定所能概括,而是至少包括以下五点经验:(1)政府积极主动地发布信息;(2)大众媒体(包括网络媒体)平等的全方位参与;(3)对国际媒体与国际公众的新闻开放;(4)媒介议程与公共政策之间的及时、有机的互动;(5)对公民新闻及其正向的新闻运动的几乎无壁垒的允准。"[2]

相较于汶川地震中政府的作为,2003年的"非典"事件中,政府的信息不公开行为就常被人们诟病。2003年2月上旬,广州市"非典"发病情况开始进入高峰,却未见任何来自官方的信息。2月10日,广州各媒体连续接到三个紧急通知,要求严格遵守新闻纪律,不得擅自对"非典"进行采访报道。2月11日,在疫情已出现近3个月后,广州市政府和广东省卫生厅才分别召开新闻发布会,称疫情已经得到控制。新闻发布会虽然开了,但有关疫情的资料,包括其传染性、临床特征、治疗手段等却并未广泛告知。正是在社会和公众茫然不觉的情况下,SARS开始了从广东向全国的蔓延。SARS如此肆虐,2003年4月3日,

---

[1] 参见平克:《"前所未有的新闻开放,令人惊讶的秩序井然"——外国媒体在灾区》,载《南方周末》2008年5月29日。

[2] 杜骏飞:《通往公开之路:汶川地震的传播学遗产》,载《国际新闻界》2008年第6期。

时任卫生部部长张文康在新闻发布会上仍声称"中国是安全的"。4月14日下午,时任中共中央总书记、国家主席胡锦涛在疫情严重的广州街头与群众握手。4月17日,中央政治局召开常委会,批准成立北京防治非典型肺炎联合工作小组,北京的医院统一归口管辖。18日,北京非典病例的数字第一次汇总出来。时任国务院总理温家宝当天在视察时说:"绝不允许缓报、漏报和瞒报。否则要严肃追究有关领导人的责任。"[1]4月20日,卫生部部长张文康、北京市市长孟学农双双被免职,才部分挽回了政府因瞒报、错报失去的公信力。

北京奥运会结束以后,我国政府对在华外国记者的新闻采访权又一次进行重新规定。《外国常驻新闻机构和外国记者采访条例》替代了《北京奥运会及其筹备期间外国记者在华采访规定》。原采访规定第6条的内容变更为现采访条例第17条的规定:"外国记者在中国境内采访,需征得被采访单位和个人的同意。外国记者采访时应当携带并出示外国常驻记者证或者短期采访记者签证。"比较起来,奥运会后,外国记者在华采访不仅要征得被采访单位和个人的同意,还要像国内记者一样,出示外国常驻记者证或者短期采访记者签证。

典型案例 天津爆炸案中政府新闻发布会备受舆论质疑

2015年8月12日,位于天津滨海新区塘沽开发区的天津

---

[1]《温家宝:要严肃追究缓报、漏报和瞒报非典的领导人责任》,http://www.huaxia.com/xw/dlxw/2003/04/232917.html,2018年11月5日访问。

东疆保税港区瑞海国际物流有限公司所属危险品仓库发生爆炸。事件发生后,引发国内媒体与公众的强烈关注。事故首先在微博、微信等互联网新媒体上快速传播,旋即成为全国性热点突发事件。截至8月16日中午,天津就爆炸事故已经召开六次新闻发布会,但是却受到信息不透明的舆论批评。8月13日,首次新闻发布会的记者提问环节,央视、天津卫视均切回主持人画面,央视称直播暂停,天津卫视则播放了几首歌曲,然后开始播放连续剧,这一情况让公众大跌眼镜。而此后几次新闻发布会,记者环节均被直播中断,但是互联网上各种手机视频、文字实录、记者手记却在官方披露之外拼凑起提问环节的全貌。[1]

六次新闻发布会参会人员均有变化,新闻发布会信源不统一,官方回应层级不统一。首场新闻发布会未见分管主政官员出席,也没有安监部门出席,因此备受诟病。此后的新闻发布会上,虽然安监部门有所回应,但按照应急管理规定应该出席的分管市领导却迟迟未见露面。网上质疑"副市长哪去了"的声音更趋强烈。[2]

人民网舆情监测室从如下三个方面对此次事件中的舆情演变进行了评述:

首先,突发事件处置需要真诚坦率的态度,在官方与民众间搭建起心理层面的认同。李克强总理16日下午一到现场,就向牺牲的消防队员遗像鞠躬致敬,可谓作出了态度上的表率。

---

[1] 参见《人民网详解天津爆炸新闻发布会出现的4大问题》,http://news.sohu.com/20150817/n419043583.shtml,2018年8月27日访问。

[2] 同上。

其次，及时的应急处置是平复舆情发展的工作根基，"做了才能说"是回应质疑的真理。李克强总理强调，安全不安全不能靠拍胸脯，要拿数据说话。所以，"蛮远的""不知道"不该出现在新闻发布会上。

最后，动态的信息发布是处置舆情的基本工作要求，但是没有诚恳的态度和完善的应急处置作支撑，效果可能适得其反。李克强总理强调"权威发布一旦跟不上，谣言就会满天飞"，表述的正是这个道理。[1]

值得一提的是，汶川地震发生后不久，社会各界对我国政府的信息公开给予高度评价。本书认为，许多文章在赋予过多的溢美之词的时候，忘记了对地震发生后政府信息公开方面存在的问题进行反思，而问题的反思对完善突发事件中的政府信息公开尤其重要。本书认为，汶川地震发生后政府在信息公开方面的积极作为，有其特殊的语境：

第一，该积极作为是上述《北京奥运会及其筹备期间外国记者在华采访规定》《条例》以及《突发事件应对法》几部法律法规同时生效发挥作用的结果。

第二，由于地震发生之时，正好距离举世瞩目的奥运会开幕式还有三个月时间，及时公开地震中各方面的信息，有助于塑造我国政府的国际形象，为奥运会的成功举办打下基础。

---

[1] 参见《人民网详解天津爆炸新闻发布会出现的4大问题》，http://news.sohu.com/20150817/n419043583.shtml，2018年8月27日访问。

第三,从突发事件本身的性质来看,汶川地震中伤亡惨重,良知警醒社会各界,瞒报各种应该公开的信息是道德所不允许的。尽管如此,政府在地震后的信息公开方面仍然存在一些问题。例如,对规范的赈灾募捐方式、用途的报道不够全面,显得严重滞后;对有关地震预报的报道躲躲闪闪,显得扑朔迷离,直接导致"地震部门隐瞒信息"的"小道消息"在社会上流传。[1]

本讲小结

本讲围绕着政府信息公开对于新闻记者信息采集的重要性这一主线而展开。政府信息公开法制建设在世界上诸多国家已经得到了实践。本讲主要谈了美国、英国以及我国政府信息公开法制建设的情况,其中新闻记者对政府信息的接近和利用程度为主要的讨论聚焦点。本讲共探讨了以下五个议题:

一是记者信息采集与公众知情权。公众知情是公众表达的前提和基础,知情权的重要性大于表达权。新闻记者信息采集是实现公众知情权的重要途径和保障,因为现代社会公众获取信息的主要方式就是大众传媒。而新闻记者信息采集的主要法律保障就是政府信息公开立法的完善。这一部分也谈到了政府多数信息为什么要公开。

二是探讨美国政府信息公开对新闻记者信息采集的促进。美国新闻界和政府信息公开之间是共生的关系。美国1966年

---

[1] 参见李新文:《从汶川地震报道存在的问题看如何进一步推进政府信息公开》,载《视听》2009年第2期。

《信息自由法》的出台就是由20世纪50年代初期一场由美国新闻界倡导和推动的"知情权"运动促成的。《信息自由法》确立了政府文件"公开是原则、不公开是例外"的原则,为美国新闻界获取政府信息提供了坚实的法律保障。

三是探讨英国新闻记者信息采集与政府信息公开的关系。英国社会争取言论、出版自由的历史由来已久,但是其政府信息公开立法却是晚近的事。2000年出台的《信息自由法》有利于新闻记者获取政府信息,促进政府公开信息,但受限的事项也较多。

四是探讨我国新闻记者信息采集与政府信息公开的关系。我国在2007年出台了《政府信息公开条例》,这是历史性的进步,对新闻记者获取政府信息有一定的促进作用。但是,如何把《政府信息公开条例》与《保守国家秘密法》《档案法》等法律中对政府信息公开范畴的界定协调起来,仍然是一项艰巨的法制建设任务。

五是探讨我国政府在突发事件中的信息公开与新闻记者对突发事件信息的接近。突发事件中的信息公开最考验政府的智慧和雅量。本书主要以2003年的非典事件和2008年的汶川地震作为正反面例子,来说明政府信息公开对新闻记者信息采集的重要性。

第四讲 新闻采集:审判庭上的摄像机
Lecture 4

新闻记者在法庭上的职业行为,不同于普通公民参加庭审旁听。记者的职业行为不仅会对庭审中的诉讼参与人产生较大影响,而且更有利于实现司法公正公开。法院的庭审直播是指法院在法庭审判的同时通过广播、电视或网络等途径对庭审过程进行的图文、音频、视频播放。[1] 庭审直播可以明白无误地告诉公众关于案件审理的真相,公众可以据此对案件进行公共讨论,这是实现司法民主的重要渠道。但是,也不能为了实现司法民主而随意进行庭审报道,庭审报道要受到诸多的限制。有的国家甚至为了避免庭审报道的负面影响,干脆禁止媒体对正在审判的案件进行直播。

正因为媒体与司法之间这种特殊关系的存在,国际社会和各个国家都很重视媒体机构与法院的关系。在国际层面,1994年8月18日至20日,在国际法学家协会的司法与律师独立中心的召集之下,40名来自世界各地的法学家和媒体代表在西班

---

[1] 参见何家弘、王燃:《法院庭审直播的实证研究》,载《法律科学(西北政法大学学报)》2015年第3期。

牙的马德里相聚,探讨媒体与1985年联合国《司法独立基本规则》所确立的司法独立之间的关系,系统规范表达自由与司法独立关系的规则,形成了著名的《媒体与司法关系的马德里准则》。该准则承认了媒体促进司法进步的功能:媒体的权利和责任是收集和调查公共信息,对司法管理加以评论,[1]包括在不妨害无罪推定原则的前提下,对审理前、审理中和审理后的案件(认为媒体只能对审后的案件进行报道的观点本身就不符合国际准则)加以评论。世界刑法学协会第十五届代表大会也于1994年9月制定了《关于刑事诉讼法中的人权问题的决议》,其中第15条涉及庭审报道的限制:"公众传媒对法庭审判的报道,必须避免产生预先定罪或者形成感性审判的效果。如果预期可能产生这种影响,可以限制或者禁止无线电台和电视台播送审判情形。"[2]

和国际层面制定媒体进行司法报道的规则相呼应,诸多国家也都在实体法和程序法中涉及相关的规定。简言之,新闻采集和庭审直播成为新闻学界和法律界关注的重要议题。从宽泛的意义上说,庭审直播本身就是新闻采集的重要方式。新闻记者囿于法庭现场的特殊性,往往并不能开展采访活动,但对庭审现场的录音、录像、拍照等职业行为,本身就是对庭审案件信息的收集。所以,要研究新闻采集,必须对庭审直播这种特殊的新

---

[1] 参见《关于媒体与司法独立关系的马德里准则》,https://wenku.baidu.com/view/28bd747e33687e21ae45a929.html,2018年9月5日访问。

[2] 《世界刑法学协会关于刑事诉讼法中人权问题的决议摘要》,载《人民检察》1995年第4期。

闻采集活动作一番全面的考察。

一、美国的庭审直播：从完全禁止到逐渐开放

1946年《美国联邦刑事诉讼规则》第53条规定：在诉讼过程中不许在法庭内摄影或者进行电台报道。法院更愿意采取封闭式的审判，并希望参与刑事或民事审判的人员不要在外宣扬。[1] 法官憎恨他们的审判庭上出现摄像机和照相机。与记者只带采访本进入审判庭不同，使用摄影、摄像设备被认为会带来如下危险：(1) 干扰陪审团；(2) 胁迫证人；(3) 鼓励律师和证人"演戏"；(4) 整体上破坏适当的规范。[2]

（一）美国社会早期对庭审直播的争议

在美国，人们从20世纪初就开始了关于庭审直播的争议。1917年，伊利诺伊州最高法院禁止了庭审中的拍摄。[3] 最早开始庭审直播的媒体是电台。1925年，田纳西州戴顿市发生了一起有关进化论课程是否合法的案件。[4] 当地的人们对此案广泛关注，为了响应人们对该案的讨论，广播电台积极介入，直播

---

〔1〕 原文是：Except as otherwise provided by a statute or these rules, the court must not permit the taking of photographs in the courtroom during judicial proceedings or the broadcasting of judicial proceedings from the courtroom。

〔2〕 参见〔美〕约翰·D.泽莱兹尼：《传播法：自由、限制与现代媒介》，张金玺、赵刚译，清华大学出版社2007年版，第258页。

〔3〕 王燃：《美国庭审直播制度》，载《国家检察官学院学报》2015年第3期。

〔4〕 何家弘、王燃：《法院庭审直播的实证研究》，载《法律科学（西北政法大学学报）》2015年第3期。

了庭审现场。受于媒介技术的限制,电台庭审直播只能呈现出庭审现场的声音,不能完整地反映现场状况。公众需要看到庭审现场的情形,所以很多新闻记者就带着照相机参加了庭审,并对现场进行拍照。

1935年,在"布鲁诺·理查德·霍普特曼绑架谋杀男婴案"中,大约700名记者和120名摄影师聚集在法庭内外,对庭审进行多个视角的报道。霍普特曼被判有罪之后立即上诉,主要理由是新闻媒体对法庭审判的过度报道影响了司法公正。新泽西上诉法院驳回了他的上诉,认为法官允许媒体记者进入法庭的做法是正确、合理的。后来,美国联邦最高法院也支持了这一裁定。[1] 该案被新闻记者大规模地直播,影响之广泛前所未有,所以也被媒体称为"世纪大案"。案情本身并不复杂,但案件激起了人们对媒体是否可以进入庭审现场并进行摄像的争议。这一案件导致美国律师协会采纳了禁止在审判室内使用摄影机和其他电子设备的规则。这些被称为"Canon 35"的规则在大多数州获得通过,即使没有正式通过这些规则的州也照章行事。[2] 1952年,美国律师协会修订了《司法伦理守则》第35条,除了继续重视保持庭审的庄严之外,增加了对电视转播干扰证人作证的关切:庭审或者休庭期间,在法庭上摄影或者转播庭审毁损了审判必需的庄严,干扰了诉讼参与人和作证的证人,使公众产生

---

〔1〕 参见何家弘、王燃:《法院庭审直播的实证研究》,载《法律科学(西北政法大学学报)》2015年第3期。

〔2〕 See White Frank Wm, Cameras in the Courtroom: A U.S. Survey, *Journalism Monographs*, 1979, No. 60.

误解,应予禁止。

真正第一次由电视台对庭审现场进行直播的案件是1955年的哈里·L.沃什伯恩谋杀案。法院开审前,案件在圣安吉洛市当地的媒体上被公开,所以法官把案件的审判地点更换到邻近的韦科市。法官允许电视台对法庭现场进行摄像直播。在允许电视台直播前,法官还允许《韦科论坛先驱报》记者到场拍照。支持电视台对庭审现场进行直播的人士认为,电视摄像机在法庭上不会引起过多的注意,因而也不会损害到法庭的严肃性。批评者则认为,尽管摄像机不起眼,但它的存在会把严肃的司法过程转变为娱乐节目,损害了被告公平审判的权利。当被问及是否介意电视台对案件的直播报道时,被告沃什伯恩回答道:"介意,会让全世界人民都知道这件事。"[1]从1935年的霍普特曼案到1955年的沃什伯恩案,美国法院对庭审直播是持宽容甚至是支持态度的,霍普特曼案中的法官允许记者在庭审现场进行拍照,而沃什伯恩案的法官不仅邀请记者到庭审现场拍照,还邀请电视台记者对庭审现场进行直播。

典型案例 埃斯蒂斯诉德克萨斯州案(Estes v. Texas, 1965)

德克萨斯州商人比利·索尔·埃斯蒂斯(Billie Sol Estes)通过伪造抵押贷款合同,骗取了银行贷款。银行得知后,向联邦调查局告发了埃斯蒂斯。经审查后,德克萨斯州里夫斯县(Reeves

---

[1] Terri Jo Ryan, Harry L. Washburn Trial, http://www.wacohistory.org/items/show/137, visited on 2018-9-15.

County)的一个大陪审团决定指控埃斯蒂斯犯有诈骗罪。该案引起了媒体的竞相报道。为了避免媒体对审判的影响,法官更换了审判地点,由里夫斯县转至 500 英里外的史密斯县(Smith County)。在正式审判前,法官主持召开了一次审前会议,审议辩方提供的大量证明埃斯蒂斯案在审前被广泛报道的材料。为期两天的审前会议在全国引起了轰动。电视台对审前会议进行了直播。摄影师在审判室走来走去,地板上布满了电线,三只麦克风被摆放在法官席上,其他麦克风对着陪审团席和律师席。德克萨斯州的两家电视台和至少一家电台对庭审进行了现场直播,并在晚上播出审前会议的录像,中间插播了商业广告。当辩方律师申请禁止在法庭内拍摄和延期审判时,法院驳回了禁止直播和拍摄的申请,同意将审判延期。在审判当天,当地一家电视台自费在审判室搭建了一个小开间,供 4 台摄像机拍摄庭审使用。法官为了防止直播对陪审团候选人产生影响,对审判期间的新闻报道作出规定:禁止电视摄像机录音,在所有证据提交完毕之前电台记者不得录音。所以,在整个审判过程中,摄像机没有录音,除了对控方的开庭陈述和结案陈词以及陪审团宣读裁决进行了直播以外,对其他环节没有进行现场直播。埃斯蒂斯被判诈骗罪成立,判处 7 年监禁。她向德克萨斯刑事上诉法院提起上诉,但被驳回。埃斯蒂斯最终向美国联邦最高法院申请调卷令,获得批准。[1]

---

[1] 参见赵刚:《公开与公平的博弈:美国最高法院如何平衡新闻自由与审判公正》,法律出版社 2012 年版,第 281 页。

大法官汤姆·C.克拉克代表美国联邦最高法院撰写了判决书。判决书围绕着电视直播是否导致被告人获得公正审判的权利丧失这一核心问题展开。最高法院肯定了一个事实：审前听证被直播并且通过录播的方式多次播出，大约被10万观众收看。法庭审判时，审判庭内缠绕了大量的电线，架起了电视摄像机，安装了多只话筒，摄影师在法庭内走来走去，这些都可能会对审前听证造成极大的破坏作用。法院坚持认为，在决定埃斯蒂斯是否有罪时应该考虑两天的审前听证的影响。在刑事案件中，如果审前听证对被告带来了巨大的负面影响，可能比庭审中的公开破坏性还要大，因为它预设了社区内的人们认为被告有罪还是无罪的观点。

《宪法》第六修正案赋予被告人公平审判的权利。历史已经告诉我们，秘密审判是一种让人害怕的镇压工具。《宪法》第一修正案保障的新闻自由也可以延伸至电视直播庭审的自由。新闻自由有助于人们认识到公共事务中的公共利益，有助于满足公共事件中人们的知情权，包括知悉法庭诉讼的权利。但是，保障新闻自由的同时必须维护司法运作中的绝对公平。

（二）联邦最高法院对摄像机进法院从完全禁止到逐渐开放

法庭是庄重严肃的场合，是弄清法律真相的地方，几个世纪以来，美国法院通过制定各种规则来捍卫法院的这种功能。因此，联邦法院通过具体的规则禁止对庭审现场的直播与拍照。至于州法院，只有两个州（德克萨斯州和科罗拉多州）允许对庭审现场进行直播,而且也有一定的限制。48个州和联邦法院都认为不应在法庭上使用电视摄像机。法院最主要的目标就是弄清真相,电视直播无助于法院实现这一目标。电视直播等于是向法院的正当程序中增加了一些不相关甚至是干扰的因素。直播会对法官的注意力产生影响,使法官把注意力更多集中于摄像机而不是思考案件的证据。目击者的证言也可能由于电视直播受到破坏,证人考虑到自己的发言要被很多观众观看,可能会害怕,提供证据的意愿也会减弱。一些人面对镜头可能过于自信,所提供证词的准确性可能受到严重破坏。电视直播对法官和证人的影响程度远大于报纸对相关司法审判的报道。

典型案例 钱德勒诉佛罗里达州案(Chandler v. Florida, 1981)

诺埃尔·钱德勒和罗伯特·格兰杰是迈阿密海滩的警察。1977年5月,他们闯入迈阿密海滩一家知名的餐馆行窃。该案的主要目击者是业余无线电爱好者约翰·西昂,他无意中听到并录下了钱德勒和格兰杰在行窃时的对话。这些有趣的新闻元素都是吸引媒体报道的重要因素。[1] 1977年7月,钱德勒被控犯有盗窃罪和持有盗窃工具罪。审判过程中,一台摄像机跟踪拍摄,镜头主要呈现的是证人西昂的证词,没有呈现辩方的任何情况。报道结案陈词时,只有2分55秒庭审的直播,而且也只

---

[1] See Chandler v. Florida, 449 U.S. 560(1981).

有控方的镜头。陪审团判决钱德勒和格兰杰盗窃罪成立,二人被判监禁7年,缓刑5年。钱德勒和格兰杰不服法院的判决,认为电视报道剥夺了他们接受公正审判的权利。佛罗里达地区上诉法院裁决维持原判,拒绝讨论《司法行为准则》第3A(7)款的有效性。上诉法院认为,佛罗里达最高法院既然同意以试验的方式允许电视台对刑事案件的直播报道,也就暗示着直播报道没有违反联邦或州法律。上诉法院认为,在审判记录中毫无证据表明:电视摄像机的存在会妨碍被告人陈述事实,或剥夺被告人公正审判的权利。对此,佛罗里达最高法院拒绝评论,坚持认为,被告人对《司法行为准则》第3A(7)款提出的质疑,已经在同意电视台庭审拍摄的申请中得到了讨论。钱德勒等最终向联邦最高法院提出上诉。

伯格[1]首先澄清:佛罗里达最高法院在颁布《司法行为准则》第3A(7)款修订版时,已经直白地拒绝联邦或州赋予摄影师或广电媒体直播或录制并传播法院庭审的宪法权利。佛罗里达最高法院是这样表述的:当我们认为《宪法》正当程序条款本质上没有禁止对法院庭审的电子媒介报道,同样,我们也会拒绝一种观点,美国《宪法》第一和第六修正案授权电子媒介介入司法诉讼。最高法院认为,本案最根本的问题是佛罗里达最高法院是否有权力对佛罗里达各级法院颁布《司法行为准则》第3A(7)款,而不是电视媒体可不可以直播庭审。上诉人在辩护中主要

---

[1] 在伯格任首席法官期间,他是坚决反对摄像机进法院的。首席法官伦奎斯特也是如此。

援引的是埃斯蒂斯案中法官的观点，认为对刑案庭审的直播本质上违反了正当程序条款。联邦最高法院通过分析埃斯蒂斯案各位大法官的观点认为，埃斯蒂斯案不能够被理解为禁止任何条件下和任何案件中拍摄、录音和直播报道的宪法性规则。它不能够被理解为绝对性地禁止各州法院对日益发展的新技术的尝试，在1964年该项技术并不成熟，而如今它正处于日新月异的变化中。

伯格承认，审判公开可能会带来风险，法院只能依据证据和相关法律来对被告人进行判决，而不应该受到媒体的干扰。为此，法院也发展了一整套矫正方法防止审判公开影响陪审团审判。但是，不能因为有危险，就通过宪法绝对地禁止电视台对庭审现场的直播。尽管在一些案例中，对案件审前和审判时的直播报道可能会损害陪审团不受外界影响裁决被告人有罪或无罪的能力，但是这不能够为绝对地禁止印刷媒体对审判的报道提供正当性，也不应该为绝对地宪法性禁止电视直播报道提供理由。

伯格认为，我们要承认电视技术的发展变化。经验性数据已经表明，诸多负面因素，如笨重的机器装备、电线、让人分心的灯光、众多摄像工作者，今天都不再是实质性的影响因素。

当然，在像佛罗里达等州法庭的试验性项目中，建立防范性措施以避免埃斯蒂斯案中法官所表达的异乎寻常的问题，是很重要的。佛罗里达州已经责成法院要努力保护某些目击证人，例如儿童、性犯罪受害者、线人、非常胆怯的目击者或同伙，避免受到直播中的强光影响以及面对摄像机的紧张。佛罗里达州已经出台指导规范,要求审判法官承担积极的义务,保护被告人获得公正审判的基本权利。佛罗里达州法院要求被告人对庭审直播的反对必须被听证,法院要依据庭审记录斟酌。然而,直播报道对庭审参与人,特别对被告人的影响,仍然是引起争议的问题。美国审判律师协会(American College of Trial Lawyers)以及其他一些律师协会的法律顾问坚信,埃斯蒂斯案协同意见书中所表达的担忧已被现实中的经验证明。在埃斯蒂斯案提出的一些问题上,仍然无法获取一些经验数据。所以,伯格认为,应该鼓励这方面的试验。他援引大法官布兰代斯的话,论述社会经济试验对一个国家的重要性:"宪法没有授权我们监督或阻挠各州在诉讼程序方面进行试验,只有当该州的行为侵犯了基本权利时,我们才有权进行干预。然而,本案上诉人并没有证明该州的行为侵犯了基本权利,所以最高法院不宜干预。就本案而言,因为最高法院对州法院不具有司法监督权,裁决的权限仅限于是否有违宪的情形。我们认为,宪法没有禁止各州根据修正后的《司法行为准则》第 3A(7)款的授权进行此类试验。所以,维持原判。"[1]需要说明的是,法院支持佛罗里达州法院的判决意见,与伯格本人对庭审直播的态度大相径庭。伯格曾质问提出庭审直播要求的媒体:"审案又不是演艺事业,有什么好播的?"1981 年,当一个摄像人员企图尾随他到电梯口时,伯格面带愠

---

[1] See Chandler v. Florida,449 U. S. 560(1981).

色,还向对方抡起了拳头。[1]

1972年,美国司法委员会(Judicial Conference of the United States)采取了一项禁止性措施,禁止记者在法庭和相邻的区域摄像、直播、拍照和录音。该项禁止性措施后来被纳入《美国法官行为规则》(Code of Conduct for United States Judges)中,并运用到所有民事和刑事案件。[2] 20世纪80年代,媒体巨头们开始主动积极争取对刑事案件的直播报道,一些联邦地区法院和联邦巡回上诉法院也曾经尝试允许摄影机进入民事诉讼法庭拍摄,而且效果令人非常满意。[3] 1984年,美国有线电视网(CNN)广播公司对发生在马萨诸塞州新贝德福特(New Bedford)的一起多名被告在一家酒吧强奸妇女的案件的庭审情况进行直播,公众对庭审的强烈兴趣导致了"庭审电视台"(Court TV)的设立,该电视台每天对法庭审判进行现场直播。1988年10月,首席大法官伦奎斯特任命成立了"庭审摄像特别委员会"(Ad Hoc Committee on Cameras in the Courtroom)。1989年,传媒巨头们终于说服大法官,请他们观摩摄像机如何直播。媒体希望向大法官们证明,科技已经足够发达,直播不再需要打灯、扯线、更换底片,完全可以悄无声息地进行,不会干扰他们审案。然而,首席大法官伦奎斯特还是拒绝了他们对于庭

---

〔1〕 参见何帆:《美国联邦最高法院庭审直播之争》,载《人民法院报》2010年3月19日第5版。

〔2〕 See History of Cameras in Courts, http://www.uscourts.gov/about-federal-courts/cameras-courts/history-cameras-courts, visited on 2018-9-20.

〔3〕 参见《电视摄影机进入美国法庭(一)》,http://blog.sina.com.cn/s/blog_67f297b00102dwh6.html,2018年9月20日访问。

审直播的请求,他说:"最高法院的多数大法官仍然认为,我们应该坚持过去的惯例,不允许转播报道法庭的程序。"[1]在1990年9月联邦司法委员会召开的会议上,采纳了庭审摄像特别委员会的报告内容,报告建议在六个地区法院和两个上诉法院允许电子媒介对民事诉讼的报道。联邦委员会同时修改了禁止庭审摄像的措施。新政策规定:法官有权允许在封爵、入籍或其他仪式的程序中对法庭和其他邻近区域直播、摄影、录音或拍照。除了证据的呈现、诉讼记录的永久封存、安全、其他司法管理的目的以及根据美国司法委员会所支持的试验计划规定以外,其他都可以由法官行使自由裁量权。1991年,迫于国会和媒体的压力,联邦司法委员会(Federal Judicial Conference)批准了一个为期三年的试验计划,选择2个上诉法院(第二、第九巡回上诉法院)和6个地区法院(印第安纳南区法院、马萨诸塞州区法院、密歇根东区法院、纽约南区法院、宾夕法尼亚东区法院和华盛顿西区法院)进行摄像机、照相机和录音设备进入民事审判活动的试验。联邦司法中心(Federal Judicial Center)于1993年11月对试验进行调查,发现法官和律师普遍认为摄像机对诉讼参与人、法庭尊严和司法运作没有或几乎没有什么影响。然而出人意料的是,试验结束后,联邦司法委员会的投票表明,三分之二的成员反对摄像机介入民事审判活动,全体成员一致反对在刑事审判中使用摄像机。[2]

---

[1] 何帆:《美国联邦最高法院庭审直播之争》,载《人民法院报》2010年3月19日第5版。
[2] 参见侯健:《摄像机能否进入美国法庭?》,载《新闻大学》2001年第3期。

在 1994 年的司法委员会会议上,委员会讨论了报告结果,司法行政和案例管理委员会(Court Administration and Case Management Committee)提出可授权联邦上诉法院决定是否对民事诉讼案件庭审过程进行拍照、录音和直播。基于调查结果呈现的数据,司法委员会多数成员认为,摄像机对证人和陪审员的"寒蝉效应"是人们担心的主要原因,司法委员会拒绝支持司法行政和案例管理委员会扩展民事诉讼的摄像报道的主张。对于委员们提出的根据已有的报告修改《刑事规则》第 53 条的内容,委员会也无动于衷。在 1996 年的司法委员会会议上,司法委员会授权每个上诉法院自行决定是否允许拍照、录音和摄像,当然也要受到一些法律、规范和指导原则的限制。1990 年,司法委员会提出的在试验项目期间允许摄像报道的政策被取消,增加了一个条款:可以使用摄像机对上诉论辩进行拍照、录音和直播。于是,第二、第九、第三巡回上诉法院采纳了这一条款,允许摄像机进入法庭进行报道。

(三) 美国法院对庭审直播坚持"实用主义"态度

在 2002 年 1 月,大众媒介代表请求美国地区法院法官利奥尼·布林克马允许播出对恐怖分子嫌疑人萨卡利亚斯·穆萨维的审判。法官驳回了该请求。布林克马法官说,禁止摄像机进入审判室的联邦禁令不违反《宪法》第一修正案。在这个特定案件里,电视直播审判可能会威胁到证人和陪审员,而且有可能带来安全问题。[1]

在 2010 年的司法委员会会议上,司法委员会授权开展三年的试验计划来评价摄像机在地区法院的使用效果,包括对诉讼过程的录像以及录像资料的发表等。试验计划仅限于民事诉讼,且必须要获得主审法院的同意才能对庭审进行拍摄。各方参与人必须同意每一诉讼环节的记录,除非主审法官决定不允许公开获取庭审记录。这些相关的记录最终只能被法官审慎地公布于美国法院网(www.uscourts.gov)或地方法院网。这项试验计划持续四年(2011—2015 年),全美 40 个法院参与其中。在 2016 年的司法委员会会议上,司法委员会拿到了司法行政和案例管理委员会的报告,该报告不同意对当时的委员会政策的任何改变。第九巡回司法委员会和司法委员会合作,授权第九巡回区的三个地区法院继续同样期限和条件的试验计划,以向司法行政和案例管理委员会提供更长时间的数据和信息。[2]

目前,50 个州的法院是对媒体敞开大门的,只有马里兰、缅因、特拉华 3 个州只允许转播民事庭审。联邦法院中,第二、第九巡回上诉法院也允许直播庭审。[3] 在其他联邦法院的审判中仍不允许摄像机出现,记者携带摄像机和录音设备多数情况下会被禁止。

---

[1] See United States v. Moussaoui, 30 M. L. R. 1251(2002).
[2] See History of Cameras in Courts, https://www.uscourts.gov/about-federal-courts/judicial-administration/cameras-courts/history-cameras-courts, visited on 2018-9-25.
[3] 参见何帆:《美国联邦最高法院庭审直播之争》,载《人民法院报》2010 年 3 月 19 日第 05 版。

通过以上对美国法院如何看待庭审直播的历史回顾以及里程碑式的案例分析,美国法院对庭审直播的态度可归纳为:联邦禁止,州放开。这种描述是基于总体趋势而言的。这也就提醒我们不要用绝对的眼光看待美国的庭审直播制度。即使在联邦法院层面,也不是完全禁止的。联邦法院也曾经尝试过放开对媒体进入法院进行庭审直播的限制,但最终还是没有同意放开。在州法院层面,虽然总体来说是放开的,但在具体规则上还是有很多限制,限制程度取决于法官的自由裁量权。在涉及特别的媒介利益的程序中,法院可能为所有媒介安排一种共同报道,即一台或两台摄像机获许进入审判庭,然后与他人共享图片和录像。一些州的规则还具体地禁止拍摄陪审员的特写照片和使用电动推动器或特别照明设备。[1]

美国法院(无论是联邦还是州层面)对于庭审直播坚持的是"实用主义"态度。在庭审直播几十年的历史争议中以及相关重要案例的判决中,最高法院从未判决:《宪法》第一修正案本质上要求摄像机进入审判庭。只要最高法院未明确这一点,联邦法院和各州法院就有权力根据法律或者正式的法庭规则制定自己的指导方针。法院会根据需要和条件来控制媒体进入法院直播的尺度,联邦最高法院也无法判定任何一种规则或标准违宪。

---

[1] 参见[美]约翰·D.泽莱兹尼:《传播法:自由、限制与现代媒介》,张金玺、赵刚译,清华大学出版社 2007 年版,第 260 页。

二、英国的庭审直播:严格限制中渐趋松动

在庭审直播的问题上,英国采用的是"司法绝对限制媒体模式"。媒体对庭审的报道主要受制于多部法律的限制。

(一) 英国法中与庭审直播相关的规定

1925年《刑事司法法》(Criminal Justice Act)第41条明确规定,在英格兰和威尔士不允许对庭审过程进行电视报道,否则会招来藐视法庭罪的控诉。这是确立英国限制媒体报道庭审现场的基础法律。该法律的严厉程度超出我们的想象,它不仅限制媒体报道庭审现场,也禁止在庭审所在的建筑物的周边安装摄像头等。例如,1977年,英国广播公司在拍摄一部反映农村生活的纪录片时,希望加上一段真实的法庭庭审情况。尽管当事人同意,但是遭到了法官的拒绝。[1] 20世纪90年代,这部法律修改后只适用于英格兰和威尔士,而不适用于苏格兰。不过,待案件审判结束后,传媒通过"重新改编的戏剧"的形式重现庭审过程仍是被允许的,不会受到该法第41条的影响。[2] 在"奥兹案"判决之后上诉之前,莎士比亚皇家演出公司将其搬上舞台,

---

[1] 参见卞建林、焦洪昌等:《传媒与司法》,中国人民公安大学出版社2006年版,第225页。
[2] 参见康为民主编:《传媒与司法》,人民法院出版社2004年版,第145—146页。

在伦敦西区上演。英国广播公司根据媒体对审判案的法庭记录制作了一部戏剧性纪录片。这既不违反《刑事司法法》第 41 条，也不会构成藐视法庭行为。[1]

除了《刑事司法法》直接禁止庭审报道以外，英国在下列多部法律中都直接或间接规定禁止庭审报道，否则要被以藐视法庭罪论处。例如，1960 年《司法行政法》(Administration of Justice Act) 第 12 条对特殊情况下法庭报道的规定，如涉及 1989 年《儿童法》(Children Act) 的诉讼。1965 年《刑事程序法（证人出庭法）》[Criminal Procedure (Attendance of Witnesses) Act] 第 3 条规定，对庭审的拍照或直播可以以违反证人命令或证人传票而被以藐视法庭罪论处，最高监禁三个月。1980 年《治安法院法》(Magistrates' Court Act) 第 97 条规定，法庭上的人如果拒绝宣誓、提供证据或出示文件物品，将会被拘留长达一个月或会被处以高达 2500 英镑的罚款。这里"法庭上的人"包括新闻记者。1981 年《藐视法庭法》(Contempt of Court Act) 第 9 条规定，在法庭上使用录音设备等，或者将录音设备带入法庭而不管是否经过法庭的许可，以及录音材料的发表等，都可被视为藐视法庭。1996 年《刑事程序调查法》(Criminal Procedure and Investigations Act) 第 18 条规定，如果一个人明知使用或披露法庭上的庭审信息会违反该法第 17 条的规定还去使用或披露，治安法庭可以以藐视法庭罪把该人判处监禁长达六个月，或

---

〔1〕 参见谢小瑶：《"媒体审判"规制模式的比较及选择》，法律出版社 2014 年版，第 112 页。

罚款高达5000英镑,或监禁和罚款兼而用之。皇家法院可以以藐视法庭罪把该人判处监禁长达两年,或对其进行无限制的罚款,或监禁和罚款兼而用之。

还有一些法律规定了"准藐视"(quasi contempt)行为。例如,1999年《青年法庭和刑事证据法》(Youth Justice and Criminal Evidence Act)第45条规定,媒体对治安法院或皇家法院的刑事诉讼案件报道的时候不得呈现儿童或青少年的姓名、地址、学校信息或肖像。1993年《儿童与青少年法》(Children and Young People Act)第39条禁止民事诉讼中通过报纸、广播和电视直播呈现儿童的姓名、地址和学校信息,以防仅根据诉讼中的儿童信息和儿童图片就可以确认为受害人、目击者或被告。通过其他手段(如社会化媒介)呈现的情况不能被包含在第39条中。1992年《性犯罪法(修订)》[Sexual Offences (Amendment) Act]规定,禁止公布强奸受害者以及其他具有匿名性质的严重性犯罪的受害者的详情。"准藐视"意味着不仅触犯了藐视法庭罪,而且还有更严厉的处罚等待着媒体。[1] 值得提及的是,1925年《刑事司法法》对英国最高法院无效。2005年,议会颁布了《宪法改革法》(Constitutional Reform Act),该法的重要使命是创立英国最高法院。另外,该法明确指出,在英国最高法院可以允许对庭审活动进行拍照等。

在苏格兰,媒体对刑事审判的报道和直播在20世纪90年

---

[1] See Contempt of Court, Reporting Restrictions and Restrictions on Public Access to Hearings, https://www.cps.gov.uk/legal-guidance/contempt-court-reporting-restrictions-and-restrictions-public-access-hearings#a03, visited on 2018-12-7.

代就开始了。从1992年开始,只要媒体向法院申请,且庭审各方都同意电视直播,经过法院的严格核查后,对法院拍摄的最终决定权就在审判法官手中,若审判法官最终同意,刑事审判的庭审现场就可以被拍摄。法院是否同意庭审直播最需要考虑的是媒体会不会妨碍法院对司法的管理。即使对刑事案件的报道在苏格兰被允许,相关的案例也非常少,仅限于被社会广泛关注的上诉案件。例如,2002年因为洛克比空难而被宣判终身监禁的阿卜杜拉·巴塞特·阿里·迈格拉希提出上诉,上诉法院允许电视台直播庭审现场。然而,也有例外,1996年罗斯勋爵在高等法院宣判两个持枪抢劫的犯罪者的罪行时,允许英国广播公司新闻节目组的工作人员到庭审现场进行直播。

值得提及的是,同样是洛克比空难,英国广播公司在2000年提出拍摄一审判决庭审过程的请求却并未获法院批准,之后要求通过在法庭外向全球控制站转播庭审情况的媒介获取信息,亦遭到拒绝。[1]对比苏格兰同意电视台直播上诉法庭关于洛克比空难的庭审就可以看出,在英国,对庭审直播的态度并不一致,并不像有些书中所说的,英国在对待庭审直播的态度上是"绝对禁止模式"。[2]在苏格兰,法院对待庭审直播的态度有所变化,20世纪90年代前的确是严格禁止的,90年代后有所松动,甚至在一定程度上积极放开,主要原因是1925年《刑事司法

---

〔1〕 参见卞建林、焦洪昌等:《传媒与司法》,中国人民公安大学出版社2006年版,第225页。

〔2〕 参见高一飞:《媒体与司法关系研究》,中国人民公安大学出版社2010年版,第107页。

法》第 41 条后来被明确不适用于苏格兰。

典型案例 在英国法庭上用手机乱拍照被监禁一年

在英国，所有法庭的基本原则是对公民公开，让他们看到司法的执行。[1] 但这并不意味着公民可以用手机拍照从而公开庭审状况。不仅新闻记者不可以拍照，普通公民也不可以。

2004 年 5 月，伦敦上诉法院驳回了雷克瑟姆县一位 38 岁男子的上诉。该男子被认为是第一个因为在法庭上拍摄被监禁的人。该男子手机里留存了被告席上男子的照片。法警人员、丹尼斯·克拉克法官以及提供证据的目击证人的照片也出现在他的手机中。克拉克法官说，对该男子的宣判将会对那些利用新型手机技术破坏法庭严肃性的人起到"寒蝉效应"。男子的辩护律师提出，一年的监禁明显过于严苛了，以前从来没有发生过类似的案例。[2] 律师说，该男子并非是为了恶意的使用而拍摄照片，并且在认识到自己的错误后作出了道歉。另外，他没有对陪审团进行拍摄，而且所拍摄照片的质量也比较差。但是，上诉法院的艾肯斯法官说，因为拍摄行为涉及案件的高度安全性，尽管判决比较重，也应该得到支持，这起案件可以警示人们，使用手机在法庭上拍照将成为一个严重的问题。艾肯斯法官最终认为，允许在法庭上用手机拍照将严重伤及刑事司法的管理。[3]

---

[1] 参见怀效锋主编：《法院与媒体》，法律出版社 2006 年版，第 308 页。
[2] See Mobile Court Photo Sentence Upheld, http://news.bbc.co.uk/1/hi/wales/north_east/3686557.stm, visited on 2018-10-12.
[3] Ibid.

（二）英格兰和威尔士放松对庭审拍照的管制

在英格兰和威尔士，2011年，政府开始改变1925年以来的绝对禁止庭审拍摄的刑事司法规定，宣布开始着手立法，允许法庭诉讼的某些方面被拍摄。2011年，在《卫报》的一篇文章中，英国司法大臣肯尼斯·克拉克坦言：政府与司法部门都在着手通过允许庭审直播报道来提升司法的透明度以及公众对司法的理解，我们相信电视台在增进公众对司法的信心方面扮演着重要的角色。克拉克开放法庭的观点遭到了一些人的反对。这些人认为，公众并不是对所有案件的法庭直播都有兴趣，而是对那些备受瞩目的严重的犯罪事件更感兴趣。[1]

克拉克法官说，他会停止颁布禁令来改善公众对司法的了解。在英国，上诉法院首先允许对庭审的直播。即使允许对庭审的直播，也只是允许对法官判词的直播，对被告人、受害人、目击者和陪审员的连续式直播仍然不被允许。克拉克法官向议会书面声明："作为起点，上诉法院的判决首先被直播，我希望将该计划延伸到刑事法庭。我会和主审法官以及其他法官讨论该计划如何被实现。我很清楚，这一计划绝不是将被告人戏剧化地公开示众……我将努力保障这一计划不会损害司法的管理，它会保护被告人、受害人、目击者和陪审员。总之，这一计划以前所未有的方式开放司法系统，也让公众自己判断司法的运作。"

---

[1] See Graham Ross, Role of the Media in Criminal Trials (2012), http://www.parliament.scot/ResearchBriefingsAndFactsheets/S4/SB_12-50.pdf, visited on 2018-10-12.

随后,在英格兰和威尔士,让摄像机进入法庭的呼声逐渐高涨。2012年2月,英国三家最大的媒体——英国广播公司、英国独立电视新闻公司、英国天空广播公司联合给英国首相写了一封信,提议要求制定新的法律,尽快允许摄像机进入法庭。2012年5月9日,英国女王在新一届议会的开幕仪式上发表了精彩的演讲,透露了法庭电视播出计划,电视摄像机将会出现在英格兰和威尔士的部分法庭上。不过该计划只是在上诉法院实施,而且被告或证人的图像不得公开(这显然是重申了1925年《刑事司法法》的规定)。这项计划是《犯罪和法庭法案》的一部分,适用于英格兰、威尔士和北爱尔兰。该法案旨在建立"国家反犯罪机构"(亦有译为"国家打击犯罪局")打击最严重和有组织的犯罪,以加强对国土安全的保护。该法案同时计划改革英格兰和威尔士的法院和法庭以提高审判效率、司法透明度和多样性。[1] 2012年5月10日,司法部部长克拉克发表言论说,在引入电视播出庭审过程这一方式之前,英格兰和威尔士的法院从未如此接近大众,我们已然将现代的庭审公开观念引入。虽然公众有权去观看庭审过程,但实际上很少有人真正参加庭审,而允许电视台播放庭审过程,无疑将会使更多的人观看并了解国家的司法程序。除了在上诉法庭引入电视播出之外,政府稍后还会允许在刑事法庭内进行拍摄——当然仅限于拍摄法官量

---

[1] See Court Television Plan Revealed in Queen's Speech, http://www.bbc.co.uk/news/uk-politics-18005904, visited on 2018-10-12.

刑记录,不得拍摄被害者、证人和被告、未成年人。[1] 2013年10月28日,大法官克里斯·格雷林签署的《上诉法庭(录制和播出)令》[The Court of Appeal (Recording and Broadcasting) Order]针对传统的通信手段报道庭审又作出了一些调整。在适用该法令第5—7条关于"录制"的条款和第8—11条关于"播出"的条款时,1925年《刑事司法法》第41条("禁止拍摄"事项)和1981年《藐视法庭法》第9条("使用录音记录"事项)不再适用。《刑事司法法》和《藐视法庭法》是直接限制庭审报道的最重要的法律,英国上诉法院通过法令的方式对两部法律的部分条款的适用作出调整。这虽然并不意味着英国法院对待庭审报道的重要转变,但表明英国法院认识到仅允许公众参与法庭庭审就表明司法公开是不够的,真正的司法公开还要借助于媒体的力量,尤其是影像的力量,让人们看到真真切切的司法过程。

(三)社交媒体文字直播报道的逐渐放开

在2010年以前,出于维护司法秩序的目的,社交媒体在英国法院被禁止使用。2010年12月,在威斯敏斯特治安法院关于"维基解密"创始人阿桑奇的保释听证会上,记者向法官申请使用推特进行实时报道。霍华德·里德尔法官表明自己并不反对。于是,在听证过程中,几名记者使用推特进行了实时报道。然而,随后在高等法院举行的阿桑奇保释听证会上,奥西利法官

---

[1] See Cameras in Court Plans Revealed, https://www.gov.uk/government/news/cameras-in-court-plans-revealed, visited on 2018-10-18.

表明不能使用推特进行实时报道。对同一案件的两种截然不同的态度引发了英国社会各界关于在法庭庭审过程中能否使用推特的激烈讨论。[1]

2010年12月20日,英格兰及威尔士的首席大法官签发了《关于在英格兰及威尔士的法庭内适用推特等社交媒体实时文字报道庭审情况的临时性指导意见》[Interim Practice Guidance: The Use of Live Text-Based Forms of Communication (Including Twitter) from Court for the Purposes of Fair and Accurate Reporting],确定了法官在面对记者提出的用社交媒体直播庭审的申请时,首先要考虑的是,为了使媒体可以公正、准确地报道庭审过程,批准社交媒体进行实时文字报道不会干扰正常的审判活动。2011年2月3日,英国最高法院也制定了《在法庭内使用推特等实时文字通信的指导意见》(Guidance Issued for Tweeting the Twists and Turns of Supreme Court Cases),明确最高法院法官允许记者、公众和法律团体利用社交媒体进行实时文字报道,使外界知道法庭上发生了什么。[2] 需要说明的是,我们不能因此就说英国在司法公开的进程中又迈进了一步。无论是首席大法官签发的临时性指导意见,还是最高法院制定的指导意见,都只是强调了"文字报道"。实际上,一直以来英国法院对媒体的文字报道并未禁止,而真正惹人争议的是媒体对法院的拍摄等。前面探讨的美国法院也是如此,图片报道和影像

---

[1] 参见郭刚、阮洋:《"微博直播"庭审的考虑是什么?》,http://news.ifeng.com/opinion/wangping/weibozhibo/,2018年10月20日访问。
[2] 同上。

报道被禁止,而文字报道虽然也会被限制,但限制的空间有限,且这种限制主要取决于法院的法官。首席大法官签发的临时性指导意见中规定,法官对社交媒体庭审直播拥有自由裁量权。法官有权决定是否批准庭审直播的申请,当庭审直播损害到法庭审判活动时,法官有权撤销该许可。2011年12月14日颁布的正式指导意见中也明确规定,法官有权随时撤销许可。[1]

纵观英国庭审直播的历史,我们会发现,英国对庭审直播总体而言是禁止的。这种禁止不仅体现在相关的司法判例中,如普通公民用手机拍摄庭审遭监禁,而且相关的立法中也对此作了严苛的规定。

英国法院强调司法公开,英国著名法官丹宁勋爵曾说过:正义不仅要实现,而且要以看得见的方式实现。这就形象地表明了司法公开的重要性。英国的司法公开包括两个方面:

第一,就法院自身的程序而言,司法公开原则要求,法院的程序应该在公开的法庭上进行,新闻机构和公众可以获准旁听,在任何一个级别的刑事案件中,所有向法院提交的证据都要向公众公开。

第二,在涉及向广大公众就法庭上所进行的庭审程序作出公平和准确的报道时,司法公开原则要求不得采取任何行动来妨碍这种报道。[2] 另外,英国法院要维护自身的权威,无论是

---

〔1〕 参见郭刚、阮洋:《"微博直播"庭审的考虑是什么?》,http://news.ifeng.com/opinion/wangping/weibozhibo/,2018年10月20日访问。

〔2〕 参见〔英〕萨莉·斯皮尔伯利:《媒体法》,周文译,武汉大学出版社2004年版,第350页。

在普通法中还是在成文法中,都规定了藐视法庭罪,用来严惩不当干扰司法审判和司法公正的普通公民和记者的行为。法院掌握着是否庭审公开以及是否允许庭审报道的自由裁量权。

从相关的立法中也可以看出,《民事诉讼规则》第39条第2款对公开审判的限制事项列举了7项。[1]其中,最后一项兜底条款是"法院认为为了司法利益有必要进行秘密审理的情况"。这说明公开庭审或秘密庭审的决定最终是由主导诉讼的法官作出。所以,英国法院的法官必须在司法公开与防止媒体过分报道之间作出艰难的抉择。英国法院为了规避庭审拍摄、直播等记者活动对司法的严肃性和公正性所造成的负面影响,尤其是当电视直播对原被告和证人造成不适当的影响时,法院就会以此为理由阻碍相关案件的庭审直播。

需要强调的是,不要对英国法院拒绝庭审直播持绝对主义的看法。从上面的叙述可以看出:一是英国近年来放松了对庭审直播的管制,即使是在英格兰和威尔士这种对于庭审直播一向比较严格的地方,新闻界和司法界都倾向于放松对法庭上拍摄、录音和直播的限制,在司法实务中也有所体现。二是英国最高法院已通过立法的方式明确允许摄像机进入法庭,虽然在治安法院和上诉法院中摄像机还会受到很多的限制,但是也渐趋松动。三是在苏格兰,从20世纪90年代始就允许摄像机进法院,《刑事司法法》第41条已明确规定不适用于苏格兰。但这并

---

[1] 限制的事项包括:(1)公开审理将不利于达到该听审的目的;(2)涉及国家安全;(3)涉及保密信息;(4)保护相关儿童或病人的利益;(5)听审申请在没有进行通知的情况下作出;(6)涉及信托管理或死者财产管理中的无争议事项。

不是说,在苏格兰摄像机进入法院就不受任何限制,而是不像在英格兰和威尔士管制那么严格。

三、我国庭审直播的实践运用与理论争议

在我国,庭审直播在立法和实践层面几乎是同步推进的,从以下历史回顾中可以管窥一二。

(一) 我国的庭审直播:历史的点点滴滴

1979年《刑事诉讼法》第111条规定:"人民法院审判第一审案件应当公开进行。但是有关国家机密或者个人阴私的案件,不公开审理。十四岁以上不满十六岁未成年人犯罪的案件,一律不公开审理。十六岁以上不满十八岁未成年人犯罪的案件,一般也不公开审理。对于不公开审理的案件,应当当庭宣布不公开审理的理由。"第121条第1款规定:"宣告判决,一律公开进行。"无论是第111条还是第121条,指向的都是公诉案件。这两个条款虽然强调一审案件应当"公开",但是并未细化到公开的类型,采用什么方式公开,公开到什么程度,等等。这些问题一直搁置到1993年。1993年最高人民法院出台的《人民法院法庭规则》第10条明确规定:"新闻记者旁听应遵守本规则。未经审判长或者独任审判员许可,不得在庭审过程中录音、录

像、摄影。"[1]言下之意是,审判长或独任审判员掌握着是否可以庭审直播的自由裁量权,只要得到他们的许可,就可以在庭审过程中录音、录像和摄影。

自1994年开始,我国电视台就出现了庭审直播类节目,法院主动开放法庭,欢迎电视台直播。南京电视台自1994年就开设《法庭传真》栏目,转播法庭庭审,截至1999年2月底,已转播273次。1998年4月之前以直播为主,之后以录播为主。[2]1995年,沈阳电视台和沈阳市中级人民法院共同创办的大型法制宣传节目《法庭传真》被搬上了荧屏,利用电视这种先进的传播手段,将庭审实况传送到千家万户。[3]1996年2月,广州市中级人民法院决定电视直播番禺"95·12·22"特大劫钞案。当年参与直播的工作人员回忆,庭审前3天,直播最终由原中院院长邓国骥和广州电视台副台长曾日华拍板确定,电视台开始对案发地回访,并事先采访了即将受审的5名犯罪嫌疑人。[4]

1998年4月,时任最高人民法院院长肖扬在全国法院教育整顿工作座谈会上的讲话中,强调法院要自觉接受媒体舆论监督。他说,要把宪法和法律规定的公开审判制度落到实处。各

---

[1] 2015年《人民法院法庭规则》第17条修改为:"全体人员在庭审活动中应当服从审判长或独任审判员的指挥,尊重司法礼仪,遵守法庭纪律,不得实施下列行为:……(四)对庭审活动进行录音、录像、拍照或使用移动通信工具等传播庭审活动……媒体记者经许可实施第一款第四项规定的行为,应当在指定的时间及区域进行,不得影响或干扰庭审活动。"
[2] 参见孙旭培:《电视转播庭审之我见》,载《中国广播电视学刊》1999年第10期。
[3] 参见商国忠:《〈法庭传真〉的思考》,载《记者摇篮》1998年第8期。
[4] 参见王峰:《司法公开路径:庭审直播的微博时代》,载《21世纪经济报道》2013年8月22日。

类案件除涉及国家机密、公民个人隐私、未成年人犯罪以及法律另有规定的不予公开审理外,一律实行公开审理制度,不许"暗箱操作"。公开审理案件,除允许公众自由参加旁听外,还允许新闻机构以对法律自负其责的态度如实报道,并在必要时进行电视和广播对审判活动的现场直播。[1] 肖扬的讲话可被视为对当时法院积极主动采取庭审直播的官方回应和公开支持,这在我国庭审直播的发展历程中是有重要意义的。肖扬的讲话所引起的舆论一波未平,紧接着,两次电视庭审直播事件掀起了又一波舆论热潮。

典型案例 "刑民"两起电视庭审直播案

1998年7月11日,国内十大电影制片厂诉电影著作权侵权案在北京市第一中级人民法院庭审,中央电视台首次做了现场直播。北京电影制片厂等国内10家电影厂联合起诉北京天都电影版权代理中心、天津泰达音像发行中心和电影音像出版社把10家电影厂生产的故事片制成录像光碟发行,侵犯了它们的著作权。经过275分钟的审理,此案以原告胜诉告终。中央电视台在直播的同时开通了热线。热线开通期间,共接到上海、北京、山西等10多个省市观众来电100多个,绝大多数人对直播加以称赞。

虽然著作权案件的庭审直播在吸引观众收看方面不及受人

---

〔1〕 参见维铭:《肖扬院长讲话引起新闻界关注》,载《新闻记者》1998年第7期。

瞩目的全国性轰动案件,但无疑在当时得到了社会各界的认同。《人民日报》发文称:司法界与新闻界联手面向社会公开庭审,是司法体制改革和社会进步的必然,也是今后人民法院审判方式改革的一个方向。香港《东方日报》发文称:这是十五大后,中国努力推进司法改革、提高司法透明度和增加社会监督的重要举措,标志着中国民主与法制建设的新的进步。新加坡《联合早报》评论道:这是中国历史上第一次让全国人民透过电视"现场"亲眼观看法院如何审案。美联社称,如果这次审判能够在把中国的法庭由国家权力工具转变为法律的裁决机构,同时在鼓励公众对法庭进行监督方面取得些微进步的话,那么这次历时4个半小时的直播是意义重大的。

在当时,也有对于引起全国关注的刑事案件的直播。如7月27日至30日,广州电视台连续3天对广州市中院审理的陈操军等"两枪一斧"团伙犯罪大案进行庭审直播。该案涉案被告人十余名,抢劫财物达800余万元,杀死3人,打伤多人,涉案证人达100多人。在长达3天的庭审过程中,虽然仅有3人作证,但法院并未因为庭审过程中的种种瑕疵,而拒绝对本案的庭审直播。[1]

截至1998年9月中旬,全国已有110家法院与电视台合作推出了庭审节目。武汉市黄陂区法院甚至将法庭审案的全过程

---

[1] 参见孙旭培:《电视转播庭审之我见》,载《中国广播电视学刊》1999年第10期。

以一种"现场直播"的形式在法院门前的屏幕上公开播放出来。也有的法院对庭审进行网上直播。[1] 1999年,中央电视台直播了重庆綦江虹桥垮塌案的审判,而且有专家点评,引起了社会的广泛关注。2001年4月,张某、张某军特大杀人抢劫案在重庆和常德两地法院作出一审宣判,中央人民广播电台直播了两地的宣判实况。[2] 随着越来越多的案件得到直播,直播的形式也开始变得多样化——电视直播、电台直播、网络直播。

20世纪末21世纪初,庭审直播越来越普及,最高人民法院意识到有必要更新之前关于庭审报道的相关规则。1999年3月,最高人民法院出台了《最高人民法院关于严格执行公开审判制度的若干规定》,其中第2条对应当公开审理的案件作出了具体化规定:人民法院对于第一审案件,除涉及国家秘密、个人隐私、未成年人犯罪的案件,经当事人申请,人民法院决定不公开审理的离婚或涉及商业秘密的案件及法律另有规定的其他不公开审理的案件,其他案件依法一律公开审理。第11条规定:"依法公开审理案件,经人民法院许可,新闻记者可以记录、录音、录相、摄影、转播庭审实况。"该条坚持了1993年《人民法院法庭规则》的基本原则,把是否可以庭审直播的决定权交给法院。但这里的"经人民法院许可"的说法值得玩味。人民法院在什么情况下许可,由哪一级法院许可等,这些问题尚未明了,可能给庭审

---

〔1〕 参见吴湘韩:《寻找司法独立与媒体报道的平衡点》,载《中国青年报》2002年5月24日。

〔2〕 参见何家弘、王燃:《法院庭审直播的实证研究》,载《法律科学(西北政法大学学报)》2015年第3期。

直播带来很多变数。正如有论者指出:"经人民法院许可"的内部规则,是由本院还是上级法院决定,是由院领导还是合议庭决定,都没有具体的规定。[1]

2002年11月,北京市高级人民法院法制宣传处主办的北京法院网建立,该网站设置了庭审直播栏目。2005年6月,在北京市高级人民法制宣传处和北京法院网的大力支持下,北京铁路运输法院首次通过网上庭审直播系统,对郝劲松状告铁路、索要发票的两起案件的庭审和宣判情况进行了现场直播,正式开启了网络庭审直播。1998年虽然也出现了网络直播,但那时毕竟网络本身都没有发展起来,何谈网络庭审直播,所以网络庭审直播的正式开启应该是在2005年。

陕西省汉阴县"7·16"特大杀人案犯罪嫌疑人邱兴华于2006年10月19日在安康中院受审。邱兴华涉嫌杀害11人,曾被公安部发布A级通缉令悬赏10万元通缉。在邱兴华案件审判的前一天,安康中院刑事审判庭庭长蔺天明介绍:"7·16"特大杀人案是中华人民共和国成立以来安康市最严重的一起刑事案件,安康中级人民法院对案件的审理极为重视。为了公开公正审判这起特大杀人案,经过研究决定,由于审判场地的制约,此次庭审将通过安康电视台进行直播。庭审还预留了30个记者采访席位。但是,案件审理的前一天上午11时许,电视台

---

[1] 参见高一飞:《庭审直播的根据与规则》,载《南京师大学报(社会科学版)》2007年第3期。

突然接到有关部门通知,暂停直播准备,改为录像播出。[1] 这个案例可以引起我们对"经人民法院许可"这一表述更深层次的思考:人民法院也可能会受到外部力量的干预,是否庭审直播的许可权并不完全掌握在人民法院手里?鉴于"经人民法院许可"这一表述的模糊性,2007年6月公布的《最高人民法院关于加强人民法院审判公开工作的若干意见》明确了庭审直播须经各地的高级人民法院许可。

2009年以后,各地法院利用电视、网络直播庭审情况的步伐加快。河南省高级人民法院通过河南电视台法制频道的《走进法庭》栏目,对河南省通许县法院一起民事案件的审判过程进行了庭审直播。北京市高级人民法院开通了全国首家以视频庭审直播为主要内容的北京法院直播网。此后各地法院纷纷建立视频庭审直播网,如江苏省庭审直播网、河南省庭审直播网、新民网法院频道庭审直播网等。这波庭审直播潮的开启,也引起了最高人民法院再一次对庭审直播的关注,开始着手制定直接与庭审直播相关的规则。

2010年,最高人民法院颁布了《最高人民法院关于人民法院直播录播庭审活动的规定》(以下简称《直接录播庭审规定》),规范人民法庭的庭审直播、录播活动,主要规定了庭审直播的原则、直播的形式、直播的程序等内容。第1条规定:"人民法院通过电视、互联网或者其他公共传媒系统对公开开庭审理案件的

---

〔1〕 参见高一飞:《庭审直播的根据与规则》,载《南京师大学报(社会科学版)》2007年第3期。

庭审过程进行图文、音频、视频的直播、录播,应当遵循依法、真实、规范的原则。"第 2 条规定:"人民法院可以选择公众关注度较高、社会影响较大、具有法制宣传教育意义的公开审理的案件进行庭审直播、录播。对于下列案件,不得进行庭审直播、录播:(一)涉及国家秘密、商业秘密、个人隐私、未成年人犯罪等依法不公开审理的案件;(二)检察机关明确提出不进行庭审直播、录播并有正当理由的刑事案件;(三)当事人明确提出不进行庭审直播、录播并有正当理由的民事、行政案件;(四)其他不宜庭审直播、录播的案件。"第 3 条规定:"人民法院进行庭审直播、录播,应当严格按照法律规定的公开范围进行,涉及未成年人、被害人或者证人保护等问题,以及其他不宜公开的内容的,应当进行相应的技术处理。"第 4 条规定:"人民法院认为案件需要进行庭审直播、录播的,由有关审判庭按照规定的程序申报,并填写庭审直播、录播申报表,提交案件重要的诉讼文书。最高人民法院的直播、录播申报程序和申报表由最高人民法院制定,地方各级人民法院的直播、录播申报程序和申报表由各高级人民法院制定。"

在网络直播发展得如火如荼的时候,各级法院充分利用网络创新直播形式,一些地方法院开启了微博直播这种新的直播形式。国内最早开始探索微博直播庭审的是上海法院系统。2011 年 1 月 17 日,上海市高级人民法院公布《上海法院着力推进司法公开的实施意见》,明确表示,法院将办好"法院微博",增强法院与社会公众的"网上互动"。上海市法院系统只是萌生出微博直播的想法,真正具体落实的是山东省法院系统。[1] 2011年3月17日,山东省莱阳市人民法院通过新浪微博对一起买卖合同纠纷案的庭审进行了微博直播,历时1小时20分钟,展现了法官及双方当事人在庭审过程中的发言内容。这虽然是一起简单的民事案件,但作为我国最早的微博庭审直播案件,仍具有开创意义。2013年8月,济南市中级人民法院连续5天利用微博对薄熙来案的直播,是我国庭审直播史上光辉的一笔。尽管直播实况与人们的想象还是有一定的距离,但对于这样一起全国人民关注的高官贪腐案,无论是直播的广度、深度还是程序的严谨性,都受到国人的赞叹。

典型案例 薄熙来案微博庭审直播

2013年8月22日到26日,薄熙来受贿、贪污、滥用职权案在济南市中级人民法院公开开庭审理。在开庭审理前,济南中院于8月18日16点整发布了一则简短的公告:"山东省济南市中级人民法院定于2013年8月22日上午8:30在本院第五审判庭公开审理被告人薄熙来受贿、贪污、滥用职权一案。特此公告。"4天之后,济南中院利用微博对案件进行了连续5天的庭审直播。在5天的庭审期间,济南中院共发布微博119条,其中有关庭审程序的文字内容69条,反映庭审实质内容的长微博38条、图片(包括法律规定)10条、音视频内容2条。9月22日

---

[1] 参见王晓飞、毛占宇:《微博直播庭审成世界首创》,载《法制晚报》2013年12月29日。

宣判当天,济南中院共发布微博 33 条,其中有关法庭程序的文字内容 12 条,长微博 19 条,其主要内容为"宣读判决要点"和"判决书全文"。把过去公众无从知晓的法庭讯问、控辩双方质证和辩论、被告人最后陈述等庭审和宣判全过程真切地呈现出来,使人们在第一时间了解案件的审理过程。

在过去的高官案件审判中,如 2007 年对药监局原局长郑筱萸严重违纪违法案件的审理,几乎所有传媒都被拒于法庭门外,理由是"本案件影响大、较为敏感"。这显然有违"公开审判"原则。薄熙来案则恰恰因为其"影响大和敏感",才实行庭审微博公开,且公开程度、公开范围均前所未有,具有标志性意义。[1]

张文祥和周长军以庭审全程旁听者和微博直播观察者的"双重视角"对薄熙来案中的庭审微博直播的规则和媒体角色提出了建设性的意见:(1)确定直播案件的范围,明确哪些案件可以微博直播,哪些案件不适合微博直播。(2)对于案件是否微博直播,可以在征求控辩双方乃至一定范围内的公众意见的基础上,由法院作出裁断,并应当建立相应的程序,确保相关人员的微博直播申请被否决后有救济的机会和渠道。(3)确立庭审微博直播的尺度和边界,具体涉及如何处理司法公开与国家秘密和商业秘密保护、公民私权保障的关系。(4)在对某些暴力犯罪案件的微博直播中,对犯罪证据应当进行技术性处理,只直播相关文字记录,而不向公众展示犯罪现场图片和音视频。

---

[1] 参见张文祥、周长军:《双重视角下的薄熙来案庭审微博直播考察》,载《新闻记者》2013 年第 10 期。

(5)微博的突出特征是公开性与广泛性,这显然与案件的机密性和隐私性相冲突,因此应当禁止以微博形式传播不公开审理的案件。(6)从长远来看,对社会影响大、公众关注程度高或当事人双方同意直播的,法院应当允许媒体直播;如果法官作出不允许直播的决定,媒体记者应当有渠道进行申诉救济。[1]

2013年11月,最高人民法院颁布了《最高人民法院关于推进司法公开三大平台建设的若干意见》,其中强调人民法院应当积极创新庭审公开的方式,以视频、音频、图文、微博等方式适时公开庭审过程。最高法院充分肯定了微博直播这种创新的形式。12月,中国法院庭审直播网正式开通,公众可以通过该网站观看到全国各地法院的庭审实况。[2] 从最高法院近年来的开庭公告的用词也可以看出对庭审直播的重视:2010—2015年使用的都是"开庭公告",而近年来则使用"开庭与庭审直播公告"。

(二)国内学者对庭审直播的理论争议

庭审直播在20世纪90年代末作为新生事物出现时,在为当时的司法公开状况注入活力的同时,也引起了法律界、新闻界和实务界的高度关注,并激起了围绕该话题的学术讨论。一些

---

[1] 参见张文祥、周长军:《双重视角下的薄熙来案庭审微博直播考察》,载《新闻记者》2013年第10期。

[2] 参见何家弘、王燃:《法院庭审直播的实证研究》,载《法律科学(西北政法大学学报)》2015年第3期。

代表性观点如下：

1. 反对庭审直播

贺卫方教授指出，在美国，电视直播法庭庭审的做法是极其罕见的，通常报纸对报道法庭场景所用的图片都只能是法庭速写师提供的速写画，而不是照片（法庭之内不许拍照），电视直播更是一件难以实现的事情。贺教授认为，法庭程序具有特殊性，是一个与实验室中的实验或病房里的会诊相类似的过程，镁光灯刺眼的光芒，摄影师不停地走动，都会妨碍庭审过程的庄重与严谨。庭审过程往往并不像关于法庭的电视剧那样生动有趣。我国的庭审模式是法官主导型的，与英国的"对抗制"的庭审模式极不相同，相关人员被动地回答法官的提问，程序更显沉闷乏味，究竟能吸引多少观众收看，委实是值得怀疑的。

就对法官的监督而言，电视直播只是告诉观众法庭上发生了什么，而难以挖掘影响司法决策的各种背后的因素。至于抑制司法腐败，直播庭审过程更是无济于事。电视直播是成本相当高昂的一种活动，无法想象法院里所有案件的审判都由电视直播。法院肯定要挑选最有把握的案件，安排最有水平的法官，从而使直播过程万无一失。倘若这样，通过直播实行的监督又从何谈起呢？

贺教授认为，真正要解决司法审判公开问题，光依靠电视直播还不行，法院的大门必须向普通民众（包括文字记者）敞开。除了开放大门以外，还必须要强化主审法官的独立决策权，以及把"正卷"和"副卷"合二为一，或者将副卷向当事人以及公众开放。[1]

2. 支持庭审直播

张泽涛教授认为，在中国现阶段抑或是相当长的时期内，对法院审理的案件进行选择性直播利大于弊。他逐一对贺卫方教授的观点进行了辩驳：一是在遵循一些限制性规定的前提下，允许对庭审现场进行摄影或选择性直播是很多国家的立法通例。他举了美国、日本、法国和意大利等国家和地区在有限制的范围内支持庭审直播的例子。二是实证调查的结果显示，庭审直播的收视率不仅不低，而且高出同一时段的很多节目。三是在承认庭审直播对监督司法公正所发挥的功能有限的情况下，要看到庭审直播最大的意义在于潜移默化地培养公民的法治意识，以推动中国民主法治化的进程。四是现代任何一个文明国家都将审判公开作为一项最基本的诉讼原则，甚至上升为一项宪法原则。而病房的会诊现场和实验室中的实验，必须在绝对安静、封闭的场合下进行，丝毫不能受到外界的影响，更不能将其置于成千上万个现场旁观者的监督之下。[2]

孙旭培教授认为，庭审直播符合公开审判原则，我们应该随着时代的发展和技术的发展，把公开审判推向更大的空间。虽

---

[1] 参见贺卫方：《对电视直播庭审过程的异议》，载《中国律师》1998 年第 9 期。

[2] 参见张泽涛：《庭审应该允许有选择性地直播——与贺卫方先生商榷》，载《法学》2000 年第 4 期。

然像许多法律学者所说的那样,此种公开方式存有弊端,庭审直播对法庭秩序多少会有点影响,律师和法官多少会增添一些思想上的负担,但是上述两种弊病是可以逐步克服或者减少到最低限度的。孙教授还认为,有学者以美国为例来反对中国开展庭审直播,但美国虽然在20世纪80年代之前禁止在法庭内录影录像,后来也逐渐开放了。孙教授以南京电视台的实践与经验,论述了电视转播、直播庭审的必要性和可行性。孙教授最后告诫:庭审直播也要有所选择。各级法院审理大量的案件,不可能也不必要都拿来做电视直播。庭审直播应该有所选择,特别是在经验不多的情况下,认真选择直播案件尤其重要。如果从吸引观众的角度来看,刑事案件的审判最能吸引人。电视台选择相当数量的刑事案件的庭审做直播或录播,是完全有必要的。[1]

从电视直播到微博直播,庭审直播在我国已经走过了二十多年的历程,不管学界和实务界人士支持还是反对,现实司法活动和传媒实践中,庭审直播并未因为有争议而被停止使用。无论是电视直播还是微博直播,庭审直播的步伐从未停止过,这也就从另一个方面说明,庭审直播是被多数人支持并实践着的。

(三)庭审直播制度的三个问题

结合英美国家关于庭审直播的实践与争议,在我国未来的

---

[1] 参见孙旭培:《电视转播庭审之我见》,载《中国广播电视学刊》1999年第10期。

庭审直播中,应该解决以下三个问题,完善我国的庭审直播制度。

1. 是否进行庭审直播由谁来决定

是否进行庭审直播,实际上指向两个层面:可不可以庭审直播,要不要庭审直播。前者指的是庭审直播的范围,这就需要相关主体来划分边界;后者指的是庭审直播的程序,这也需要相关主体来作出决定。《直播录播庭审规定》第2条第2款从四个角度规定了不得进行庭审直播、录播的案件。第一个角度是案件本身的性质决定案件不得庭审直播、录播(国家秘密、商业秘密、个人隐私、未成年人犯罪等);第二个角度是检察机关决定案件不得庭审直播、录播(刑事);第三个角度是当事人决定案件不得庭审直播、录播(民事、行政);第四个角度是其他不宜庭审直播、录播的案件。前三个角度都容易明确,第四个角度模棱两可:"其他"指的是哪些?由谁来决定?《直播录播庭审规定》把网络庭审直播和电视庭审直播由谁来审核批准分开规定。

对于网络庭审直播,由审判庭向本院有关部门提出申请。有关部门审核后,报主管副院长批准。必要时,报上级人民法院审核。对于电视庭审直播,分两种情况:人民法院通过中央电视台进行庭审直播的,应当经最高人民法院审核;通过省级电视台进行庭审直播的,应当经高级人民法院审核。因此,对于"可不可以庭审直播,要不要庭审直播",《直播录播庭审规定》已经作了比较明确的回答。可不可以庭审直播概括来说是由法院、检察机关和当事人决定。简言之,法院不能完全决定庭审直播的范围。当一个案件可以庭审直播,也可以不庭审直播的时候,《直播录播庭审规定》的规定也很明确,即只能由法院来决定。在这里,可以把批准主体或审核主体规定得更明确些。批准主体或审核主体是法院,这点毋庸置疑,但我们可以进一步追问:究竟是由法院的院长还是审委会来批准或审核?对于这一点,《直播录播庭审规定》没有表明清楚。对于网络庭审直播,《直播录播庭审规定》明确了由审判庭报副院长批准,这一规定很清楚,容易操作。而对于电视庭审直播,这个问题还需要进一步明确。放眼国际,不仅在英美,庭审直播要经过法院或法官许可,在其他国家也是如此。例如,在荷兰,原则上不得对庭审进行直播,如希望进行直播,需要向法院的新闻联络官申请特别许可。[1]

需要说明的是,不能把庭审直播等同于法院自身对庭审活动进行的全程录像或录音。2015年《人民法院法庭规则》第10条和第11条对这两种不同的传播行为进行了区分。庭审直播是法院借助电视、互联网和其他公共媒体进行的图文、音频、视频直播,目的是在落实司法信息公开的同时,实现法治宣传教育的效果。对于法院而言,这种传播行为是有选择性的,也就是我们常说的"自选动作"。不是所有案件都可以直播,至于哪些案件可以选择直播,下文将会讨论。法院自身对庭审活动进行的全程录像或录音,是2015年《人民法院法庭规则》要求的"规定动作",也即每一家法院都要做的事情。至于为什么要求这一

---

[1] 参见怀效锋主编:《法院与媒体》,法律出版社2006年版,第539页。

"规定动作",本书作者推测可能是作为档案资料使用,对于每一个审判案件,法院都要对审判过程留有证据。所以,有些法院以已经对在审案件进行了录像为由拒绝对在审案件的直播,是没有道理的。

2. 媒体在庭审直播中应该遵守哪些规则

记者首先要遵守普通公民旁听庭审的要求,不能以记者是特殊的职业为由而拒绝遵守庭审规则。例如,要和普通公民一样接受安全检查,不携带禁止性物品,不得在法庭内鼓掌喧哗,不得吸烟进食,不得拨打或接听电话,不得进入审判活动区,不得随意站立和走动,不得发言和提问。《人民法院法庭规则》对记者在法庭内的采访活动和直播活动所要遵守的规则并没有详细地作出规定。媒体在对庭审进行直播时,要按照法庭规则,在旁听区设置的专门媒体记者席报道庭审活动,应当在指定的时间及区域进行,不得影响或干扰庭审活动。

除此之外,还要注意一些其他方面的细节。比如有学者提出,要坚持设备使用的"三无"规则:无声音、无特殊光亮、无大幅度的动作。[1] 这也是钱德勒案中美国法官强调的,从心理学的角度分析设备的不当使用或者拍摄者的行为动作,可能对庭审的各方参与人所造成的负面影响。随着摄影摄像技术的发展,不是所有的设备都可以在法庭上使用,法院有权决定新闻工作

---

[1] 参见高一飞:《庭审直播的根据与规则》,载《南京师大学报(社会科学版)》2007年第3期。

者在法庭上使用何种摄录设备。设备的选取一方面要考虑到"三无"规则,另一方面也要考虑到诉讼参与人的接受程度,防止新闻工作者的秘密摄录设备对诉讼参与人的侵扰。另外,有学者也提出,要考虑到禁止对法庭上某些特殊的人进行拍摄。[1]例如,原告、被告、被害人、证人、律师等是不是都可以进行拍摄;有些特殊证人不愿意出现在镜头中,就不要对这些人进行拍摄;在对性侵受害者进行拍摄时需要谨慎,不要呈现相关的画面和姓名等,确实要对其进行拍摄时,也要经过相关的技术处理;在对刑事审判进行直播时也要注意,对一些犯罪证据,不要呈现过分血腥的图片和视频,即使呈现,也要对相关画面进行技术性处理。这些问题都有待于我们在今后制定庭审规则时进一步细化。

3. 哪些案件应该被选为庭审直播案件

随着网络直播的发展,通过电视台具体的栏目对庭审进行直播的情况越来越少。如果不是大案要案的直播,估计不会有多少观众收看,一般普通案件的直播不会引起观众的收视兴趣。当今时代,人们获取信息的渠道越来越多元化,不会更多地通过电视去收看庭审直播,利用互联网可能更加方便。在最高人民法院倡导要充分利用互联网,推进司法为民、公正司法,实现"努力让人民群众在每一个司法案件中感受到公平正义"的大背景

---

[1] 参见高一飞:《庭审直播的根据与规则》,载《南京师大学报(社会科学版)》2007年第3期。

下,最高人民法院和各地高级人民法院在各自的网站上都开设了"庭审直播"通道。这些法院主动利用法院公开网公开直播相关案件的庭审现场。法院利用自己的网站公开直播案件与通过电视台直播案件,在选择直播案件的标准上可能并不相同。电视台既要考虑到普法宣传效果,又要考虑到观众的收视兴趣,基于电视传播的特性可能更愿意选取公众关注度较高、社会影响较大、具有法制宣传教育意义的公开审理的案件。而法院在选择相关案件进行庭审直播时,可能并不过多考虑网民的收视兴趣,往往只是把网络庭审直播作为司法公开的一种形式而实践。

简言之,这种网络庭审直播只注重形式,而未考虑到效果。笔者打开了一些高级人民法院的网站,发现一些法院对庭审直播的视频进行了观看次数排行,而有些法院的网站上只能看到庭审直播的视频,并未显示庭审直播的观看效果。有的法院甚至只上传了几分钟的庭审片段。更可能出现的情况是,对于真正的"公众关注度高、社会影响大"的案件,法院不会纳入庭审直播,像济南中院那样把全国关注的高官贪腐案通过微博进行直播是需要勇气的。因此,法院在选取直播案件时,要敢于选取那些全国关注的大案、要案,要精于选取那些较有代表性的案件。笔者在观看一些法院的网上庭审直播时发现,很多法院注重民事案件的直播,刑事案件或行政案件的直播相对较少。比如浙江法院公开网上,庭审直播视频中民事案件有9122件,刑事案件有4860件,行政案件有205件。按照《直播录播庭审规定》,除了那些依法不公开审理的案件以外,在依法可以公开审理的案件中,法院要真正选取一些确实有庭审直播价值的案件,不能为了实现形式上的司法公开,而浪费庭审直播的资源。所以,笔者认为,应该切实由本地高级人民法院的审委会决定哪些案件纳入庭审直播,不能只是副院长说了算。这样既可以防止滥用庭审直播实现名义上的司法公开,又可以从源头上切切实实地提高庭审直播的质量。

2015年《人民法院法庭规则》列举了法院选择庭审直播案件的三个标准:公众关注度较高,社会影响较大,法治宣传教育意义较强。注意,这里不要求三个标准同时具备,而是满足其中一个标准即可。但是,依靠这三个标准来选择庭审直播的案件是有问题的。公众关注度高,必然社会影响较大,从而产生的法治宣传教育效果较好。没有人或很少有人关注的案件,必然社会影响较小,产生的法治宣传教育效果必然较差。况且,"较高""较大""较强"这些程度性的标准如何判断,最终可能还是受到人的主观意志的支配。所以,以这三个标准来判断哪些案件可以庭审直播值得商榷。

本讲小结

本讲从历史和现实的维度、理论和实践的维度两条进路梳理美国、英国、中国三个国家的庭审直播。本讲主要观点概括如下:

一是美国联邦最高法院对庭审直播的态度由最初的完全禁止逐渐转向持开放态度。美国联邦最高法院历史上关于庭审直播最具争议性的两个案件是埃斯蒂斯案和钱德勒案。美国联邦最高法院在这两起案件中所表现出的态度是相反的,这也透露出庭审直播在美国极具争议性。尤其是今天面对社交媒体的传播,庭审直播仍然处于争议中。笔者将其归因为美国社会对庭审直播所持的"实用主义"态度。

二是英国法院对庭审直播总体而言是禁止的。这种禁止不仅体现在相关的司法判例中,如普通公民用手机拍摄庭审遭监禁案,相关的立法中也对此作了严格的规定。本讲梳理了英国大量的成文法中关于庭审直播的规定。近年来,英国最高法院允许记者、公众和法律团体利用社交媒体进行实时文字报道,但这并不说明英国已经允许记者进入法庭拍照、录像甚至是视频直播。

三是我国法院一直对庭审直播持谨慎的开放态度。20世纪末,我国法院允许电视庭审直播,引发学术界的理论争议。我国的法庭规则也对电视庭审直播进行了相应的约束和规范,但是一直存在着一定的问题。本讲谈了三个问题:(1)是否进行庭审直播由谁来决定?(2)媒体在庭审直播中应该遵守哪些规则?(3)哪些案件应该被选为庭审直播案件?今天,随着微博庭审直播的兴起,在我国,关于庭审直播的争议会像在英美国家那样长期持续下去。

第五讲 新闻采集与记者"拒证权"
Lecture 5

"消息来源"这一术语,在中英文中有多种不同的表述。英文中除了最常用的 source,还有 informant(消息灵通人士,消息人士)、tipster(内幕消息提供者,线人)、whistleblower(吹哨人)等;相对于通译为消息来源的 source,中文中别称更多,如新闻来源、新闻源、信息源、消息源、消息提供人、爆料人、线人等,不一而足。随着"水门事件"中消息来源的角色广为人知和"深喉"真实身份的暴露,越来越多的人干脆就将消息来源称为"深喉"。[1] 按我们通常的理解,这些称谓指向的都是具体的自然人。

实际上,广义而言,消息来源不一定就是上述列举的提供具体消息的个体人,也可以指具体机构发布的特定信息,还可以指某一机构公开的特定的文书或文件。如政府管理部门发布的地震信息、气象信息、传染病疫情,司法鉴定机构出具的司法鉴定材料,法院作出的生效判决书和裁定书。本讲讨论的消息来源

---

[1] 参见展江、彭桂兵:《媒体道德与伦理:案例教学》,中国传媒大学出版社 2014 年版,第 281 页。

指狭义的消息来源，主要指提供具体消息和材料的个体人。记者采集机构发布的特定信息和公开的特定文书或文件等消息时，涉及政府信息公开的法律制度问题。这在第三讲已经讨论过。

一、记者有保守匿名消息源的伦理义务

记者采集新闻和消息来源提供新闻之间存在着复杂的关系。

新闻记者依靠消息来源检验自己报道的准确性。客观公正是新闻报道的重要伦理要求。新闻报道要做到客观公正，就必须多接触几个消息来源，让他们能接受记者的采访，记者对他们提供的材料真假作出有理有据的甄别。接触多个消息来源的好处在于，能够防止个别消息来源出于私人利益的考虑接受记者采访和向记者提供材料，也能够相互印证材料的真假，毕竟"孤证不立"。一篇新闻报道中不主张使用单一消息来源，单一消息来源的报道更可能被认为是虚假报道或不实报道。

记者要尽可能交代消息来源的身份。一是因为匿名消息来源容易产生虚假新闻或不实新闻；二是因为公众有权知道消息来源的可靠性，并根据消息来源获取尽可能多的消息。换言之，记者对待消息来源的身份，实名是常态，匿名是例外。

消息来源经常为了自己的人身安全以及工作等原因，要求记者在报道时不要暴露自己的身份。当消息提供者要求记者做

匿名报道时,国际通行的伦理规则是,记者如果向消息提供者承诺匿名保护,就要信守诺言,不要出尔反尔。如果记者失信,违背了诚实守信的伦理原则不说,最关键的是,消息来源将因为记者的失信而不会再向记者提供消息,最终损害的是公众的知情权。

为消息来源保密,尤其是为内容涉及公共利益的消息的提供者保密,是记者及媒体的职业道德,是国际公认的职业伦理准则。

1954年,联合国新闻自由小组委员会制定的《国际新闻道德信条》(草案)第3条第4款规定:"关于消息来源应慎重处理;对获得的秘密信息来源,应保守职业秘密;这项特权,经常可在法律范围内作最大限度的运用。"

2002年,国际新闻工作者联合会通过的《记者行为原则宣言》第6条规定:"记者在获得匿名消息源的时候,应该遵守职业道德,为其保密。"[1]

《英国报刊媒体职业守则》第14条规定:记者在道义上有责任保护匿名信息提供人。

《BBC编辑方针》:保护消息来源是新闻业的一个基本原则,当承诺匿名时,必须谨慎,要恰当地遵守诺言,包括为此违抗法庭之命。

《美国职业新闻记者协会伦理规范》规定:在允诺匿名之前,

---

[1] 转引自罗斌、宋素红:《记者拒证权适用范围研究——以两大法系代表性国家为对象的比较法考察》,载《新闻与传播研究》2011年第3期。

一律要质疑消息来源的动机。说明为获取信息而作出任何承诺的附带条件。信守诺言。

从《美国职业新闻记者协会伦理规范》看，新闻记者要信守承诺，为消息来源保密，这在业内已经成为共识。但在特殊情况下，警察、检察人员和法官等执法和司法人员会要求记者透露消息来源的身份，甚至有时候执法人员不只是要求记者透露消息来源的身份，还要求记者向他们呈交新闻采集过程中所获取的各种资料，拍摄的照片、录像带等，即使是未播出的资料。在执法人员侦查或法院调查的时候，为了弄清楚证人或证据，搜查新闻编辑室或记者的住宅，或通过传票的方式要求记者到庭作证。记者因其职业便利更容易获取资料，匿名的消息源更容易向记者爆料，所以执法人员和司法人员也习惯要求记者在侦查或调查审案的过程中予以配合。

面对上述情况，记者要不要向执法人员和司法人员暴露消息来源的身份，或者把自己采集的新闻材料、录像带等全部呈交给他们？记者若不呈交，有没有相应的法律来保护他？记者应以什么理由来对抗执法人员或司法人员的取证权？这在美国等国家的法律中被称为"记者特权"（the reporter's privilege），或称"记者拒证权"。所谓的记者特权，是指在司法活动中新闻记者享有的如下权利：拒绝出庭作证，拒绝提供消息来源和可导致消息来源暴露的信息、材料等；免于被侦查机关搜查与扣押等权利。如同很多国家法律所规定的，医生对患者、神职人员对忏悔者、律师对委托人、公证人员对客户等在职务活动中了解到的信息，可免于在司法活动中的作证义务。

但是，在美国，《宪法》第六修正案规定，在所有刑事案件中，被告人应有权提出下列要求：要求由罪案发生地之州及区的公正的陪审团予以迅速及公开之审判，并由法律确定其应属何区；要求获悉被控的罪名和理由；要求与原告的证人对质；要求以强制手段促使对被告有利的证人出庭作证；并要求由律师协助辩护。故此，新闻记者知道的匿名消息源或者获取的材料，如果对被告有利，按照此修正案，法院为了保障被告人的公平审判权，理应传唤记者出庭作证。在英国，有个古老的原则：在联合王国，除了君主，每个人都可以被传唤，并且有义务尽其所知就与女王法院审判的问题有关的重要事实问题作证，除非他能够说明有利于他的某些例外。[1] 按照英美的这些原则，普通公民都有出庭作证的义务，法律如果没有规定记者有排除作证的特权或例外的话，记者也应该出庭作证。

这就形成了一种矛盾，记者一方面要遵守新闻职业伦理的约束，信守承诺，保护消息来源的身份，在法律上有拒绝提供证据的特权，而另一方面，警方或法官有权要求记者提供相关的资料或消息来源的身份，强行打破了记者和消息来源之间的承诺关系。

本讲从法律的视角谈由于第三方强制介入而打破的记者职业承诺和职业稳定性。每个国家的新闻体制和司法体制不同，决定着这些国家对匿名消息来源的保护程度也有所不同。据欧

---

[1] 参见〔英〕克里斯托弗·艾伦：《英国证据法实务指南》，王进喜译，中国法制出版社2012年版，第76页。

洲记者联合会(EFG)统计,全球近一百个国家在其宪法或法律中规定记者有拒绝公开秘密消息来源的权利,其中至少二十几个国家认为这种保护是绝对的。

例如,德国《刑事诉讼法》第 53 条第 1 款第 5 项规定,以下人员有因职业上原因的拒绝作证权:因职业原因参与或者曾参与定期刊物或者无线电广播的准备、制作或者发行的人员,对于刊物或无线电广播文稿与资料的作者、投稿人或者提供消息人的个人情况以及这些人员的工作内情,以这些情况涉及编辑部分的文稿资料和报道为限。

二、美国的记者"拒证权"

在早期的普通法时期,法律不允许记者具有在法庭上拒证的特权,因此各州在早期一般不认为需要从立法上保护新闻记者的拒证权。1848 年,《纽约先驱报》的记者因拒绝向美国参议院透露向他提供一份美国即将签署的旨在结束墨西哥—美国战争的秘密文件者的姓名,被判决藐视参议院罪而被监禁。1896 年,当一位记者面对大陪审团传唤要他提供匿名消息来源的证据时,他宁愿坐牢也要守口如瓶。为了从立法上解决记者面对的这种困境,马里兰州率先打破普通法传统,通过全美第一部盾法,以允许记者可以不向法院及其他政府官员透露消息来源的身份。到了 1972 年,一共有 17 个州颁布盾法。对于那些没有立法的州,新闻记者在遇到因为拒绝提供涉及消息来源的证据而被法院传唤时,开始寻求《宪法》第一修正案作为支持自已拒证的法理依据。

(一) 多数州有盾法,但内容各有差异

当前,就州层面而言,美国已有41个州和华盛顿特区通过了名为"盾法"的消息来源保护法,以不同的方式保护记者免遭大陪审团或其他法院强迫披露秘密消息来源。比如,亚拉巴马州的盾法规定:不准强迫任何供职于、联系于或受雇于任何报纸(或电台、电视台)的人,在具有从事新闻采集工作资格的时候,在任何司法程序或审判中,在任何法庭或任何法庭之大陪审团面前,在任何法官及工作人员面前,在任何议会委员会面前,或在任何地方,披露他获得的、刊载于他供职的、联系的或受雇的报纸(或播出于任何电台、电视台)的信息的来源。[1]

需要注意的是,每个州的盾法并不相同,一些盾法只运用于民事诉讼中,而不应用于刑事诉讼中。换言之,在刑事诉讼中,法院可以无条件强迫记者披露秘密消息来源的身份。从保护的内容看,有的盾法只保护记者不被强迫披露消息来源的身份,有的保护记者不被强迫披露所采集到的其他资料。没有通过盾法的州,通过遵循司法先例来保护记者。只有怀俄明州既没有盾法,也没有司法先例可循。尽管多数州是有盾法的,但当新闻记者或其他新闻从业者遇到诽谤诉讼,法院要求提供相关的秘密

---

[1] 参见张宸编著:《当代西方新闻报道规范:采编标准及案例精解》,复旦大学出版社2008年版,第9页。

消息来源时,新闻记者拒绝提供的,可能会被判藐视法庭罪,即使是在民事诉讼中。下面是在美国发生的比较早的一起案件。

被告人玛丽·托尔在《纽约先驱论坛报》上发表了一篇涉嫌对演员朱迪·嘉兰诽谤的评论,评论引用了 CBS 匿名主管人员的话。法庭传唤托尔,要求她提供 CBS 匿名主管人员的姓名,被托尔拒绝。州初审法院最终认为托尔犯了藐视法庭罪,判了她 10 天的监禁。在上诉过程中,托尔坚持认为法院强迫记者公开消息来源违反了《宪法》第一修正案保障的新闻自由,强迫记者公开消息来源就等于限制了新闻来源与新闻媒体之间的信息流动,最终损害的是公众对新闻的知情权。第二巡回法院承认,强迫记者公开秘密消息来源,等于是对新闻记者获取新闻的限制,新闻自由的法律条款就可能形同虚设。但法院最终认为,尽管对一个自由的社会来说新闻自由弥足珍贵,但新闻自由不是绝对的。当强迫记者提供证据所服务的利益有足够正当性时,记者拒绝公开消息来源身份的宪法特权就会减弱。[1]

(二) 联邦层面尚无一部统一的盾法

在美国联邦层面,尚未形成一部全国适用的盾法。曾经有一部被称为《信息自由流动法》(Free Flow of Information Act)的联邦媒介盾法被提上议事日程,但争议了几年,到最后不了了之。

---

[1] Garland v. Torre, 259 F. 2d 545 (1958).

理论研究 处于争议中的联邦盾法

2007年,美国两位参议员理查德·卢格和克里斯·多德把名为《信息自由流动法》的联邦盾法草案提交给国会。当年10月份,该法案在众议院获得了通过。但是,该法案在参议院遇到了阻力,僵持了一年多时间,最终未获通过。超过50个媒介公司和组织支持该法案,但当时布什政府反对该法案。反对者担心的是,法案只保护职业记者的拒证权,排除非职业记者保护消息源的可能性。一些小型独立媒介公司担心调查性报道因此而受到冷落。[1]

2013年,白宫欲推进一部由另外两位参议员草拟的同样名为《信息自由流动法》的联邦媒介盾法。根据该部法律,记者的保护范围因案件是民事案件、一般的刑事案件还是国家安全案件而不同。在民事案件中,记者获得的保护程度最大。诉讼当事人如果想传唤记者到庭作证,必须提供证据证明自己所要获得的信息利益高于记者自由采集新闻中的公共利益。一般刑事案件与此类似,但是保护力度有所减弱,记者要使用"明显而令人信服"(clear and convincing)的标准来对抗法院的传票,必须证明信息自由流动中的公共利益高于执行法律所带来的利益。在涉密信息的泄露案件中,法院更多时候是倾向于政府的,如果政府起诉者能够提供证据表明,信息的寻求能够防止恐怖袭击或损害国家安全的其他行为,那么法院通过权衡原则会向记者发

---

[1] See Free Flow of Information Act, https://en.wikipedia.org/wiki/Free_Flow_of_Information_Act, visited on 2018-11-5.

送传票强制记者披露信息或材料。立法暗含一个例外:当政府想要一份电话记录时,新闻机构会被提前通知,也会让新闻机构到法庭上反抗政府的传唤。但是,当政府的通知将威胁到调查的完整性时,法院也会让政府延迟45—90天向新闻机构发放获取资料或透露消息源的通知。立法也包含另一个例外:如果政府感觉国家安全将处于危险中,那么新闻记者将会被立即传唤。[1]

从上文可以看出,在民事案件中,记者免于被传唤的概率最高。在刑事案件或国家安全案件中,记者免于被传唤的概率相对较低,美国《宪法》第一修正案保护新闻记者新闻自由的条款将会形同虚设。《信息自由流动法》一直处于争议中,在联邦层面始终得不到通过的根本原因,就在于该法案并未处理好法院或政府机构获取新闻记者掌握的资料或消息来源的利益与新闻记者享有美国《宪法》第一修正案所提供的保护新闻自由利益之间的矛盾。

还有一种观点认为,美国之所以无须在联邦层面通过盾法,是因为《宪法》第一修正案就足以解决上述两种利益的冲突。但是,芝加哥大学宪法学教授杰弗里·斯通(Geoffrey Stone)认为这一观点并不成立,因为《宪法》第一修正案所提供的保障,仅是定义出最基本的保障底线,并未定义出保障的范围。尤其是从促进资讯充分流动的角度来说,赋予记者保密特权,其实有助于

---

[1] See Free Flow of Information Act, https://en.wikipedia.org/wiki/Free_Flow_of_Information_Act, visited on 2018-11-5.

公民监督政府,以形成健全的政治系统。[1]

法院或政府机构获取新闻记者掌握的资料或消息来源的利益与新闻记者享有美国《宪法》第一修正案所提供的保护新闻自由利益之间的矛盾或冲突鲜明地体现在个案的处理上。当然,相对于记者拒证权立法模式,个案判决的方式有更大的弹性空间,也更容易为法官所控制。在美国,最能体现记者保护消息来源的新闻自由利益与大陪审团或法院从记者处获取消息来源和其他资料的利益之间的矛盾或冲突的个案,是1972年的布兰兹伯格案。[2]

(三) 布兰兹伯格案

新闻记者在大陪审团面前是否具有拒绝提供消息来源或其他资料的法律特权?《宪法》第一修正案能否为记者享有特权提供法理依据?美国联邦最高法院真正遇到这种棘手问题是在布兰兹伯格案中。如果说沙利文案是美国诽谤法发展中里程碑式的案例,那么布兰兹伯格案就是美国新闻记者拒证权发展中里程碑式的案例,也是美国联邦最高法院审理的唯一涉及记者拒证权的案件。[3] 布兰兹伯格案实际上包含三起性质类似的案件。

第一起是布兰兹伯格案。保罗·布兰兹伯格是《路易斯维

---

[1] 参见刘静怡:《数位时代的"记者特权":以美国法制之发展为论述中心》,载《新闻学研究》2009年第98期。
[2] See Branzburg v. Hayes, 408 U.S. 665(1972).
[3] See Branzburg v. Hayes, https://en.wikipedia.org/wiki/Branzburg_v._Hayes, visited on 2018-11-12.

尔信使新闻报》的记者。在新闻采集的过程中,他目睹了人们制作和使用大麻的过程,然后写了两篇关于肯塔基州吸毒情况的报道。第二篇报道使用了大麻使用者提供的消息,这些消息来源要求为他们保密。两篇新闻报道发表后均引起了执法人员的注意。布兰兹伯格被执法人员传唤到大陪审团前作证,大陪审团要求布兰兹伯格披露大麻使用者的姓名。

第二起是考德威尔案。厄尔·考德威尔是《纽约时报》的记者。身为非洲裔美国人的考德威尔获得了黑豹党领袖的信任,有机会采访了多位黑豹党领袖,连续在《纽约时报》上发表多篇关于黑豹党活动的报道。大陪审团传唤考德威尔,要求他披露黑豹党活动的一些信息。

第三起是帕帕斯案。保罗·帕帕斯是马萨诸塞州一家电视台的记者。和考德威尔类似,他也被大陪审团传唤并要求披露黑豹党活动的细节。

三起案例性质一样,都涉及新闻记者有没有在大陪审团面前拒绝透露消息来源和提供材料的宪法特权。三起案例被上诉到联邦最高法院之前,在初级法院得到的判决结论并不一致。在布兰兹伯格案和帕帕斯案中,法院否定《宪法》第一修正案可以提供给记者拒绝提供消息来源和其他资料的宪法特权。在考德威尔案中,法院却认为新闻记者享有拒绝向大陪审团就秘密信息作证的法律特权,因为强迫新闻记者作证势必会影响《宪法》第一修正案赋予公众的知情权。法院认为,除非政府可以证明自己迫切需要证人出席,否则不可以剥夺新闻记者享有的这一宪法特权。[1]

由于三起案件在初级法院的判决意见不一致,当三起案件被送到联邦最高法院时,首次遇到此类案件的九位法官在判决上确实为难了。最终,联邦最高法院以5∶4的投票否定了《宪法》第一修正案可以赋予记者拒证的特权。撰写多数意见的大法官拜伦·怀特认为,记者也是普通公民,根据《宪法》,公民不能豁免于大陪审团的传票。《宪法》第一修正案与其他宪法条款都没有保护普通公民拒绝向大陪审团公布其秘密获得的信息,新闻记者也不例外。[2] 投票否定本案中记者享有《宪法》第一修正案特权的五位法官中,有四位完全否定记者的拒证权,刘易斯·鲍威尔法官虽然投了支持联邦最高法院拒绝给予记者宪法特权的第5张票,但是他又说:联邦最高法院并不认为被传讯到大陪审团前作证的新闻从业者不享有采集新闻与保护消息来源的宪法权利。新闻记者是否有拒证权,依据个案情况不同、传唤之目的何在而定。

持异议的四位法官的意见也并不完全统一,威廉·道格拉斯持绝对主义观点,认为《宪法》第一修正案赋予新闻记者绝对且无条件的特许权。其他三位异议者坚持《宪法》第一修正案赋予新闻记者有限的特许权。三位异议者认为,大陪审团强迫新闻记者作证必须基于如下三个原则:(1)相关性。记者掌握的消息来源或其他信息必须与具体的违法行为明显相关。(2)唯

---

[1] 参见〔美〕唐·R.彭伯:《大众传媒法》,张金玺、赵刚译,中国人民大学出版社2005年版,第361页。
[2] 同上。

一性。政府所要寻求的信息不能通过其他的方式获取,而只能依靠传唤记者获得。(3) 压倒性。政府在该信息上存在令人信服的压倒性公共利益。[1]

布兰兹伯格案等三个案件的判决,虽然还没有就记者在什么情况下可以拒绝作证,以及保护新闻记者拒绝提供消息来源以及其他确切内容的范围有多大给出明确的意见,但三位法官给出的异议意见包含的三条原则,是美国新闻记者"拒证权"规范层面的历史性进步。本案愈加凸显了一个难点:新闻记者拒绝提供消息来源或其他资料是捍卫《宪法》第一修正案赋予公众的知情权,这是一种公共利益;大陪审团传唤布兰兹伯格等三位记者要求他们披露掌握的消息来源和其他确切内容,亦是一种公共利益。两种都是公共利益,如何权衡?联邦最高法院并没有在布兰兹伯格案中对此作出回答。

(四) 布兰兹伯格案的后续影响

布兰兹伯格案中鲍威尔法官摇摆不定,他在协同意见书中的意见为记者拒证权打开了一扇希望之门,但他所坚持的个案处理的方式,对于在一线从事新闻采访工作的记者来说,会造成标准不清的困扰。[2] 这也导致该案的判决结果引发相当多的争议,甚至可以说是之后几十年来争议不休、下级法院判决不一

---

〔1〕 参见〔美〕唐·R.彭伯:《大众传媒法》,张金玺、赵刚译,中国人民大学出版社 2005 年版,第 361 页。

〔2〕 参见刘静怡:《数位时代的"记者特权":以美国法制之发展为论述中心》,载《新闻学研究》2009 年第 98 期。

致的主要根源。[1] 后续的一些案件中,法院并没有作出令人信服的讨论,而是直接援引了布兰兹伯格案。比如,2005年的朱迪斯·米勒案,法院判决的思路并没有超越布兰兹伯格案,而是直接参照的布兰兹伯格案。

典型案例 朱迪斯·米勒案

2005年7月6日,由于在法庭调查中不愿透露秘密消息来源,57岁的女记者朱迪斯·米勒被判监禁。法官在判决中指出:在布兰兹伯格案判决里,大法官怀特已经明确指出记者无拒绝作证的特权,本案亦无例外。本案上诉到联邦最高法院之后,联邦最高法院以拒绝审理的方式驳回米勒案。[2] 米勒说自己不想进监狱,但为了保护消息来源,她别无选择。米勒和美国《时代》周刊记者马修·库珀此前被指控拒绝向法院提供相关信息,阻碍了法院对前驻伊拉克大使约瑟夫·威尔逊的夫人瓦莱丽·普莱姆的中央情报局特工身份泄露事件的调查。库珀由于得到了秘密消息来源的同意,可以披露其身份,因此被免责。9月29日获释后,米勒披露了她的消息来源——副总统迪克·切尼的幕僚长刘易斯·利比。

新闻媒体独立于案件之外,往往属于原被告之外的第三方,

---

[1] 参见刘静怡:《数位时代的"记者特权":以美国法制之发展为论述中心》,载《新闻学研究》2009年第98期。

[2] 同上。

这时新闻媒体充当提供案件调查和审判所需要的证据的角色。上述布兰兹伯格案(记者作为犯罪现场的记录者)、米勒案(记者掌握中央情报局特工身份信息)都是属于这种情形。新闻媒体和新闻记者如果拒绝披露消息来源,就可能被判处罚金,或者被判蔑视法庭罪。

布兰兹伯格案以后,尽管每个州对于新闻媒体或新闻记者要不要被传唤提供秘密消息来源或者提供材料的看法并不一致,但多数州已经基本达成了要把刑事案件与民事案件中新闻媒体或新闻记者的"拒证权"分开讨论的共识,而且这在上文讲到的未通过的联邦统一盾法草案中也重点作了区分。

(五)区分刑事审判与民事审判中的记者"拒证权"

1. 刑事审判中记者保守秘密

在刑事审判中,由于刑事被告人享有《宪法》第六修正案赋予的公正审判的权利,法院为了使被告人公正审判的权利得到保障,更有可能希望从记者那里得到秘密的消息来源或者其他证据。刑事诉讼中的犯罪本身就是对公共秩序、公共利益的侵犯,而且许多犯罪行为直接威胁公共安全、国家安全,制止此类行为具有急迫性。[1] 布兰兹伯格案中提出的记者有限拒证权的三原则中的"压倒性"得到了满足。所以,在刑事诉讼案件中,

---

[1] 参见罗斌、宋素红:《记者拒证权适用范围研究——以两大法系代表性国家为对象的比较法考察》,载《新闻与传播研究》2011年第3期。

许多州和联邦上诉法院在审查记者特权有限性的时候,明确提出具体的测定标准,其中有一条就是解决刑事指控的公开利益被认为高于解决纯粹的私人争议的利益。[1]

按照此理,在美国的刑事诉讼中,记者拒证权受到的保护力度很小。刑事诉讼中,记者拒绝提供消息来源或其他证据资料,政府或法院认为此种做法是对刑事审判程序所包含的公共利益的一种破坏。即使是在联邦最高法院,也承认取得和发布与刑事审判有关的资讯的重要性,即刑事审判的资讯不应该恣意地被封锁起来。但是,联邦最高法院也特别在里士满报业诉弗吉尼亚州案判决里指出:开放刑事审判程序资讯,是基于刑事审判在传统上本就是应该对一般大众公开的程序此一公共利益上的考量之故,并非以媒体或记者的特殊权利为依据。[2] 在几起刑事案件的审判中,法院都比较含蓄地否定了新闻记者在刑事案件审判中被传唤时的拒证权。否定的理由是公众对刑事审判的程序资讯享有充分的知情权,在法院看来此种公共利益更为重要,新闻记者应该遵守适用于普通公民的一般法律,而不应该有什么特权。

2. 民事审判中记者保守秘密

在民事审判中,可能要分两种情况进行讨论。

---

[1] 参见〔美〕约翰·D.泽莱兹尼:《传播法:自由、限制与现代媒介》,张金玺、赵刚译,清华大学出版社 2007 年版,第 267 页。
[2] 参见刘静怡:《数位时代的"记者特权":以美国法制之发展为论述中心》,载《新闻学研究》2009 年第 98 期。

一种是和刑事审判中的情形一样,新闻媒体或新闻记者掌握了涉及案件的证据,而这种证据在新闻媒体或新闻记者看来,是作为秘密消息来源或秘密资料被保护的。这时候原被告律师或法院强制要求记者披露秘密消息来源或者秘密资料,新闻媒体或新闻记者拒绝披露,可能会出现和刑事审判中一样的情形,面临被处罚金或者藐视法庭罪的指控。但是,和刑事案件不同,民事案件诉讼解决的往往是个人纠纷,其间所涉及的个人利益,在与新闻媒体和新闻记者因为拒证而可以从事的新闻报道所产生的公共利益相比,后者的"压倒性"可能要高于前者。当然,也不能一概而论。既然是和刑事案件中的情形类似,此处不必赘言。

另一种情况是新闻媒体或新闻记者本身就是案件的原告或被告,这时新闻媒体要充当举证者的角色。如果新闻媒体或新闻记者缺席审判或者举证不能,就面临着放弃诉讼或者败诉的风险。在诽谤案中,新闻媒体或新闻记者必须要证明自己所报道的内容来源可靠,如果新闻媒体或新闻记者不能披露相关消息来源来证明自己所报道的内容是真实的,就可能会被判败诉。

典型案例　《波士顿环球报》记者诺克斯案

1994年12月,《波士顿环球报》的一位专栏作家贝特西·雷曼在达纳·法伯癌症研究院去世。《波士顿环球报》记者理查德·A.诺克斯在新闻报道中披露雷曼的死亡是因为化疗中配药过量导致,并暗指医生阿亚什要负主要的行政责任。最终阿亚什被研究院定性为要负主要责任并被解职。阿亚什起诉《波士顿环球报》及其记者诺克斯诽谤。在诉讼过程中,阿亚什要求《波士顿环球报》提供报道中匿名消息来源的身份。初审法院法官命令该报提供该信息,但是被拒绝了。法院最后作出了缺席审判,判决《波士顿环球报》败诉。2002年,陪审团根据上述判决作出裁决,《波士顿环球报》和记者诺克斯应当支付罚金210万美元。[1]《波士顿环球报》和诺克斯不服,上诉到美国联邦最高法院,联邦最高法院拒绝接受《波士顿环球报》的上诉。

另有一个案例,虽然不涉及新闻媒体或新闻记者,同样说明如果原告被法院要求披露秘密消息来源时拒绝披露,等于放弃了诉讼。1978年,专栏作家杰克·安德森起诉美国前总统尼克松与其他前政府官员企图剥夺他的公民权利。他声称自己从秘密的告密者那里收到相关报告,他的诉讼正是建立在这些报告的基础上。但是当被告要求安德森披露这些告密者的姓名时,他拒绝了。由于拒绝作证,安德森被迫撤回诉讼。[2]

(六)记者违背保密承诺不只是新闻伦理问题,还会引发诉讼

概括上文,在刑事诉讼中,新闻媒体或新闻记者拒绝向法院提供消息来源或者其他相关资料,新闻媒体或新闻记者要承担

---

[1] 参见〔美〕约翰·D.泽莱兹尼:《传播法:自由、限制与现代媒介》,张金玺、赵刚译,清华大学出版社2007年版,第271—272页。
[2] 同上书,第364页。

被处罚金或者被判藐视法庭罪的后果。新闻媒体或新闻记者如果害怕承担这一后果，可能就会主动向法院披露消息来源或其他相关资料，这样就会违背当初新闻媒体或新闻记者向消息来源作出的保密承诺。同样，在民事诉讼中，新闻媒体或新闻记者为了免于被迫放弃诉讼或者承担败诉后果，或者为了诉讼正常开展或胜诉，会主动披露秘密消息来源或其他资料，这样也会违背当初新闻媒体或新闻记者向消息来源作出的保密承诺。

大量记者在获取匿名消息时，往往是以承诺为消息提供者保密为对价的。记者承诺为消息来源保密，不仅是职业伦理需要，也是记者为了树立权威，获取更多的消息来源的支持使然。但是，当记者真正获得了消息来源的支持后，可能会出尔反尔，违背自己当时所作出的承诺。当然，这种违背有时是被迫的，像在刑事诉讼和民事诉讼中背离当初的承诺就是如此，有时却是在记者毫无压力的情况下披露了消息来源。比如，在一些政治竞选中，为了击败对手，竞选人会通过媒体爆对方竞选人的料，并要求记者不要披露他们的身份。这个时候记者没有卷入诉讼的压力，如果记者违背诺言披露了消息来源，不只是违背职业伦理的问题，匿名消息提供者还会拿起法律武器对付记者。法院在面对这样的诉讼时如何判决？以何种法律依据判决？

典型案例　丹·科恩诉两家媒体违背诺言案

丹·科恩是一位共和党人，他参与了1982年共和党竞选明尼苏达州州长活动。他积极找到《明尼阿波利斯明星论坛报》和

《圣保罗开拓者新闻报》的主编,向他们提供民主党副州长候选人马琳·约翰逊的一些不可告人的秘密和材料,比如约翰逊曾因非法集会而被捕,曾因未付款把熟食带离商店而被判轻微盗窃罪。科恩要求两家报纸在报道这些信息的时候不要披露他的姓名和身份。但是,两家报纸的主编并没有信守承诺。科恩愤怒地以违反合同为由对两家报纸提起诉讼。

明尼苏达州一家初审法院同意科恩的诉讼理由,判决两家报纸败诉,付给科恩20万美元的补偿性赔偿金与50万美元的惩罚性赔偿金。明尼苏达州上诉法院裁定维持原判,但撤销了惩罚性赔偿金。明尼苏达州最高法院推翻了科恩提出的违反合同的诉讼理由,于是科恩又转而提出被告违反了禁止反言原则。明尼苏达州最高法院认为该原则与《宪法》第一修正案相悖而未予承认。该案最终上诉到美国联邦最高法院。

美国联邦最高法院推翻了明尼苏达州最高法院的判决,要求明尼苏达州最高法院重新审议禁止反言原则在该案中的适用。1992年,明尼苏达州最高法院重新作出判决,判给科恩20万美元的赔偿金。[1] 法院以禁止反言原则应对那些未能信守诺言的记者的行为。

(七)记者"拒证权"有必要延伸至社交媒体时代的网络用户

值得注意的是,前述针对记者"拒证权"的讨论,都是在传统

---

[1] 参见〔美〕唐·R.彭伯:《大众传媒法》,张金玺、赵刚译,北京中国人民大学出版社2005年版,第357—358页。

媒体语境下,随着互联网的发展,人人都可以利用社交媒体报道新闻,已不再是假想,而是社会现实。在社交媒体语境下,上文讨论的新闻记者的"拒证权"就凸显了一个问题:这里的新闻记者是否囊括社交媒体时代的每个发言者。既然美国《宪法》第一修正案在保护言论自由方面并没有对新闻记者和普通公民作出特殊区分,那为什么要对新闻记者进行特殊赋权呢?

假想一位拥有百万粉丝的推特用户,通过推特爆料了美国政府一位官员的腐败。这位用户掌握的这条重磅消息,来源于美国政府内部一位官员的爆料。爆料的官员在透露消息的时候,要求推特用户保密,不得泄露其身份和姓名。美国司法部在调查这一腐败案的时候,要求推特用户提供匿名消息来源的身份和姓名。推特用户拒绝提供,然后被判藐视法庭罪。

如果把假想例中的推特用户换成传统的报刊或广播电视记者,该记者同样可能被判藐视法庭罪,如果法律赋予记者拒证权,对推特用户岂不是不公平?那么记者拒证权的主体就不只包含传统的报刊广播电视记者,也包含社交媒体时代的网络用户。十年前,刘静怡教授对于这一问题有过详细论述。[1]

三、英国的记者"拒证权"

英国在报刊业的管理上更多的是倡导自律规范,也就是我

---

[1] 参见刘静怡:《数位时代的"记者特权":以美国法制之发展为论述中心》,载《新闻学研究》2009年第98期。

们常说的以自律换取自由的规制措施。英国新闻投诉委员会（Press Complaints Commission，简称 PCC）在2005年出台的《英国报刊媒体职业守则》中对新闻记者保护消息来源作出了义务性规定：新闻记者有道德上的义务来保护匿名消息来源。规制广播电视业的自律规范《英国广播电视的编辑原则和播放条例》同样作出了规定：从业人员有道德责任保护信息的秘密来源，尊重在工作过程中有意获得的秘密信息。无论是报刊还是广播电视的自律规范，都要求新闻记者承担保守匿名消息来源的义务。

（一）1981年《蔑视法庭法》保护新闻记者保守匿名消息来源

如果我们从法律的层面思考这个问题，就会发现，英国对于新闻记者保守匿名消息来源的伦理规范与法律规范之间存在冲突。1981年《蔑视法庭法》第10节对新闻记者披露消息来源作出如下规定：除非法院相信，进行某项披露是为了正义、国家安全，或为了预防骚乱或犯罪所必需的，否则法院不可要求某人披露其所负责的出版物中所包含的信息的来源，任何拒绝此类披露的人也不会因其拒绝行为而犯有蔑视法庭罪。[1] 言下之意，该条规定赋予了新闻记者有限度的保守匿名消息来源的权利，在"为了正义、国家安全或为了预防骚乱或犯罪"的情况下，新闻记者如果被法院传唤拒绝披露匿名消息来源，就可能被法院判蔑视法庭罪。

---

[1] 参见〔英〕萨莉·斯皮尔伯利：《媒体法》，周文译，武汉大学出版社2004年版，第366页。

新闻采集与法

在英国,法院强制性披露匿名消息来源的情况由来已久,可以追溯到17世纪。在17世纪的英国,一位名叫约翰·特怀恩的印刷商出版了一本关于司法公正的小册子。星法院称这本小册子的内容叛逆、不忠,并要求约翰·特怀恩提供作者的名字。这一要求遭到了特怀恩的拒绝。星法院因此通过了对特怀恩的以下判决:(你将被)……置于囚笼,拉至行刑地点。在那里,绞索将会套上你的颈项,但你不会被吊死,在最后关头,绞索将会被割断,而你的同伙将会被吊死。你的内脏将被掏出,你的头颅将会被砍下,你的身体将会被分割成四块,英皇陛下将随意处置你的头颅和你的四块肢体。[1] 星法院的判决之所以如此残忍,是为了维护法官的权威。即使是在今天的英国,仍然特别看重法官的神圣性和权威性。看重法官的权威性,是不是就可以以牺牲英国新闻业的新闻自由为代价呢?换言之,英国也面临着法院强制传唤新闻媒体或新闻记者披露消息来源与新闻记者要求保守匿名消息来源从而维护新闻自由之间的冲突和矛盾。

鉴于对法官权威性的竭力维护,在《藐视法庭法》出台之前,英国更多时候以牺牲媒体的言论自由来维护法官的权威性。比如,1980年,英国发生了具有转折意义的"泰晤士报诉英国案"。英国格兰纳达商业电视广播公司在英国钢铁公司工人罢工期间,火上浇油,发表了钢铁公司的内部秘密文件,使钢铁公司当局处境难堪,亏损更加惨重。钢铁公司提出控告,要求格兰纳达

---

[1] 参见〔美〕梅尔文·门彻:《新闻报道与写作》,展江主译,华夏出版社2004年版,第692页。

公司供出向他们提供文件者的姓名。上议院同意了原告的请求。事件发生后，新闻界共同反对上议院的判决，一齐呼吁：新闻界有权利保护消息来源。最后，英国上议院想出一个妥协的办法，在藐视法庭罪中附加一项修正条款："如某人拒绝透露某出版物中其应负责之某项消息来源时，不得据此认定该人犯有藐视法庭罪，除非法庭认为该项消息来源之公布对国家安全之利益或对防止混乱和罪行确属必要。"从《藐视法庭法》第10节的内容就可以看出英国通过立法解决保护匿名消息来源和法院等公权力机构要服务的公共利益之间冲突的良苦用心。英国虽然在保护匿名消息来源上有了成文法，但毕竟《藐视法庭法》第10节的内容还是有很多法律解释的空间，比如"为了正义、国家安全，或为了预防骚乱或犯罪"究竟该如何解释？这一法律解释的任务留给了相应的法院。在英国历史上具有里程碑意义的戈得温案就可以充分说明《藐视法庭法》第10节的内容具有巨大的法律解释空间。在戈得温案中，初审法院、上诉法院、上议院和欧洲人权法院都具体谈到了《藐视法庭法》第10节，但最终欧洲人权法院推翻了初审法院、上诉法院和上议院的判决。

如前文所述，美国媒体和新闻记者拒绝披露消息来源最重要的理由就是对新闻自由的保护。在英国，新闻记者也会提出同样的理由，只不过这种理由所产生的利益在法院被强调的程度不同而已。正如有学者所说，每个法院都支持通过保护消息来源保护新闻自由，但是在法院的判决结论中会有所不同。这说明每一种判决最终依赖的是此类案件的事实。法官在一开始就会假设根据《藐视法庭法》第10节对于新闻记者保护消息来源的必要性毋庸置疑,但是也必须进行权衡。对此,劳德·布瑞吉提出了下列五个考量要素：

1. 原告的生计是否真的依靠消息来源的公开。
2. 是否原告寻求的仅仅是保护"少数人的利益"。
3. 信息中包含的公共利益越多,保护消息来源的需求就越大。
4. 如果信息的获取方式是合法的,将提升保护消息来源的重要性。
5. 如果信息是被非法获取的,将降低保护消息来源的重要性,除非在被透露的信息中清楚地包含着公共利益。[1]

劳德·布瑞吉提出的这五个平衡标准具有一定的操作性,特别是他提出的信息获取手段的合法性决定着要不要保护消息来源,这个观点具有一定的见地。比如,在下文谈到戈得温案时,法院考虑到了提供给戈得温信息的爆料人的信息获取方式的正当性和合法性,爆料人是盗走了公司的财务报表,信息获取方式本身的合法性就受到质疑。

典型案例 威廉·戈得温案

威廉·戈得温是英国《工程》杂志的一位实习记者,该杂志由 Morgan-Grampian 公司出版。1989 年 11 月,戈得温接到一位常年给他爆料各种公司活动信息的人的电话,这位爆料者提供

---

[1] See Duncan Bloy and Sara Hadwin: Law and the Media, London: Sweet & Maxwell, 2011, pp. 277-278.

了一家名叫 Tetra 的公司的财务状况，特别是公司亏损和贷款信息。戈得温并没有想到这位爆料人提供的是自己偷来的属于公司私密的信息。接到该爆料人电话几天后，戈得温就向该公司打电话核实了爆料人提供的信息，并寻求对该信息的评论。戈得温这时才知道，信息来源于公司秘密商业计划的草案。该草案被复制了八份，五份保留在公司的资深雇员手中，一份留给了会计，一份留给了银行，一份留给了外聘的公司顾问。每一份都做成了活页笔记本形式，并标上"严格保密"字样。结果，会计保存的那份副本在公司内被人偷走了。

在接到戈得温的电话以后，公司就向法院申请了阻止《工程》杂志发布该信息的禁止令，并获得批准。公司也告知全英所有报纸和杂志该项禁止令。法院不仅批准了公司发放禁止令的请求，还要求戈得温公开和匿名消息来源的电话记录，并要求披露匿名消息来源的姓名和身份。法院的理由正是基于《藐视法庭法》第 10 节的内容。法院要求戈得温公布电话记录，是《藐视法庭法》中维护"正义的利益"（interests of justice）所必要的。换言之，法院要求戈得温公布信源身份，是为了让 Tetra 公司能够针对信息来源启动司法诉讼从而找回丢失的文件。法院发布禁止令也是为了阻止信息的发布，避免公司因为信息发布产生损失。

戈得温并不想遵从法院颁发的禁止令，只好向上诉法院上诉。戈得温认为，法院要求其公布与信息来源的电话记录是不必要的，发布文件的公共利益高于对文件保密的利益。但是，上诉法院驳回了他的上诉。上诉法院法官认为，有人接触到属于原告的高度机密信息,而原告认为此种方式违反了保密义务,对原告造成了长久的威胁,只有通过发现接触高度机密信息者的身份才能消除这种威胁。戈得温不满上诉法院的判决,把该案递交到上议院。上议院维持了上诉法院的判决,要求戈得温披露消息。戈得温依据《藐视法庭法》第10节的内容坚持拒绝公开消息来源,但是上议院否决了他的理由,并裁决戈得温因犯藐视法庭罪罚款5000英镑。[1]

上议院虽然声称自己更倾向于对公共利益进行保护,但是它明确认为,在相关泄密者没有得到确认的情况下,需要降低对Tetra公司造成严重损害的可能性,这一问题的重要性优先于公共利益。戈得温不服上议院的裁决,无奈之下把该案上诉到欧洲人权法院。

欧洲人权法院否定了上议院的观点,裁定戈得温胜诉,认为只有在例外的情况下才能发布法院禁止令,要求对相关人员的身份予以披露。上议院的裁决违反了《欧洲人权公约》第10条对表达自由的保护,保护消息来源的公共利益优先于Tetra公司当事方的利益。[2] 欧洲人权法院裁定如下:"保护记者的消息来源是新闻自由的基本条件之一……如果没有这种保护,消息来源可能不敢就事关公共利益的问题协助新闻界为公众提供信息。如此一来,媒体极重要的公共监督员的作用会受到损害,

---

[1] See Goodwin v. United Kingdom, http://www.docin.com/p-309261793.html, visited on 2018-11-23.

[2] 参见〔英〕萨莉·斯皮尔伯利:《媒体法》,周文译,武汉大学出版社2004年版,第394页。

媒体提供准确、可靠信息的能力也会受到不利影响。考虑到保护记者消息来源对于新闻自由在民主社会的重要意义，以及命令披露消息来源对行使此项自由可能造成的威慑，除非存在压倒一切的公共利益需要，这样的举措有违《欧洲人权公约》第10条的规定。"[1]

（二）利益平衡：英国《藐视法庭法》第10节与《欧洲人权公约》第10条

《藐视法庭法》第10节主要保护新闻记者的表达自由，特殊情况下才可以要求记者披露消息来源，而上述案例中戈得温正是依据这一法律理由提出申诉，但英国初审法院、上诉法院和上议院都一致否定了戈得温提出的理由。欧洲人权法院依据的是《欧洲人权公约》第10条的内容。《欧洲人权公约》第10条表达了两层意思：(1)人人享有表达自由的权利。此项权利应当包括持有主张的自由，以及在不受公共机构干预和不分国界的情况下，接受和传播信息和思想的自由……(2)行使上述各项自由，因为负有义务和责任，必须接受法律所规定的和民主社会所必需的程序、条件、限制或者是惩罚的约束。这些约束是基于对国家安全、领土完整或者公共安全的利益，为了防止混乱或者犯罪，保护健康或者道德，为了保护他人的名誉或者权利，为了防止秘密收到的情报的泄露，或者为了维护司法官员的权威与公

---

[1] 邹思聪：《媒体该如何使用匿名信息源？》，http://cul.qq.com/a/20140515/030006.htm，2018年11月21日访问。

正等因素的考虑。《欧洲人权公约》第10条实际上和英国《藐视法庭法》第10节的基本法律理念是一致的，都是建立在利益平衡的基础上。《欧洲人权公约》第10条明确表示自由要受到限制，"为了防止秘密收到的情报的泄露，或者为了维护司法官员的权威与公正"这两项因素都与戈得温案有显著关系，但欧洲人权法院经过利益权衡后还是偏向于保护新闻媒体的表达自由，和英国国内法院的判决裁定思路正好相反。无论法律如何规定，因为新闻记者保守匿名消息来源涉及多种利益关系，法院对利益关系的权衡完全是灵活的。实际上，美国在匿名消息来源的保护上也遇到同样的问题。

法院多年来纠结于《藐视法庭法》第10节中披露的"必要性"的陈述，法院已经达成一致意见：披露的"必要性"必须由希望获得披露的一方来证明。为了证明披露命令是必要的，主张者必须证明为确定该来源已经采取其他所有合理手段，但是未能奏效。[1]"必要性"的含义究竟为何？在 Re an Inquiry under the Company Security (Insider Dealing) Act 1985 案中，格里菲斯勋爵说：我怀疑是否有可能不仅仅是说"必要"的含义在"必不可少"和"有用"或者"有利"这两端之间，让法官根据特定案件的事实来决定选择这一含义的哪一端。我能够建议的最接近的表述是"确实需要"(really needed)。[2]

在 Camelot Group v. Centaur Communications Ltd. 案中，法

---

[1] 参见〔英〕克里斯托弗·艾伦：《英国证据法实务指南》，王进喜译，中国法制出版社2012年版，第353页。
[2] 同上。

院对"确实需要"披露匿名消息来源作出了清晰解释。Camelot公司内部的不忠员工把公司将要公开的年度财务报表提前泄露给了《市场营销周刊》,Camelot公司向法院寻求禁止令,并要求《市场营销周刊》公开泄密员工的身份,以便让该员工返还年度财务报表。《市场营销周刊》拒绝Camelot公司的请求。最终,上诉法院命令该周刊对泄密者的身份予以披露。上诉法院认为,如果信息提供者的身份没有得到披露,就存在进一步泄密的风险,而不忠的员工继续留在公司,将会对公司员工的人际关系和士气造成损害。由于相关财务报表无论如何都会在几天之后得以公开,本案中的提前公开行为不能说是为了公共利益而进行的。这是上诉法院在权衡后支持对泄密者的身份予以披露的主要原因。[1]法院强调:本案中存在一个持续性的威胁,即某雇员会不当地披露进一步的信息,这种泄露造成的不安和怀疑妨碍了良好的工作关系,[2]需要披露消息来源的身份来消除这种持续性的紧张关系。席曼·L.J.说,在这样的案件中,适用以下法律原则:① 新闻界能够保护其消息来源的匿名性,是一项重要的公共利益。② 法律并不能够使新闻界在所有情况下保护这种匿名性。③ 在评估是否应当作出披露命令时,一个相关但非决定性的因素是,雇主可能想要找出这个雇员,以便未来不再雇用该人。④ 特定案件中是否已经证明有足够强大的理由,

---

[1] 参见〔英〕萨莉·斯皮尔伯利:《媒体法》,周文译,武汉大学出版社2004年版,第394页。
[2] 参见〔英〕克里斯托弗·艾伦:《英国证据法实务指南》,王进喜译,中国法制出版社2012年版,第353页。

将取决于事实。事实类似的判决,如果是最新作出的话,将被赋予很大的证明力。[1]

戈得温案至少让英国法院认识到,在考虑"必要性"的含义时,必须把《藐视法庭法》第10节与《欧洲人权公约》第10条联系起来。在 Ashworth Hospital Authority v. MGN Ltd. 案中,英国上诉法院判定,对《藐视法庭法》第10节的解释,应当尽可能将该法所允许的披露消息来源命令的具体目的与《欧洲人权公约》第10条的合法目标一视同仁,应当像欧洲人权法院解释该条文一样使用同样的必要性标准。法院通过权衡两部法律的联系,认为"正义利益"不局限于法庭的司法活动,还涵盖所有可在法院加以审判的其他利益。因此,在该案中,信息从医院的秘密记录中泄露了出去,卫生当局可以主张其之所以要求确定信息来源,是出于保护健康、保护他人的权利和防止泄露秘密收到的信息的利益。[2]

通过以上论述可以看出,在匿名消息来源保护上,对于英国法院来说,利益平衡确实是艰难的。马克思的夫人燕妮曾经赞誉英国是出版自由的"圣地",但是英国法院在维护法庭的权威等利益与保护新闻记者保守匿名消息来源所产生的出版自由利益之间权衡时,往往选择的是前者。上述多个案例,尤其是戈得温案已经体现了这一点。欧洲人权法院对戈得温案的裁决表

---

[1] 转引自〔英〕克里斯托弗·艾伦:《英国证据法实务指南》,王进喜译,中国法制出版社2012年版,第353页。

[2] 同上书,第354页。

明,新闻自由在斯特拉斯堡比在联合王国更受重视。[1]欧洲人权法院利益权衡的方法,不仅仅是根据事实衡量披露匿名消息源的命令是否为实现合法目标所必需,它还需要考虑的是,根据事实,实现该合法目标如此重要,这超过了保护记者的消息来源的重要公共利益。保护记者的消息来源,保护的是新闻界的自由信息交流。要求披露信息来源的命令对这种自由有"寒蝉效应"。[2]戈得温案之所以能在欧洲人权法院得到"反转",得益于欧洲人权法院在利益权衡时把新闻自由的利益放在了更加重要的地位。

近年来,在英国相关的司法判决中,有法官阐述道:现在显而易见的是,英国法院就《藐视法庭法》第10节和《欧洲人权公约》第10条,应当采取同样的方法。在法院命令记者披露消息来源之前,原告必须证明:① 披露命令是必要的,进行披露的利益是迫切的社会需要;② 披露命令是适当的。无论是根据《欧洲人权公约》,还是根据《藐视法庭法》,法官都必须权衡原告的利益和记者的利益。[3]

在保护新闻记者的匿名消息源问题上,美英所采取的路径有相似之处,也有不同之处。相似的地方是,法官在遇到此类问题时自由裁量空间较大。美国联邦层面受到布兰兹伯格案的影响较大,并且受到案件性质(刑事案件还是民事案件)的左右。

---

[1] 参见〔英〕克里斯托弗·艾伦:《英国证据法实务指南》,王进喜译,中国法制出版社2012年版,第354页。
[2] 同上。
[3] 同上。

英国在对《藐视法庭法》第 10 节的法律解释上空间较大，尤其是对披露匿名消息源的"必要性"的阐释。不同之处是，戈得温案以后，在新闻记者匿名消息源的保护上，英国受到《欧洲人权公约》第 10 条的较大影响，这是英美最大的不同之处。

四、我国媒体可否为了赢得诉讼透露匿名消息源

虽然美国在联邦层面并没有成文法保护新闻记者保守匿名消息源，但在多数州已经有成文法来解决这一问题。英国和美国的制度设计架构不一样，但英国也有《藐视法庭法》保护新闻记者拒绝提供匿名消息源。我国在这方面的法律制度与英美完全不同。

（一）我国不存在记者"拒证权"

我国《刑事诉讼法》第 62 条明确规定："凡是知道案件情况的人，都有作证的义务。生理上、精神上有缺陷或者年幼，不能辨别是非、不能正确表达的人，不能作证人。"新闻记者在采访刑事案件以后，都会掌握大量的关于刑事案件的信息，以及接触一些消息源。有一些关键消息源在接受记者采访时要求记者在报道时对其匿名处理。如果法院要求记者披露匿名消息源并到法庭上作证，依据《刑事诉讼法》第 62 条，记者必须予以披露。如果记者隐匿消息源，可能会受到相关法律的制裁。因为，《刑事诉讼法》第 61 条明确规定："法庭查明证人有意作伪证或者隐匿

罪证的时候，应当依法处理。"

我国《刑事诉讼法》第193条第1款规定了强制证人出庭作证，"经人民法院通知，证人没有正当理由不出庭作证的，人民法院可以强制其到庭"。同时，紧接着规定证人也有"拒绝作证权"，这种拒绝作证理由是建立在亲属关系基础上的。第193条第1款用"但书"的方式规定：被告人的配偶、父母、子女对强制出庭作证可以拒绝。我国《刑事诉讼法》还规定了基于职业信赖关系的"拒绝作证权"，辩护律师和被告人之间的关系是互相信赖的，辩护律师为了尽可能多地为被告人争取利益，提供良好的辩护，总是要获取大量的关于被告人的私密信息。而被告人为了让律师提供更好的辩护，会把相关的情况如实相告。基于此，《刑事诉讼法》第48条规定："辩护律师对在执业活动中知悉的委托人的有关情况和信息，有权予以保密。"律师为委托人保密的权利，虽然与律师拒证的权利还是有些差别的，但至少说明我国《刑事诉讼法》已经认可了基于职业关系的不予透露秘密信息的情况。

尽管我国《刑事诉讼法》已经承认了基于亲属关系和职业关系的保密特权，但是并没有提及新闻记者基于职业关系的保密特权。可见，我国法律上不存在保护匿名消息源不因记者受到外在压力而被泄露的情况，也不存在记者所获取的材料不被强制披露的情况。尤其是在刑事案件中，记者不能以保护匿名消息源为由而拒绝提供证据。换言之，我国不存在记者"拒证权"的问题。

《中国新闻工作者职业道德准则》提倡要"尊重采访报道对象的正当要求,不揭个人隐私,不诽谤他人",采访对象接受新闻记者采访时要求匿名,是采访对象的正当要求,新闻记者理应尊重。可以说,新闻记者保护匿名消息源在我国具有职业伦理正当性。但这也仅仅是自律层面的。

我国法律不仅不保护消息来源,当消息来源向传媒提供材料,媒体发表这些材料引发侵权诉讼时,消息来源还要承担侵权责任。我国法律把消息来源向传媒机构提供材料分为主动和被动两种情况,依这两种情况的不同而要求传媒机构承担不同的侵权责任。1998年《最高人民法院关于审理名誉权案件若干问题的解释》规定:(一)主动提供新闻材料,致使他人名誉受到损害的,应当认定为侵害他人名誉权。(二)因被动采访而提供新闻材料,且未经提供者同意公开,新闻单位擅自发表,致使他人名誉受到损害的,对提供者一般不应当认定为侵害名誉权;虽系被动提供新闻材料,但发表时得到提供者同意或者默许,致使他人名誉受到损害的,应当认定为侵害名誉权。

主动提供新闻材料者,被称为"主动新闻源",也称"积极新闻源",是指明知或者应当预见到自己提供的新闻材料可能被新闻媒介报道而仍然提供的公民、法人或者其他组织。主动新闻源提供新闻材料,是明知的、自觉的,他们希望自己提供的新闻材料通过新闻媒介发表传播出去,或者虽未明确表示希望发表传播出去,但对其提供的新闻材料可能会被发表是能够预见或者应当预见到的,因而对由此造成的后果应当承担责任。[1]

被动提供新闻材料者,被称为"被动新闻源",也称"消极新闻源",是指不知道或者无法预见到自己提供的新闻材料可能被新闻媒介报道而提供的公民、法人或者其他组织。对被动新闻源的认定有两种情况。第一种情况是,不应认定为侵害名誉权。需要具备两个条件:一是在被动采访中提供新闻材料。所谓被动采访,是指应新闻单位或者记者的要求而接受各种形式的采访,特别是被隐性采访等。二是未经新闻材料提供者同意而擅自公开发表。只要同时具备这两个条件,即使他人名誉受到损害,一般也不应当认定为侵害名誉权。被动新闻源提供了新闻材料,应对其在直接提供的范围内造成的损害负责。而新闻单位或者记者擅自将材料公开发表,传播出去,并非提供者的本意。所以,新闻材料提供者对由此造成的损害不应承担责任。第二种情况是,应当认定为侵害名誉权。认定条件是,新闻单位或者记者发表新闻材料时,得到了材料提供者的同意或者默许。在这种情况下,他人名誉受到损害,应当认定为侵害名誉权。本来提供者是被动地提供新闻材料,但当其同意或者默许发表时,就由被动转化为主动,由被动新闻源转化为主动新闻源,因此,

---

[1] 参见梁书文:《〈最高人民法院关于审理名誉权案件若干问题的解释〉的理解与适用》,http://www.npc.gov.cn/zgrdw/huiyi/lfzt/qqzrfca/2008-12/21/content_1462860.htm,2019 年 11 月 27 日访问。

对扩大传播造成的损害,理应承担侵权责任。[1]

主动消息源和被动消息源承担侵权责任,至少说明了消息源在我国不仅得不到相关法律的保护,反而可能因为提供消息要承担法律责任。反过来,当媒体机构或新闻记者承受外在压力时,是不是可以置当初的承诺于不顾,径直披露匿名消息源的身份信息或持有的秘密资料?如果媒体机构或者新闻记者直接披露,匿名消息源是不是可以寻求相关的法律救济?我国法律并没有涉及这一问题。

上文已经谈到,当匿名消息源掌握刑事案件的信息时,法院为了传唤匿名消息源,必须从媒体机构或者新闻记者那里知道该匿名消息源的姓名等,媒体机构或新闻记者有义务告知匿名消息源的信息,匿名消息源也要承担作证的义务。

(二) 媒体被诉时如果放弃举证,要承担败诉风险

当媒体机构和新闻记者涉入名誉侵权民事诉讼时,在举证的时候会提供新闻记者撰写报道时所依据的采访内容和其他新闻资料。如果新闻记者当初答应采访对象匿名,在媒体机构和新闻记者遇到侵权诉讼时,新闻记者是否可以为了自己和所在媒体机构能够胜诉,不惜"出卖"匿名消息源或者披露显示匿名消息源身份的其他资料?在回答这个问题之前,我们先看一下蕴含此问题的两个典型案例。

---

[1] 参见梁书文:《〈最高人民法院关于审理名誉权案件若干问题的解释〉的理解与适用》,http://www.npc.gov.cn/zgrdw/huiyi/lfzt/qqzrfca/2008-12/21/content_1462860.htm,2019年11月27日访问。

典型案例 《中国改革》杂志没有为了胜诉而"出卖"举报职工

2003年7月,《中国改革》杂志发表了一组关于国企改制的专题文章。这组专题文章对国有企业改制的四个个案进行了对比分析,着重阐述了在国有企业改制过程中要尊重职工利益的主题。其中一篇题为《谁在分肥》的文章由记者刘某采写。该文揭露了广州市华侨房屋开发有限公司(以下简称"侨房公司")在国有企业改制过程中出现的国有资产流失、员工被迫下岗等问题。该文的线索来自于侨房公司内部员工的举报信。从接到举报信到文章刊出之间的一年多里,刘某两次前往广州调查。文章发表后引起了侨房公司的强烈不满,他们认为报道与事实不符并严重损害了侨房公司的名誉。具体而言,侨房公司认为,《谁在分肥》所披露的侨房公司2002年亏损2900多万元、30多名职工下岗、总经理年收入30万元等内容与事实不符,遂以公司名誉权被侵犯为由,将《中国改革》告上法庭,索赔590万元。2004年6月15日,侨房公司诉《中国改革》名誉侵权案在广州市天河区法院开庭审理。

文章《谁在分肥》只有单一匿名消息来源,即侨房公司问题的举报员工。在庭审质证过程中,《中国改革》杂志只有公布消息源并让其作证,才可能胜诉。但这些主要的"线人"有些还在侨房公司工作,公开作证将使他们面临风险,新闻记者的诚信也将丧失殆尽。正如《中国改革》杂志记者刘某所说,对部分证据实行匿名是为了保护消息来源。当时该杂志对侨房公司改制中的问题进行调查和采访时,不少在职和离职员工都接受了采访,但他们都要求不公开自己的姓名,因为害怕被打击报复。[1]

《中国改革》杂志总编辑兼法定代表人温某作出抉择:"即使采访对象主动愿意出庭作证,我们也要尽量避免。因为我们没有力量在证人浮出水面之后,再进行有效保护。"《中国改革》杂志在庭审之前组织专家学者开了一次研讨会,与会的多数人不看好杂志的命运。10月12日,天河区法院作出令许多人意外和称赞的判决:《中国改革》没有侵权,驳回原告的诉讼请求。审判长巫国平对判决作出解释说:《谁在分肥》不属于严重失实,"界定新闻报道的内容是否严重失实,应以其所报道的内容是否有可合理相信为事实的消息来源证明为依据。只要新闻报道的内容有在采访者当时以一般人的认识能力判断认为是可以合理相信为事实的消息来源支撑,而不是道听途说或是捏造的,那么,新闻机构就获得了法律所赋予的关于事实方面的豁免权"。巫国平称:"这个社会对媒体的容忍度有多大,这个社会进步就有多大。一个文明、民主、进步的社会,要充分发挥传媒的监督功能。"[2]

在2003年左右,媒体监督的功能凸显,对公权力的监督以及对大型企业的监督是媒体报道中一道亮丽的"风景线",加大

---

[1] 参见吴俊:《遭遇"证据瓶颈"媒体名誉侵权官司败诉率高达80%》,http://news.sina.com.cn/c/2004-06-24/09582894851s.shtml,2019年1月9日访问。

[2] 参见《媒体人新闻业务守则》编写组编著:《〈媒体人新闻业务守则〉释义》,中国政法大学出版社2015年版,第16—17页;展江、彭桂兵:《媒体道德与伦理:案例教学》,中国传媒大学出版社2014年版,第157页。

了对公权力行使的限制,促进了市场经济的健康发展。媒体在行使舆论监督权的同时,也迎来了一系列的法律诉讼。其中,在对大型企业监督的时候,企业主要的一个法律武器就是打名誉权官司。耶鲁大学管理学院金融经济学教授陈志武曾经对170件媒体侵权官司进行统计分析,发现媒体的败诉率高达80%。[1] 在媒体败诉率如此高的情况下,《中国改革》在披露举报员工身份的情况下能够胜诉实属不易。《中国改革》总编辑温某在诉讼中所表现出的职业勇气让人敬佩。从该案中我们也可以看到法律和道德的胶着:一方面,职业道德要求《中国改革》要保守举报职工的身份,另一方面,法律没有赋予《中国改革》对自己的匿名消息源享有作证豁免的权利。所以,《中国改革》在遵守保密的承诺与作证的法定义务之间左右为难。[2] 海南大学教师王琳曾对此作出了类似的评价:保护消息来源是新闻行业的固有传统,是媒体维持公信力的最基本原则,但在中国现行的法律框架下并无相应的法律保证,法官不可能采信匿名证据,媒体坚持这一"原则"意味着败诉。

这种情况不只《中国改革》杂志遇到过,《新京报》和《南方周末》在名誉权诉讼中也遇到过类似的窘境。下面我们就来看一下世界奢侈品协会诉《新京报》和《南方周末》的名誉权诉讼案。

---

〔1〕 参见吴俊:《遭遇"证据瓶颈" 媒体名誉侵权官司败诉率高达80%》,http://news.sina.com.cn/c/2004-06-24/09582894851s.shtml,2019年1月9日访问。

〔2〕 参见《媒体人新闻业务守则》编写组编著:《〈媒体人新闻业务守则〉释义》,中国政法大学出版社2015年版,第16—17页。

典型案例 "世奢会"案中两家媒体由于消息源出面作证反败为胜[1]

世界奢侈品协会(简称"世奢会")自称是"全球最大的奢侈品研究与管理的权威机构"。官司还要从它一开始发布的公开声明说起。2012年"3·15"打假日,"世奢会"受38个国外品牌委托,公开声明38个国际奢侈品牌从未授权国内任何网站销售其产品,国内销售网站涉嫌销售假货。"世奢会"的这一公开声明引起了媒体的广泛报道,也招致一些电商网站的不满,"世奢会"和中国区主席欧阳某随即成为电商公敌。从此以后,"骗子、皮包公司、山寨协会"等公然诽谤、诋毁的字眼,开始大量出现在网络上。

2012年5月,网友"花总丢了金箍棒"发了条新浪微博:"来看看这个名头吓死人的世界奢侈品协会(World Luxury Association)的底细,注意域名信息里的注册国……"随后,"花总丢了金箍棒"对"世奢会"发布的全球奢侈品牌榜单和网站域名继续公开发出质疑,把对"世奢会"的负面言论推向了高潮,有关"世奢会"的诽谤、诋毁言论在网络上一发不可收拾。

2012年6月,《南方周末》和《新京报》等媒体开始对"世奢会"展开调查。2012年6月14日,《南方周末》头版刊发《廉价"世奢会"》等报道,对是否存在公司总部、奢侈品数据报告是否真实、公司的"财路"提出质疑。在《南方周末》报道的次日,《新

---

[1] 参见北京市第三中级人民法院(2014)三中民终字第6013号民事判决书。

京报》刊发题为《"世奢会"被指皮包公司》的特别报道,报道标题下写道:"网友调查世界奢侈品协会称其是山寨组织;世奢会称被网友敲诈。"文章从"员工自带奢侈品参展""向企业收取资源协调费""数据中心收集市场数据"三个方面提出质疑。传统媒体和网络媒体合力形成的舆论迫使"世奢会"开始寻求法律救济。

2012年6月15日,"世奢会"北京公司向北京警方报案,控告网民"花总丢了金箍棒"向媒体爆料虚假信息损害其商业信誉、实施敲诈勒索。2012年8月23日,北京朝阳警方受理此案,2012年9月1日,正式立案侦查。2013年9月17日,"花总丢了金箍棒"因涉嫌散布谣言敲诈"世奢会"在北京被警方抓获并控制。次日,"花总丢了金箍棒"就被取保候审,重获人身自由。

2012年7月,"世奢会"北京公司负责人欧阳某以个人名义起诉南方报业传媒集团及撰写该报道的《南方周末》记者陈某。2013年1月10日,"世奢会"北京公司向原国家新闻出版总署控告涉案报社和记者。2月28日,原国家新闻出版总署办公厅回应受理。2013年2月,《南方周末》记者陈某开始卷入纠纷之中,她在跟进报道"世奢会"一事时联系北京警方采访,却被告知需配合调查。2013年4月15日,欧阳某及"世奢会"北京公司以涉嫌侵害名誉权等为由,向《南方周末》和《新京报》发起系列诉讼。2013年6月28日,《新京报》继续刊登题为《起底"世奢会"》的报道,对"世奢会"提出进一步的质疑。

2013年7月,北京市工商局东城分局对"世奢会"北京公司以"提供虚假材料"为由作出行政处罚,吊销其营业执照。2014年2月20日,北京二中院也作出终审裁定,"吊销决定合法"。2014年1月,欧阳某又以个人名义将《南方周末》和《新京报》两家媒体告上法庭。

原告诉称:《南方周末》和《新京报》刊发的报道中引用不实信息,对"世奢会"北京公司代理的相关业务及"世奢会"北京公司企业字号"世奢会"利用报纸进行大肆损害,致使"世奢会"北京公司商业信誉受损,造成多数项目流失、经济损失严重,侵犯了"世奢会"北京公司的权益。

被告两家报社分别辩称:"世奢会"北京公司不是本案适格主体,涉案文章与"世奢会"北京公司没有法律上的利害关系,两家报纸是正当行使舆论监督权,"世奢会"北京公司亦无实际损失,其诉讼请求没有事实和法律依据,请求法院依法驳回。

原审法院经审理后认为:本案双方当事人对于涉案文章是否构成侵权主要存在如下争议:第一,涉案文章中报道的"世奢会"是否指向"世奢会"北京公司,如果指向的不是"世奢会"北京公司,是否构成对"世奢会"北京公司名誉权的侵害;第二,涉案文章内容究竟是否构成报道失实、评论不当,构成对"世奢会"北京公司的侮辱或信用毁损;第三,两家报社是否存在主观过错。[1]

关于第一个争议,从表面上来看,两家报社报道的内容应当是"世奢会"的相关情况,不构成对"世奢会"北京公司名誉权的

---

[1] 参见北京市第三中级人民法院(2014)三中民终字第6013号民事判决书。

直接侵害。但是,在认定媒体的言论是否构成对某一主体的名誉侵权时,应当结合作品的上下文内容及语境等进行整体判断。结合涉案文章的整体内容及文章配图,两家报社所发表的涉案文章足以让社会公众认定"世奢会"北京公司即为报道针对的对象之一。故两家报社关于"世奢会"北京公司并非本案适格主体的抗辩理由法院不予采信。

关于第二个争议,"世奢会"北京公司主张涉案文章存在多处报道失实的地方。从文章的整体内容来看,虽然大部分内容经过撰文记者本人的核实,但仍有些内容两家报社无法提供详细的消息来源。涉案文章多处引用了"花总丢了金箍棒"等网友在微博上发布的内容,及化名人物唐路、张帆、田丰等的采访内容。在"世奢会"北京公司举证证明了相关事实,尤其是庭审中"世奢会"北京公司的证人王某自称就是"唐路""张帆"等的情况下,两家媒体仍然未直接对此作出回应和反驳,让法院难以采信相关爆料人员言论的真实性。

此外,《新京报》虽然提交了相关采访对象的录音资料,但录音对象的身份情况并未向法庭提供,被采访人也未出庭作证,故法院难以采信其言论的真实性。法院认为两家报社作为传统媒体,对媒体从业人员撰写、发表报道或文章,负有较高的真实性审核义务,而涉案文章存在多处未经核实的言论,两家媒体未能履行其审核义务。法院认为涉案文章已经构成对"世奢会"北京公司名誉权的侵害。

关于第三个争议,两家报社在刊登涉案文章时,引用了一些未经核实的网友爆料信息,采访了不能提供消息来源的"世奢会前员工",其内容足以导致社会公众对"世奢会"北京公司的社会评价降低。两家报社作为传统媒体,应当预见到这篇报道的内容会导致"世奢会"北京公司经济能力和公众信赖度降低的不良后果,属于未尽到其应尽的注意义务,主观上存在过错,应当承担侵权责任。

基于上述三个理由,2014年2月26日,北京市朝阳区法院以对原告"世奢会"北京公司名誉权的侵害为由一审判决《新京报》、南方报业传媒集团旗下的《南方周末》败诉。一审宣判后,两家媒体均表示不服,分别上诉。[1]

2015年11月9日,北京三中院分别对《新京报》与《南方周末》两家媒体上诉案作出二审判决,法院认定一审判决结果不当,撤销朝阳区法院的一审判决,驳回"世奢会"北京公司全部诉讼请求。法院的判决理由如下:

涉事文章记者以"世奢会"北京公司开展的一系列活动为线索,结合对"世奢会"北京公司"前工作人员"及相关人员的采访等内容撰写了争议文章。现有证据显示,"世奢会"北京公司使用"世奢会"的名义进行相关业务活动,在此过程中形成了一定的社会评价,二者具有较强的关联性。熟悉"世奢会"北京公司或与其存在业务往来的第三方很容易认为争议文章指向了"世奢会"北京公司。而涉事文章记者在接受法庭询问时的陈述也说明,揭露"世奢会"中国代表处与"世奢会"北京公司之间"幕前、幕后"的关系是其写作目的之一。所以,二审法院有理由认

---

[1] 参见北京市第三中级人民法院(2014)三中民终字第6013号民事判决书。

为,争议文章内容与"世奢会"北京公司具备直接关联性,文章全部内容在指向"世奢会"中国代表处的同时也指向了"世奢会"北京公司,"世奢会"北京公司有权就争议文章提起名誉权诉讼。

二审法院认为:化名"唐路""张帆"的人是田某,涉案文章记者对田某的采访是真实的。针对原审法院的判决意见,两家报社与"世奢会"北京公司分别就化名"唐路"和"张帆"的人的身份提交了新证据。两家报社称原审中"世奢会"北京公司的证人王某提供伪证,化名"唐路""张帆"的人是世奢会中国代表处前员工田某而非王某,并提交了采访录音、田某的身份信息、工作名片、书面证言、公证视频等。"世奢会"北京公司则称化名"唐路""张帆"的人是被吴某收买的虚假爆料人,并申请相关证人出庭作证。"世奢会"北京公司认为,证人证言可以证明争议文章中"唐路""张帆"所述均系恶意编造的虚假消息。[1]

二审法院进而认为,两家报社提交的"唐路""张帆"的采访记录显示采访过程流畅,被采访对象主动表达的意愿较强且表述流利连贯。通过询问,被采访对象详细讲述了其在"世奢会"中国代表处工作期间参与唐山展会、奢侈品官方发布会等事件的经历,表达了自己的感受,并转述了部分同事的意见。据此,法院有理由相信,采访过程是真实的。另外,两家报社提交了被采访对象田某合法有效的身份信息。尽管田某本人未出庭作证,但田某在公证视频中确认了其接受涉案报道记者采访的事实。"世奢会"北京公司虽作出反驳,但其申请出庭的证人证言

---

[1] 参见北京市第三中级人民法院(2014)三中民终字第 6013 号民事判决书。

不足以推翻采访记录和录音的真实性，不能证明两家媒体记者的采访对象是被收买的虚假爆料人。[1]

对于两家媒体如何处理田某的爆料，二审法院认为，化名"唐路"和"张帆"的被采访对象田某所述内容大部分经过涉案媒体记者本人的核实，但亦有部分内容属于未经核实的单一爆料信息。田某本人在接受采访时曾要求化名并称其在"世奢会"中国代表处工作的时间较短，没有签订劳动合同，还被拖欠工资并且与欧阳某发生过矛盾。在此情况下，涉案媒体记者使用田某爆料的负面信息作为单一消息源时，从新闻报道的规范要求来看，更应尽到审慎的注意义务。

从举证责任分配的角度，法院认为，尽管田某所爆料的部分内容属于单一爆料的负面信息，但作为相关活动的实际承办方，"世奢会"北京公司亦未就爆料内容涉及的相关内容提供相反证据以证明其确系虚假信息，而"世奢会"北京公司申请出庭的证人的证言也不能证明化名"唐路"和"张帆"的人系被收买的虚假爆料人。在此情况下，从举证责任分配的角度，法院难以认定田某的爆料内容确系虚假信息。

对于两家媒体报道中具有评论性质的言论，法院认为，除"世奢会"北京公司在中国境内以"世奢会"名义活动外，仅"世奢会"的注册资料显示这是一家于2008年在美国注册的公司，无其他证据证明其活动范围、影响力以及所谓的境外机构。因此，涉案报社记者在文章中提出"顶着世界名头""打着协会旗号"

---

[1] 参见北京市第三中级人民法院(2014)三中民终字第6013号民事判决书。

"山寨组织"和"廉价"的质疑应属合理。另外,涉案文章记者就其质疑亦征询了"世奢会"方面的意见,一般读者可以判断,争议文章并没有将"世奢会"定义为"皮包公司"或廉价公司,而是提出质疑供公众讨论。因此,总体上,文章结论具备合理依据,不构成诋毁,"山寨组织""廉价"等用语虽尖锐,但不构成侮辱。[1]

二审法院最终认为,两家媒体报道的目的正当,新闻媒体有进行舆论监督和新闻批评的权利。"世奢会"北京公司称"世奢会"是一个全球性的非营利性奢侈品行业管理组织,并以其名义联络外国使节、政府组织,开展奢侈品排名、企业授权、奢侈品展会等活动,同时主动邀请媒体进行宣传报道,以影响与奢侈品相关的社会意见及公众言行,从而进入公众视野,新闻媒体有权利亦有责任对其进行批评监督。争议文章通过记者调查,引用多方意见,参与对"世奢会"现象的关注和讨论,是行使媒体舆论监督权的行为。不可否认,文章整体基调是批评的,部分用语尖锐,但这正是批评性文章的特点,不应因此否定作者写作目的的正当性。[2]

(三) 注意区分媒体作为民事诉讼的被告与作为第三方

上面两个案例说明,媒体在面对名誉侵权诉讼时,和其他的民事主体一样,必须拿出与案件相关的证据予以抗辩。我国《民法典》第 4 条规定:"民事主体在民事活动中的法律地位一律平

---

[1] 参见北京市第三中级人民法院(2014)三中民终字第 6013 号民事判决书。
[2] 同上。

等。"既然控辩双方主体地位平等,新闻媒体就不享有任何特权,必须和其他的社会主体一样,当拿不出证据时就面临着败诉的风险。在美国,就像上面我们举的例子,媒体也会遇到类似的名誉权官司,在官司中同样面临着要不要披露消息源的问题。即使美国多数州有盾法,联邦有相关的权威判例,但法院也常常坚持民事诉讼中原被告的地位平等原则。在诽谤案中,如果消息来源不出庭作证,媒体就难以获胜。所以,美联社总编委员会曾提议,如果记者无法说服新闻来源公开身份,就应当请求对方答应在报社被控诽谤时挺身而出。[1]

媒体机构作为民事诉讼的被告与媒体机构作为原被告之外的第三方,在要不要披露匿名消息源的问题上还是有所区别的。无论是侨房公司诉《中国改革》杂志案,还是"世奢会"诉《新京报》和《南方周末》案,都是媒体机构作为民事诉讼的被告。媒体机构要想在民事官司中胜诉,必须要在庭审质证过程中进行举证,否则就会败诉。《中国改革》杂志虽然没有供出侨房公司内部举报员工的身份,但是法院最终认定《中国改革》杂志刊登的报道《谁在分肥》依据一定的消息来源,在真实性上没有太大问题,《中国改革》杂志保护匿名消息源的行为获得法院的理解。而"世奢会"诉《新京报》和《南方周末》案一审情况就不一样了,《新京报》和《南方周末》遵守职业道德的行为并没有获得法院的理解。只要《新京报》和《南方周末》拿不出强有力的证据来对抗

---

〔1〕 参见〔美〕罗恩·史密斯:《新闻道德评价》,李青藜译,新华出版社2001年版,第185页。

"世奢会"的证据,法院就有理由判其败诉。在二审中,由于匿名消息源提供了相关的证据,《新京报》和《南方周末》反败为胜就理所应当了。

据笔者观察,《新京报》和《南方周末》案一审判决后,社会上出现了各种针对一审法院的批评声音,认为它没有考虑到《新京报》和《南方周末》遵从职业道德的行为,从而间接损害了两家媒体的表达自由权益,也对其他监督企业不法行为的媒体产生了"寒蝉效应"。本书作者认为,这种批评有些泛泛而谈了,完全没有考虑到法院的"程序正义",一审法院的审判完全依从我国的《民事诉讼法》,从法理上来说没有任何问题。二审判决出来后,社会舆论又聚焦于二审判决中法院肯定的新闻媒体所拥有的舆论监督权和新闻批评权。这一现象容易让我们忽视两家媒体反败为胜的真正原因。

本讲小结

新闻记者和匿名消息源之间的关系是复杂的,其间既存在着伦理问题,也存在着法律问题。从伦理上说,新闻记者有保守匿名消息源的伦理义务。但这也是一种理想的状态。当新闻记者被司法机关传唤,要求配合司法机关提供证据或资料,媒体机构是否享有拒绝提供证据或资料的特权(拒证权)以对抗司法机关的传唤;或者当新闻记者自身面临民事诉讼,作为民事案件中的被告,因为要遵守保守匿名消息源的伦理义务而拒绝提供证据或资料予以举证,司法机关是否也可以判媒体机构胜诉。本讲主要讨论了美国、英国和我国的相关情况。

美国多数州已经通过制定盾法来承认新闻记者享有拒绝提供证据或资料的特权，虽然每个州的盾法内容不尽相同。在联邦层面，至今没有制定一部盾法，联邦最高法院参考的仍然是20世纪70年代的布兰兹伯格案的判决意见。但是，现今美国法院在谈到记者拒证权的时候经常区分案件是刑事案件还是民事案件。比起民事案件，刑事案件中记者拒证权得到承认的可能性较小。

英国《藐视法庭法》间接承认了新闻记者的拒证权，但英国法院在对《藐视法庭法》第10节的法律解释上空间较大，尤其是对披露匿名消息源的"必要性"的阐释。英国与美国的不同之处是，在戈得温案以后，在新闻记者对匿名消息源的保护上，受到《欧洲人权公约》第10条的影响较大。

我国的法律中并不存在"记者拒证权"这一说法。当新闻机构作为民事诉讼的被告，如果为了保守匿名消息源而不举证，就要承担败诉的风险。这一问题在《中国改革》杂志案、"世奢会"诉《新京报》《南方周末》案中得以凸显。在这一点上，中美倒有些相似。

第六讲 | 隐性采访中的法律争议
Lecture 6

隐性采访,也叫偷拍偷录、暗访。凡是向采访对象隐瞒或未告知记者身份、采访目的或隐藏采访设备而进行的采访,都可称为"隐性采访"。[1] 有许多新闻工作者对学术界使用的"偷拍偷录"中的"偷"字感到不满。所以,国际社会上往往并不使用"偷拍偷录"这一表述,而是使用"秘密拍摄"(secret filming)一语。本书为了行文方便,以下论述中同时使用"隐性采访""偷拍偷录"和"暗访"表述。

一、偷拍偷录有广义和狭义之分

偷拍偷录有广义和狭义之分。[2] 广义的偷拍偷录,是指没

---

[1] 参见《媒体人新闻业务守则》编写组编著:《〈媒体人新闻业务守则〉释义》,中国政法大学出版社2015年版,第60页。
[2] 参见魏永征:《新司法解释给偷拍偷录"松绑"了吗?》,载《新闻实践》2002年第6期。

有征得被拍摄或录音的当事人同意以致是在他未觉察时摄录的。这种定义强调的是未经被拍和被录者的"同意"。如果事先经某人同意而对其行为进行拍录，那就不能称之为"偷"，而是光明正大地采访。当然，对某人公开的活动或行为拍录经常并不需要经过他的同意，例如对某位演员的公开表演活动进行拍录，并不需要这位演员的同意。所以，广义的偷拍偷录经常是合法的，但是也不全然如此。高速公路是公共场所，但是对高速公路上遇到车祸的当事人未经同意的偷拍偷录，也有被诉侵犯隐私权的风险。

美国就有这样一个案例。在该案中，Shulman 一家起诉一档电视节目，该节目拍摄并报道了 Shulman 一家在遭遇交通事故后的情形。在那场交通事故中，Shulman 19 岁的女儿驾驶车辆载着全家人，在高速公路上车辆失控，滑行 100 英尺后翻车。当急救医护人员和被告的一名摄影记者赶到现场时，Ruth Shulman 和她 18 岁的儿子正被困在车内。根据原告的代理律师陈述，这名急救人员在对身受重伤的 Shulman 太太施救时，在自己身上藏有麦克风。Shulman 的呻吟声在电视节目中非常清晰，她当时正哀求急救人员让自己死去以及恳求他们告诉她这一切都是一场梦。在电视节目中，人们可以看到她的身体裸露在外的部分因为受伤而扭曲，还可以清楚地看到她脸部的下半部分。被告辩称，这起交通事故发生在高速公路上，并由政府提供了紧急救援和医疗服务，因此，这起交通事故属于关涉公共利益的公共事务。一审法院支持了被告的相关主张，认为该视频资料确实具有新闻价值，因而被告的行为应该受到《宪法》第一修正案的保护。上诉法院推翻了一审法院的判决,认为:在事故现场原告不享有合理的隐私期待利益,因为该事故发生地点在公共道路旁;但在汽车内,原告享有合理的隐私期待利益,因为汽车是一个具有隐私性质的空间。加利福尼亚最高法院认为,在未经原告同意的情况下,被告探听原告与护士对话的行为侵扰了原告的安宁,该行为构成侵扰他人安宁的隐私侵权行为。[1]在美国,侵扰他人安宁的隐私侵权行为只获得了少数几个州的承认,而且这些州的法院仅仅承认,只有行为人在非法侵入他人具有私人性质的场所的情况下,他们实施的侵扰他人安宁的行为才构成隐私侵权行为,如果侵扰行为发生在公共场所则不构成隐私侵权行为。[2]

狭义的偷拍偷录,是指明知或者估计当事人不会同意拍录,因而拍摄者故意隐瞒甚至伪装身份、意图,偷偷进行的拍摄、录音。这种定义重在强调记者"故意隐瞒""伪装身份、意图",如果记者不隐瞒或不伪装,被拍录者就不会同意记者的拍录。所以这种拍录才是真正意义上的"偷",这种拍录具有欺骗的性质,存在着很大的争议。

本书所讨论的偷拍偷录既有广义的也有狭义的。讨论偷拍偷录既可以从道德伦理的角度,也可以从法律的角度。本书主要从法律的角度来展开,先谈法律绝对禁止偷拍偷录的情况,再

---

[1] 参见张民安主编:《侵扰他人安宁的隐私侵权——家庭成员间、工作场所、公共场所、新闻媒体及监所狱警的侵扰侵权》,中山大学出版社2012年版,第274页。
[2] 同上。

谈法律相对禁止偷拍偷录的情况。所谓的相对禁止,是指偷拍偷录有时候是合法的,有时候是非法的,要根据情况而定。这里主要讨论的是偷拍偷录是否涉及侵犯公民隐私权的问题。在讨论问题之前,我们需要明确,无论是绝对禁止偷拍偷录,还是相对禁止偷拍偷录,都不是针对记者偷拍偷录的直接规定。换言之,我国法律并未明确禁止记者使用这一采访手段。这一观点在涉及暗访侵权的司法判决中已经表述得很清楚。

2005年,北京电视台播出了一档节目,节目的主人公周先生因为岳母食用蛋糕时被蛋糕里的石头硌了一下牙,与蛋糕生产商北京广瑞食品有限公司交涉的过程被北京电视台栏目记者以暗访方式拍摄下来。节目播出后,北京广瑞食品有限公司起诉北京电视台侵犯名誉权。法院判决:对于被告记者采取隐性采访方式获取视听资料并进行播出的行为,我国现行法律中并不存在相关的禁止性规定。[1]

二、偷拍偷录不能触碰的法律禁区

"法无禁止即可为。"但是,根据我国现行法律,记者暗访偷拍也有一些不能触碰的禁区。

---

[1] 参见《媒体人新闻业务守则》编写组编著:《〈媒体人新闻业务守则〉释义》,中国政法大学出版社2015年版,第61页。

(一) 禁区之一:使用法律所禁止持有、使用的特殊器材进行偷拍偷录

我国《国家安全法》第4条第2款第3项明确规定,窃取、刺探、收买、非法提供国家秘密的属于危害国家安全的行为,虽然行为主体主要指境外机构、组织、个人,但也包括境内组织、个人。该法第21条规定:任何个人和组织都不得非法持有、使用窃听、窃照等专用间谍器材。《刑法》第284条规定:非法使用窃听、窃照专用器材,造成严重后果的,处二年以下有期徒刑、拘役或者管制。

(二) 禁区之二:对涉及国家秘密和商业秘密的事件和保密场所进行偷拍偷录

这点在第一讲已经有所提及。《保守国家秘密法》规定的保密事项,都是记者在新闻采集中禁止触碰的,更何况偷拍偷录。商业秘密包括经济秘密和技术秘密等,如企业生产工艺、图纸资料、销售方式甚至客户信息等,未经允许不能进行偷拍偷录。如果记者利用偷拍偷录的机会,获取进而泄露了商业机密,同样是要负法律责任的。[1]

---

[1] 参见任晖:《"偷拍偷录"是否合法的判定标准》,http://blog.sina.com.cn/s/blog_6079b70a0101i48b.html,2019年1月15日访问。

(三) 禁区之三:对未成年人进行偷拍偷录

《未成年人保护法》第 39 条第 1 款规定:任何组织或者个人不得披露未成年人的个人隐私。第 58 条规定:对未成年人犯罪案件,新闻报道、影视节目、公开出版物、网络等不得披露该未成年人的姓名、住所、照片、图像以及可能推断出该未成年人的资料。因此,禁止对未成年人隐性采访,即便是公开采访,记者也要慎之又慎,注意相应的程序和规则。这在第一讲已有详细叙述。

(四) 禁区之四:对法庭进行偷拍偷录

新闻记者可以像普通人一样获取旁听证,但如果要对法庭录音录像或拍照,必须要经过法院的许可。如果未经过许可偷拍偷录的,即使是普通公民也要被处罚。例如,广东省肇庆市德庆县人民法院在公开开庭审理一起故意伤害案件时,一名旁听人员由于违反庭审规则,未经法庭允许偷拍庭审视频并发送给微信好友,被德庆法院依法责令删除视频并处以 800 元罚款。[1]

再如,2008 年 1 月 3 日,四川省南充市西充县人民法院公开开庭审理一起案件。在庭审过程中,审判长坐在审判台上接打电话,一名女法官身着红色便装也在打电话,书记员身着便

---

[1] 参见《旁听人员偷拍庭审视频发朋友圈被罚 800 元》,http://www.sohu.com/a/212295134_773869,2019 年 11 月 14 日访问。

装,左手夹着烟,右手在作记录。法官和书记员如此在法庭上履行职责,被人拍照后在媒体上发布。在舆论指向法官,批评法官行为的同时,也有媒体发表评论指出:能够拍到法官"边打电话边审案"这样独家的照片,应该是没有经过"审判长或者独任审判员许可"的。如果没有经过允许,那么无论偷拍者的动机是多么想要维护法律的尊严与法庭的秩序,都将对庭审本身造成与法官"边打电话边审案"性质相同的程序伤害。媒体用这种欠妥的方式采集到了法官行为不端的证据,或许会得到大多数公众的支持,但这种实质上不尊重法庭的举动,同样会起到消极的作用。[1]

(五) 禁区之五:冒充公职人员实施暗访

例如,浙江某报社记者冒充应聘者,参加杭州市招聘副处级干部的考试,结果被选中,直到有关部门决定商调时,才知道这是报社派记者"考察"招聘活动的公正性。这种暗访行为是不被允许的。在谈到冒充公职人员的记者要承担的责任时,很多文章引用了《治安管理处罚法》第 51 条和《刑法》第 279 条冒充国家机关工作人员招摇撞骗要承担的行政责任和刑事责任。但本书认为,适用这一罪名也是有问题的,记者冒充公职人员实施暗访、偷拍偷录往往并不是"招摇撞骗"。所谓招摇撞骗,是指以假冒的身份进行炫耀、欺骗,关键在于"骗",如骗取金钱、爱情、职

---

〔1〕 参见萧锐:《亵渎法庭的,除了法官还有曝光者》,载《新京报》2008 年 1 月 6 日第 A2 版。

位、荣誉等，从而获得非法利益。

典型案例 重庆某报社记者"暗访"时自称是警察引发争议

重庆某报社记者对暗藏在民房内的色情表演团伙进行暗访，拍照时发出的闪光惊动台上表演的女子，色情表演者和观众惊慌之下一起冲往门口。堵在门口的摄影记者"急中生智"，自称是警察，要求他们继续待在原处。

对于本案中记者的行为，存在以下两种截然不同的观点：

一方赞成适用冒充国家机关工作人员招摇撞骗罪。

记者怎么能"自称是警察"？须知，这是冒充国家机关工作人员的非法行为。我国《刑法》第279条明确规定："冒充国家机关工作人员招摇撞骗的，处三年以下有期徒刑、拘役、管制或者剥夺政治权利；情节严重的，处三年以上十年以下有期徒刑。冒充人民警察招摇撞骗的，依照前款的规定从重处罚。"尽管记者冒充警察的目的是为了抓住从事色情表演活动的有关人员，但这样做至少有两点不妥：一是用非法的手段去对付非法的人和事，本身是不合法的，如果产生严重后果必然要承担法律责任；二是这样容易造成新闻记者职能错位。在绝大多数情况下，作为记者，其基本职能是采访新闻事实，而不是直接制止或抓获现行犯，何况记者也没有应具备的合法授权与能力。以此次新闻采访为例，记者在色情表演者和观众逃离时，只要抓拍到真切的逃离镜头就可以了。因为即使有关色情表演者逃离现场，也不难抓获,并且构不成其他严重社会危害。[1]

另一方反对适用冒充国家机关工作人员招摇撞骗罪。

重庆某报社记者虽然冒充了国家工作人员,但他没有招摇撞骗的行为,也没有骗取非法利益,更没有损害国家机关的形象、威信和正常活动,硬给其扣上"冒充国家机关工作人员招摇撞骗罪"岂不冤枉?记者的基本职能是采访新闻事实,但在做到报道新闻事实的同时,能制止或抓获现行犯不是更好吗?难道抓获违法犯罪分子还需要法律的授权吗?作为一个普通的公民,在遇到违法犯罪时,有权利站出来去制止、去抓获,如果在制止和抓获犯罪分子时需要"应具备的合法授权与能力",那我们身边还会出现见义勇为的好公民吗?作为一个从事特殊职业的记者,在做好一个"记者"的同时,首先应该做好一个"公民",在加强法制教育的同时,更应该加强道德教育。[2]

在香港,也有记者冒充公职人员而被判入狱的实例。2002年秋天,香港记者黄某带了助手去"采访"某议员和他女助理所谓的"婚外情",一直"深入"到女助理的住所。当时女助理家中只有她的丈夫和女儿,记者们冒称是房屋署职员,要检查水管漏水问题,进去后趁主人不备偷拍了一些照片。后来《东周刊》报道两人的"绯闻"时,竟然把女助理女儿的照片也一起"曝光"。

---

[1] 参见龚明义:《记者咋能冒充警察?》,载《青年记者》2006年第5期。
[2] 参见阎新春:《读〈记者咋能冒充警察?〉一文有感》,载《青年记者》2006年第9期。

深受其害的女助理一家报警。警方立案侦查5个月后,于2003年初对黄某发出拘捕令。最终黄某因为冒充公职人员而被判处入狱三个月。[1]

(六)禁区之六:打入违法犯罪集团进行暗访

在这种情况下,记者很可能参与或诱导他人进行违法犯罪活动。记者到违法犯罪集团"卧底"以致发生法律问题甚至受到追究的事件已经发生多起。

2001年《深圳商报》报道,一位记者发现自己妻子是贩毒集团成员,不作举报而是去进行"体验式采访",以致参与贩毒而身陷囹圄。2002年央视两位记者乔装打扮,打入盗墓者内部,历经7天7夜摄录盗墓全过程,制成《亲历盗墓》节目播出。由于记者被质疑也构成盗掘古墓罪,节目很快就被取消。2005年,南京一位女记者"卧底"盗窃集团4天3夜,参与偷盗自行车多辆,被检察官指为"涉嫌犯罪无疑"。2014年央视记者到东莞以暗访方式采制"黄流"节目,也受到网民"记者做这个报道的前提是当嫖客"的讥刺。[2] 如果正当央视记者扮作嫖客暗访时,警察到了现场,这时记者就可以以正在暗访为由,让自己免于被警察拘捕,那么记者是不是可以以正在暗访为由做各种违法乱纪

---

[1] 参见魏永征:《港记暗访绯闻因何成罪》,载《民主与法制时报》2003年8月26日第10版。

[2] 参见魏永征:《"福喜事件"和"卧底采访"的限度》,载《新闻界》2014年第16期。

的事情?

2015年6月,《南方都市报》记者"卧底"江西高考替考组织,亲自参加了替考,目睹替考组织违法的全过程。殊不知,这位记者是以违法犯罪的方式揭露违法犯罪。此案被公布以后,很多网友甚至是专业记者都为南都记者的"卧底"行为点赞,这是值得警惕的。此案也引发了新闻传播学界和业界的讨论。作者认为这没有什么可以讨论的,正义的暗访目的不能掩盖记者本人的违法犯罪行为。在此引用财新传媒法治记者陈宝成对南都替考记者一事的评价:惊闻南都记者此时正在"卧底"替考组织,众多同行为此新闻纷纷点赞,我深感不安。第一,记者干了警察的活。依照目前的法律规定,只有在毒品犯罪中,经过严格的法定程序,警察才可以实施"控制下交付",即侦查诱惑,其他犯罪则无法律明确。在科场舞弊案中由记者行使警察权,闻所未闻。第二,记者"卧底"替考组织参加高考,同样涉嫌犯罪,如伪造国家机关公章等;即使记者报案,也不能成为免责理由,但可以从轻处罚,毕竟,目的的合法性不能替代行为的合法性和结果的合法性。第三,提高新闻从业者的法律素养刻不容缓。第四,公权力渎职甚至腐败的危险性远远高于记者"卧底",必须严惩。[1]

---

[1] 参见《记者暗访高考替考引争议:是否涉嫌违法》,http://news.sina.com.cn/m/2015-06-08/100231925477.shtml,2019年1月19日访问。

三、记者何时可以使用隐性采访

中央人民广播电台原法律顾问徐迅老师领衔编写的《媒体人新闻业务守则》列举了适合采用隐性采访方式的五个条件：(1) 有明显证据表明，记者正在调查的是暗中侵犯公共利益的行为；(2) 通过正常采访途径无法收集到相关材料；(3) 一旦暴露记者身份，就难以了解到真实情况；(4) 事先依照媒体内部审批程序经有关负责人同意；(5) 在报道中明确交代相关信息是通过隐性采访获取的。

《美国职业新闻记者协会伦理规范》规定：避免暗中进行的或其他鬼鬼祟祟的信息采集方式，除非传统的公开方法不能产生对公众来说至关重要的信息。对这些方式的运用应当作为报道的一部分加以解释。

《英国报刊媒体职业守则》第10条第2款规定：以虚假和诈取方式获得的资料，只有在完全符合公众利益并且确定无任何其他方法可以获得的情况下才被视为合法。

《英国广播电视媒体的编辑原则与播放条例》规定：只有当正常采访要求失败，或可能导致与公众利益相关的证据遭到破坏或信息遭到压制时，才可进行"突袭式采访"。

从这些规定可以看出，权衡何时使用隐性采访，最关键的是确定什么是"公共利益"。

《媒体人新闻业务守则》一书对"公共利益"进行了明确的列

举,认为关注、传播、解释、评论以下事项符合"公众利益":(1)揭露犯罪;(2)政府依法应当主动公开和重点公开的信息;(3)公共政策与法治;(4)公众的安全与健康;(5)公务活动是否依法进行;(6)国有企业、民间公共机构、公益服务与慈善活动是否依法进行。该书编写组忠告读者,对是否属于公共利益应当谨慎评估,不宜任意作扩大解释。

《BBC编辑方针》也采用列举的方式划定"公共利益"的范畴:(1)揭露或侦查犯罪;(2)揭露严重的反社会行为;(3)揭露腐败或非正义;(4)披露重大的不称职或疏忽;(5)保护人们的健康与安全;(6)防止人们被个人或组织的言行误导;(7)披露帮助人们明辨事理或对重要的公共事务作决定的信息。[1]

四、隐性采访法律问题之一:隐私侵权或其他

记者暗访偷拍的动机是想揭露不为人知的事实和行为,而这些事实和行为又是被拍录者想竭力掩盖的。被拍录者经常使用的对抗记者暗访偷拍的法律手段就是打隐私侵权官司。实际上,隐私权的诞生与记者的暗访偷拍是分不开的。著名媒体法学者徐迅多次说过:隐性采访首先是一个法律问题,其最大的法律陷阱是侵犯隐私权。

---

[1] See BBC Editorial Guidances, http://www.bbc.co.uk/editorialguidelines/guidelines/privacy, visited on 2019-1-19.

通论认为,"隐私权"概念来源于萨缪尔·沃伦和路易斯·D.布兰代斯在 1890 年第 4 期《哈佛法学评论》上发表的《隐私权》(The Right to Privacy)一文。两位作者开篇就提出:"生存权开始意味着享受生活的权利——不受打扰的权利。""立拍即现的照相技术和报刊已经侵入了私人和家庭的神圣领域",不计其数的机器装置使人们可以准确作出预言,"密室私语在屋顶上被公开宣告"。

"新闻报刊超出了礼义廉耻可以容忍的限度。传播流言蜚语不再是闲散无聊人士的消遣,而成为一种行业,被人们孜孜不倦又厚颜无耻地从事着。为了满足好色之徒的口味,与性有关的细节描写在各种日报版面上广为传播。为了让无所事事者心满意足,报纸连篇累牍地充斥着只有侵入家庭隐私才能获取的流言蜚语。文明的前行使人们的生活日渐紧张且复杂,适时地远离世事纷扰,极有必要。随着文化修养的提高,人们也对公共场合更为敏感,独处与隐私之于人更是必不可少。但如今的新闻报刊和各类发明,侵害个人隐私,使人遭受精神上的痛苦与困扰,较之纯粹身体上的伤害,有过之而无不及。"[1]

理论研究 "隐私权"的起源

以上关于隐私权的起源的阐述,只是多数人的观点,还有个别不同的意见。

---

[1] 〔美〕路易斯·布兰代斯、〔美〕塞缪尔·沃伦:《隐私权》,宦盛奎译,北京大学出版社 2014 年版,第 102 页。

一种观点认为,隐私权起源于英国。英国大法官丹宁勋爵认为,保护隐私权的问题早就包括在英国的法律典籍当中了。在我国学者刘庸安翻译的丹宁著作《法律的未来》和《家庭故事》中,作者两次谈到了一个发生于1849年的著名案例:阿尔伯特亲王诉斯特兰奇案。阿尔伯特亲王用素描记录他们家庭生活的隐私。他通过私人印刷所把这些画印刷并保存起来,结果印刷商偷走了一些画并出售。斯特兰奇出版商购得了这些画,打算出版。阿尔伯特亲王提起诉讼,当时的判决法官为个人隐私规定了原则:一种失礼和不适当的侵犯。它侵犯了每一个人生来就有的自然情感,它心地不纯地窥探人们内心生活的秘密,窥探在这个国家最应当受到尊重的家庭生活。[1]

另一种观点认为,隐私权起源于法国。法国的法律至少从19世纪中期开始就保护他人的隐私权,当行为人侵犯他人的私人生活时,法院借助1804年《法国民法典》第1382条和第1383条所规定的一般过错侵权责任来保护他人的隐私权;1791年《法国宪法》起草人之一热罗姆·佩蒂翁·德·维尔纳夫和学者皮埃尔-保罗·罗耶-科拉尔分别在1791年和1819年主张过对隐私利益的法律保护。因此,如果从19世纪中期算起,法国对隐私权的法律保护要比美国对隐私权的法律保护早30多年;而如果从1791年算起,法国学者对隐私权的主张要比美国学者对

---

[1] 参见徐迅:《暗访与偷拍:记者就在你身边》,中国广播电视出版社2003版,第110页。

隐私权的主张早将近100年。[1]

上述两种说法都有一定的道理。起源于英国的说法着眼于普通法的司法判例。起源于法国的说法着眼于成文法对隐私利益的司法保护。但这两种说法都无法撼动萨缪尔·沃伦和路易斯·D.布兰代斯所撰写的《隐私权》一文的地位。侵犯隐私权在20世纪以前并不能作为一种独立的侵权行为存在,正是该文的发表,促使美国联邦最高法院在司法层面重视隐私权。尤其是1916年布兰代斯出任联邦最高法院大法官以后,从普通法层面推进隐私权观念的普及。今天的隐私权含义十分广泛,彭伯教授列举了四个领域:因商业目的盗用他人的姓名或类似物,侵扰他人的私人领域,公开有关他人的私人信息,发表不当暴露他人隐私的材料。[2] 但是,也只有侵扰他人的私人领域涉及新闻信息采集,其他三类隐私涉及的是新闻信息公开。信息的采集方式决定了媒体是否发生侵权行为,而无关乎信息的使用和公开。沃伦和布兰代斯最早关注的就是侵扰层面的侵犯隐私权行为。

在我国,将隐私权写进法律已经是晚近的事。1986年《民法通则》中并不包含隐私权的条款,说明隐私权在当时并未受到立法者的重视。1993年最高人民法院以"解答"的方式回答了

---

〔1〕 参见展江、李兵:《略论隐私权的法律起源——兼与张民安教授商榷》,载《新闻记者》2014年第7期。

〔2〕 参见〔美〕唐·R.彭伯:《大众传媒法》,张金玺、赵刚译,中国人民大学出版社2005年版,第236页。

因隐私被侵犯带来的名誉受损的救济。《最高人民法院关于审理名誉权案件若干问题的解答》(以下简称《解答》)第7条规定：对未经他人同意，擅自公布他人的隐私材料或者以书面、口头形式宣扬他人隐私，致他人名誉受到损害的，按照侵害他人名誉权处理。本条并未提出隐私权概念，也并未对隐私权进行直接保护，而是通过保护名誉权从而对隐私利益实施间接保护。

我国法律中首次出现隐私权概念，应该是2005年《妇女权益保障法》。《妇女权益保障法》第42条第1款规定："妇女的名誉权、荣誉权、隐私权、肖像权等人格权受法律保护。"这是我国法律首次把隐私权作为人格权的一种。2005年《治安管理处罚法》第42条规定："有下列行为之一的，处五日以下拘留或者五百元以下罚款；情节较重的，处五日以上十日以下拘留，可以并处五百元以下罚款：……(六)偷窥、偷拍、窃听、散布他人隐私的。"2009年《侵权责任法》第2条列举的各种民事权益就包括隐私权。2017年《民法总则》第110条第1款规定："自然人享有生命权、身体权、健康权、姓名权、肖像权、名誉权、荣誉权、隐私权、婚姻自主权等权利。"2020年5月28日通过的《民法典》第110条规定："自然人享有生命权、身体权、健康权、姓名权、肖像权、名誉权、荣誉权、隐私权、婚姻自主权等权利。"虽然隐私权被写进了法律，但在司法实践中，法院的判决还是很难找到具体的法律依据。除了《解答》第7条明确了隐私侵权的四个构成要件，其他都是列举隐私权是受保护的一种民事权益，司法上如何操作还没有一个可以依据的标准。另外，隐私权侵权的判决还涉及公共利益、公共场所、公众人物等这些抽象概念的具体化解释。下面列举的记者暗访涉及的隐私侵权的案例就可说明这一点。

典型案例 记者暗访非法行医,病人起诉记者

2016年1月,有人向福建省三明市梅列区疾控中心举报非法行医行为。三明广播电视台接到举报后,以进行暗访的形式,拍摄了一位姓邱的女子非法行医的过程。当天陈某某刚好在找这位邱姓女子看病,在不知情的情况下一起被拍进视频。视频显示:陈某某坐在一个方凳上,头朝镜头,双手趴在自己双腿上,掀开上衣,邱姓女子站在其后,在其裸背上用梅花针进行敲击、放血、拔罐。其间,陈某某有仰起头部的动作。邱姓女子一边在陈某某背部敲击,一边回答记者的问话,自称从16岁就开始给人治病,没文化、没学过医,是菩萨托梦教会她治病等。之后,三明广播电视台未经陈某某同意,就将拍摄的视频在电视节目中进行播放,并且未将陈某某的头像进行打马赛克处理,以致将陈某某的整个面部及大半个上身裸体播放出来。福建省广播影视集团、中央电视台对该视频进行了转播。[1]

陈某某起诉到法院。法院认为,陈某某不能够通过截图取得的画面证明电视台侵犯了其隐私权,也没有提供相关的证据证实福建省广播影视集团、中央电视台对三明广播电视台的视频内容进行了转播。

---

[1] 参见福建省三明市梅列区人民法院(2017)闽0402民初959号民事判决书。

除了事实认定存在问题以外,法院还认为,非法行医这一不良现象涉及公共利益,新闻机构对此依法享有舆论监督的权利,承担着反映社会关注的问题、满足大众知情权的责任。电视台具有新闻报道权,适当的评论、报道对于弘扬社会主义道德风尚、消除社会不良现象以及维护社会公共利益具有重要作用。

法院引用《解答》第7条规定,"对未经他人同意,擅自公布他人的隐私材料或以书面、口头形式宣扬他人隐私,致他人名誉受到损害的,按照侵害他人名誉权处理。因新闻报道严重失实,致他人名誉受到损害的,应按照侵害他人名誉权处理",在此基础上认为,新闻报道应遵循客观、真实、公正的原则,对客观事物的反映应努力接近于客观事物原貌,衡量新闻报道是否侵害他人隐私权,应以报道内容是否严重失实,有无侮辱他人人格的内容为标准,新闻报道内容只要基本真实,不应认定为侵害他人隐私权。本案中,中央电视台对此事件的报道整体内容客观属实,主要针对非法行医这一现象进行揭露,并没有将接受治疗的人作为特定人进行宣扬。非法行医点系不分性别的人们自由出入的公众场所,不是患者治疗麻风、艾滋病等疾病的场所,采访者、拍摄者和播放者不存在公开他人隐私的情形,整个过程符合新闻报道的基本程序和规律,不构成对陈某某隐私权的侵害。另外,陈某某并未对其隐私权遭受损害的事实进行举证。因此,陈某某对中央电视台的诉讼请求,本院不予支持。[1]

---

[1] 参见福建省三明市梅列区人民法院(2017)闽0402民初959号民事判决书。

归纳一下法院的判决理由:暗访揭露非法行医是捍卫公共利益;非法行医点是公共场所;新闻报道内容只要基本真实,不应认定为侵犯他人隐私权。公共利益和公共场所是讨论隐私权问题时不可回避的概念。在上面这个案例中,法官也使用了这两个概念。但有一点本书作者无法认同:新闻报道只有虚假或失实,才构成侵犯他人隐私权。作者认为,法官并没有区分新闻媒体侵犯名誉权和隐私权两者重要的不同。判定新闻媒体侵犯名誉权,要考虑新闻报道是否虚假或失实;判定新闻媒体侵犯隐私权,并不需要考虑新闻报道是否虚假或失实,新闻报道越真实,越可能侵犯他人的隐私权。换言之,判定新闻媒体侵犯隐私权,重在考虑新闻报道的内容有没有经过被报道者的同意。《解答》第7条对两者的区别规定得很清楚。在上述案例中,记者暗访无意针对陈某某,也即法院所说的"并没有将接受治疗的人作为特定人进行宣扬",作者认为这是陈某某败诉的关键原因。

上述案例是作为病人的陈某某起诉媒体,如果换成是非法行医者邱姓女子起诉媒体,法院依然会判邱姓女子败诉。法院在判决中尤其强调了新闻媒体对非法行医的舆论监督权。非法行医这一不良现象涉及公共利益,新闻机构承担着反映社会关注的问题、满足大众知情权的责任,对此依法享有舆论监督权。但是,如果类似的案件发生在别的国家,法院的判决可能就会不一样。

例如,在美国,《生活》杂志的一位记者假扮需要帮助的病人,暗访一位声称能用药草、黏土、矿石治病的游医,并在媒体上公布了暗访的过程。该游医提起诉讼。记者的皮夹里藏有话筒，同时还有暗访时用来拍照的相机。《生活》杂志在自我辩护中称，如果不采取这些暗访策略，想要从事调查性报道几乎不可能。而联邦上诉法院并不同意《生活》杂志的辩护理由。法院认为：新闻采集是新闻事业中不可或缺的一部分，但电子设备在新闻采集中并不是必不可少的。调查性报道古已有之，在微型相机和电子设备发明之前，调查性报道就已经成功地存在了很长时间。如果记者在新闻采集过程中做出刑事和民事侵权行为，《宪法》第一修正案从未授予新闻记者这方面的豁免权。《宪法》第一修正案不会为记者颁发允许他们用电子设备侵入他人家庭或办公室的许可证。[1]

法院绝不会同情媒体使用暗藏式电子设备收集新闻素材的行为。法院认为，一旦使用这些设备，个人的隐私权将遭到侵害。在1998年的一份判决中，加利福尼亚州最高法院指出，如果文字记者或摄影记者以收集新闻素材的名义非法暗中监视他人，那么报纸和电视台将会因侵犯隐私权而招致诉讼。第二年，加利福尼亚州最高法院判决美国广播公司的记者败诉，这位记者为了偷录一位心理热线工作者的生活，伪装成这位职员的同事。[2]

从上文可以看出，中美两国媒体都会因为暗访侵犯了相关个人的隐私权而被起诉。暗访中的侵犯隐私权问题，是媒体应该竭力避免的。因为在今天的社会，隐私权已经发展为个人人

---

[1] 参见〔美〕梅尔文·门彻：《新闻报道与写作》，展江主译，华夏出版社2004年版，第687页。

[2] 同上。

格权的一部分。这是制约媒体暗访的重要的法律手段。

还有一些案例，媒体在传播通过暗访获取的资料时涉嫌刑事犯罪。例如，媒体播放通过暗访获取的按摩店卖淫女的视频画面时，如果处理不当，很可能因为播放淫秽色情画面涉嫌刑事犯罪。

典型案例 四川电视台记者"暗访"按摩店，在播出时出现了不雅视频

2019年7月27日，四川广播电视台新闻频道晚间节目播出暗访调查报道，对按摩店存在色情服务的问题进行了曝光，节目中出现不当画面。随后四川电视台发布了道歉信。[1] 信中称："在制作、编辑节目及审片过程中，由于编审人员责任心不强、疏忽大意、审核不严，导致当时并未发现节目中的不当画面。出现这样的严重错误，我们难辞其咎，深感自责。尽管我们的初衷是对社会不良现象进行舆论监督，但由于麻痹大意、把关不严、责任心缺失，导致了不当画面的播出。对于由此造成的严重的不良社会影响，我们诚挚地向社会、向广大网友及观众真诚致歉！同时，鉴于该视频内容存在严重问题，事实上成为不良信息，所以恳请、拜托各位网友不要再次传播，避免不良影响继续扩散。目前，我们已按照四川省广播电视局和台党委要求，成立

---

〔1〕参见《"暗访"按摩店节目出现不当画面 四川电视台道歉：恳请网友不要再次传播》，http://www.sohu.com/a/330212294_120118573，2019年8月2日访问。

调查组,查清事实、区分责任,责令相关栏目进行全面整改,对相关责任人作出停职处理,彻底检视、反思发稿流程和审核、播出制度,坚决杜绝类似错误。在此,我们真诚感谢广大网友及观众的监督,并再次向大家诚恳道歉!我们一定深刻反省、严肃追责、举一反三、引以为戒,严格执行新闻稿件的审核制度,增强社会责任感,不断提升业务水平,请大家继续监督!"[1]

有媒体对此事件评论道:从视频内容来看,就算没有那些令人难堪的画面,这则新闻的质量也实在是让人不敢恭维。人物对话、场景选择、字幕显示,无一不具有强烈的暗示性。这样的表现形式,难免让人质疑,制作这则新闻到底是为了获取按摩店及其周边的真实信息,还是为了博眼球、抢流量?这个问题恐怕应该由制作方来回答,而公众的心中也会有自己的判断。还有一些更有价值的选题、更有意义的策划等待着去发现,保障民生,关注社会,新闻人可以做、能够做的还有很多。无论如何,"暗访"按摩店都不会是最优选。[2]

在一些暗访的事例中,美国和中国存在着截然相反的情况。在美国,如果电视台记者以雇员的身份潜伏于一家违法生产的企业,以"卧底"的方式揭露企业不为人知的秘密,被揭露的企业

---

[1] 参见王小明:《四川电视台道歉,"暗访"按摩店节目出现不当画面》,https://baijiahao.baidu.com/s? id=16404054600087614638&wfr=spider&for=pc,2019年8月2日访问。
[2] 参见《"暗访"按摩店节目出现不当画面 四川电视台道歉:恳请网友不要再次传播》,http://www.sohu.com/a/330212294_120118573,2019年8月2日访问。

就可以以非法入侵的理由控诉电视台记者非法采访,而且电视台会被法院判决败诉。人们经常提及的食狮公司案就是典型的案例。

典型案例 食狮公司诉美国广播公司案

1992年11月,美国广播公司的两名记者伪造多种个人信息,受雇于北卡罗来纳州和南卡罗来纳州食狮公司的杂货店进行暗访。在进入食狮公司后,两名记者用偷拍相机秘拍了公司以不卫生的方式处理食品、欺骗顾客的做法:将过期牛肉和新鲜牛肉混合在一起,用漂白剂遮盖腐败肉类的气味,用新的日期标签取代已经超过保质期的原有标签。两名记者用了两周时间进行调查。在调查完成后,两人就离职了。之后,两位记者的调查结果在美国广播公司杂志型电视新闻节目《黄金时间直播》(Prime Time Live)中播出,致使该公司股票暴跌,销售锐减,全国88家连锁店面临倒闭。[1]

1995年7月,食狮公司在联邦地区法院对美国广播公司提起了诉讼。食狮公司认为,一些为追踪报道新闻而以隐秘身份进行调查的媒体,必须按照北卡罗来纳州法律的要求,在应聘工作时,说明自己的真实身份、所属媒体以及调查目的。1996年12月,陪审团认为,美国广播公司将承担欺诈(fraud)、非法侵入(trespass)、对雇主不忠(breach of duty of loyalty)、不公平交易

---

[1] 参见郭镇之、展江:《守望社会——电视暗访的边界线》,中国广播电视出版社2006年版,第31页。

(unfair trade practices)等四项法律责任。1997年1月,陪审团裁决食狮公司胜诉,要求美国广播公司支付食狮公司赔偿性损失1400美元,因欺诈判罚惩罚性赔偿金550万美元,同时因为对雇主不忠和非法侵入象征性赔偿2美元。联邦地区法院发现惩罚性赔偿金要求过高,于是减少到了31.5万美元。

美国广播公司上诉到联邦第四巡回法院。1999年10月,第四巡回法院否定了31.5万美元的惩罚性赔偿金,但是承认了因对雇主不忠和非法侵入的象征性赔偿2美元。上诉法院发现,食狮公司未能对两名制片人伪造信息给公司带来的损失承担举证责任。对于上诉法院的意见,其意义在于,它认为美国广播公司的记者非法侵入。

第四巡回法院坚持认为,地区法院拒绝把《宪法》第一修正案所保障的新闻自由运用到食狮公司对不忠诚和非法侵入的索赔中,这是正确的做法。关于雇员忠诚和侵入是申请工作时的一般法律要求,新闻界当然也不能豁免,把这些法律运用到媒体对新闻的采集中也只会产生"附带效应"(incidental effect)。法院解释说,新闻记者获准在杂货店工作,因为食狮公司雇用了他们。但是,他们没有获准秘拍杂货店中非公共区域的场景以供美国广播公司使用,因为食狮公司没有同意他们为此目的进入公司。[1]

---

[1] See Kristen Rasmussen,The Landmark Food Lion Case,http://www.rcfp.org/browse-media-law-resources/news-media-law/news-media-and-law-spring-2012/landmark-food-lion-case,visited on 2019-12-3.

新闻采集与法

我国的媒体管理模式和美国完全不同。一方面，新闻媒体是地方的宣传工具，另一方面，地方政府也依赖媒体提供的涉及非法行医、食品安全之类的新闻素材，哪怕这些素材是新闻媒体通过暗访的方式获取的。非法行医、食品安全等都是地方政府的管理部门和执法部门所要解决的问题，所以地方政府在管理和执法过程中经常依赖于媒体为其提供舆论支持。换言之，新闻媒体要配合地方政府的管理和执法工作。基于此，媒体通过暗访获取的新闻素材往往得到管理部门和执法部门的支持。被揭露有食品安全问题的企业也就不太可能通过法院来起诉新闻记者的暗访。

例如，上海三位电视记者从2014年5月起，"潜伏"在美资上海福喜食品公司生产线上进行了两个多月的"卧底"调查，以暗中摄录的方式，披露了这家麦当劳、肯德基、必胜客等"洋快餐"连锁店的肉类供货商使用过期、变质、劣质原料，偷换保质期标签，编制阴阳账本等不法行径。政府部门迅即采取措施，予以查处。"福喜卧底"制成的《食品工厂的黑洞》节目在7月20日18点40分播出，18点47分播完。19点35分，上海市食品药品监督管理局副局长就率队到达位于嘉定区马陆镇的福喜食品公司门口（那里距上海市中心车程超过半个小时，可谓神速）。福喜食品公司门卫以制度为由把副局长等人拦在门外，纠缠了一个半小时方才允许入内，其中缘由不言自明。时至深夜，食药监局还是会同公安部门对福喜实施查封。21日早8点，"卧底"摄录的内容加上前一晚电视台记者随同执法队伍前往现场拍摄的内容制成又一个节目播出。同一天，上海市委书记和市长都作出批示,要求食药监、公安、工商等部门共同彻查严处,依法一查到底。23日,警方对福喜公司负责人、质量经理等5名高管(后来又增1人)依法刑事拘留。[1]

上海三位电视记者非但没有被福喜公司提起诉讼,在暗访以后,当执法机构前往福喜公司查封时,电视台记者也随同前往进行现场拍摄并又做成了节目播出。在美国,联邦最高法院规定,在搜查和查封行动中带记者进入他人居所的警察,会被认为侵犯《宪法》第四修正案,警方要对此负责任,而记者也可能因侵犯他人财产而被起诉。[2] 在我国,并不存在这种问题。

五、隐性采访法律问题之二:暗访偷拍证据的证明力

拍照、录音录像等是新闻记者采访和获取写作材料的重要手段,这些材料的获取也是新闻报道成立的基础。另外,当记者的新闻报道引发诉讼时,在采访中所获取的照片、录音录像等可以作为证据来陈述案情。尤其当记者通过暗访偷拍的方式获取证据时,暗访偷拍本身的合法性就值得商榷,以这种手段所获取的证据是否有效,换言之,这种证据是否具有证明力,法院是否认可,是不是应该被认定为非法证据予以排除,这些问题值得大

---

[1] 参见魏永征:《"福喜事件"和"卧底采访"的限度》,载《新闻界》2014年第16期。
[2] 参见〔美〕梅尔文·门彻:《新闻报道与写作》,展江主译,华夏出版社2004年版,第685页。

家思考。我们先看20世纪90年代发生的一起案例。

1994年,《工人日报》刊登了一篇事先未经调查核实的读者来稿,稿中批评刘某,并使用了"腐化堕落"一词。刘某因此起诉《工人日报》侵犯其名誉权。《工人日报》随后通过隐性采访对上述来稿进行了调查核实,获得了有关刘某"腐化堕落"的大量事实。但是,一审和二审法院既不调查核实,也不同意把被告的采访调查结果作为证据,而判决《工人日报》败诉。此后,《工人日报》成功地申请到了最高人民检察院对此判决的抗诉。

《工人日报》对刘某的暗访获取的大量事实材料并不能作为法定的证据在法庭上被法院承认。在当时,可以说没有相关的法律可供《工人日报》援引,来支持自己的采访调查结果可被法院作为证据采纳。

1991年9月1日生效的《民事诉讼法》第69条规定:"人民法院对视听资料,应当辨别真伪,并结合本案的其他证据,审查确定能否作为认定事实的根据。"《民事诉讼法》把视听资料作为认定事实的证据,但有严格的限制条件。不仅要辨别真伪,而且要和其他证据结合起来,也就是说,只有视听资料,是不足以作为证据加以使用的。该条对视听资料的取得、效力及如何运用并没有作出详细规定,在司法实践中,出现了对于视听资料取得手段到底是合法还是非法的争议。

最高人民法院在1995年3月回复河北省高级人民法院的函中明确了一点:证据的取得首先要合法,只有经过合法途径取得的证据才能作为定案的根据。未经对方当事人同意私自录制其谈话,系不合法行为,以这种手段取得的录音资料,不能作为证据使用。这就对《工人日报》案中隐藏的问题明确地作出了回答。《工人日报》通过隐性采访方式获得刘某"腐化堕落"的大量事实,就是不合法的行为,以这种行为获取的调查资料,显然不得作为证据使用。如果是在美国,这一行为甚至有侵犯刘某隐私权的嫌疑。美国法院规定:冒充他人进行秘密录音为非法行为,会被视为侵犯隐私权。彭伯建议新闻记者在打开录音设备时征求被访者的同意,并把被访者的同意录下来。[1] 在下列案件中,媒体提交记者通过暗访获得的录音资料作为对抗诉讼的重要证据之一,同样被法院否定。

典型案例 对"应召女郎"的暗访录音能否作为法庭证据?

1999年11月23日,福建的《海峡都市报》在以《真真假假星级饭店 亦喜亦忧旅游行业 泉州湖美大酒店何时评上四星级》为题报道了泉州湖美大酒店假冒星级酒店的情况。次日,《海峡都市报》又刊发了《饭店:钉星,出于无奈 管理部门:摘星,难度很大》的报道,并配发了一组背景资料:《泉州星级饭店知多少》《星级饭店服务费标准》和《星级标志受法律保护》。《海峡都市报》当时刊发这组系列报道的目的只有一个:摘下假冒的星级标志。就在《泉州湖美大酒店何时评上四星级》见报的当天,一位不愿透露姓名的读者打电话给《海峡都市报》泉州记者站,反映他在湖美大酒店住宿时,应召女郎的骚扰电话不断,实在难以

---

[1] 转引自〔美〕梅尔文·门彻:《新闻报道与写作》,展江主译,华夏出版社2004年版,第693页。

新闻采集与法

成眠。《海峡都市报》泉州记者站决定派两名记者前去暗访。记者在夜宿湖美大酒店暗访中,进行了全程录音。并根据录音整理,写了一篇题为《夜宿湖美,应召小姐说:这里全省最安全》的报道。并针对湖美大酒店假冒四星和存在应召小姐现象配发了一篇文章,对一些酒店的违法经营行为和丑恶现象以及给泉州的旅游环境带来的不良影响进行了鞭笞。遗憾的是,时过3个多月,始终不见湖美大酒店有半点认识错误和改正错误的迹象,四颗星依然钉在湖美大酒店的外墙上。《海峡都市报》只好再次拿起舆论监督的武器,于2000年2月28日刊发《湖美大酒店假冒四星依旧在》和《湖美的勇气》,其中引用了王朔"我是流氓我怕谁"的名言,对湖美大酒店拒不整改的情况提出了质疑。记者外出采访时见酒店将一块写着"Humei Hotel"(湖美大酒店的英文名)的金属牌匾安装在原来钉有四颗星的地方,四颗星终于被金属牌匾"遮"住了。记者拍下了这个镜头,以《湖美昨日"遮"星》为题,刊发于4月5日《海峡都市报》"泉州新闻"版上。随后不久,湖美大酒店即以《海峡都市报》侵犯了其名誉权为由将该报推上了被告席。[1]

2000年11月24日,泉州市丰泽区人民法院对这起纠纷案作出一审判决。法院判决《海峡都市报》败诉的原因之一,就是被告刊登的《夜宿湖美,应召小姐说:这里全省最安全》一文引用了电话中的一位不知真实姓名和身份的应召女郎的话,对原告

---

[1] 参见张加荣:《记者暗访是否受法律保护?——湖美大酒店诉〈海峡都市报〉侵权案一审判决引起关注》,载《新闻记者》2001年第2期。

酒店的服务质量和存在的问题进行报道,报社对听来的消息未进行核实,违反了新闻真实性原则。[1]

换言之,法院对报社通过暗访获取的录音资料作为证据是不认可的,因为按照当时的法律规定,报社肯定是没有经过应召女郎的同意而录音的(参与案件审判的法官表示,按照最高法院1995年的司法解释,录音资料要征得对方同意才能成为有效证据),报社也没有提供其他的证据供法院辨别录音的真伪。在这种情况下,法院有理由推理,报社可以随便找一个自称为应召女郎的采访对象录音,无法排除报社对录音证据造假的可能。在民事诉讼中,湖美大酒店和《海峡都市报》是平等的民事主体,《海峡都市报》并不享有任何特权,包括免除对录音资料作证的特权。新闻媒体具有对不良社会现象监督批评的权利,和新闻媒体承担作证的义务是两回事,以舆论监督权替代或免除媒体作证的义务这一说法是没有道理的,也违反了《民事诉讼法》坚持民事诉讼主体平等性的原则。

有学者写文章引用了两种代表性观点反驳法院的判决:一是时任最高人民检察院民事行政检察厅厅长杨立新说,隐性采访是一种手段,起码应该是不违法的。既然是法律没有特别禁止的,就是可以做的。二是福州君立律师事务所主任陈广生律师认为,对最高人民法院的司法解释应该作这样的理解:如果是

---

[1] 参见张加荣:《记者暗访是否受法律保护?——湖美大酒店诉〈海峡都市报〉侵权案一审判决引起关注》,载《新闻记者》2001年第2期。

正常的民事活动,要经过当事人同意;而如果是法律赋予某个机构行使侦查、舆论监督权利的时候,如果所揭示的对象是违法的,或对社会有危害的,只要是符合侦查或新闻采访的程序,有证人证言,以及足以佐证采访事实存在的其他证据,这样的暗访录音资料,在未经当事人同意的情况下,是可以作为证据予以采纳的。否则的话,舆论监督的权利就无法得以充分的体现。新闻单位在行使舆论监督权过程中,其采访活动及其载体有别于其他的一般民事活动。[1]

第一种观点混淆了隐性采访合不合法与隐性采访获取的证据是不是法定证据。法律没有禁止隐性采访,并不意味着通过隐性采访获取的证据就是法定证据。当然,那种靠明显侵犯他人隐私权的隐性采访获取的证据,肯定会被排除出法定证据的范围。案例中记者采用的隐性采访方式,并没有被法院否定,法院否定的是通过隐性采访方式所获取的证据,没有证据显示媒体对此类证据进行了核实。

第二种观点等于变相承认舆论监督权是新闻媒体的特权。舆论监督权不是新闻记者的法定权利,而是由《宪法》第35条、第41条引申而来的。舆论监督权是新闻媒体的功能还是权利本身就值得探讨,更不用说在民事诉讼中它被上升到一种特权来使用。《海峡都市报》必须证明自己通过暗访获取的对于应召女郎的录音资料在真实性上是没问题的。按照民事诉讼中"谁

---

[1] 参见张加荣:《记者暗访是否受法律保护?——湖美大酒店诉〈海峡都市报〉侵权案一审判决引起关注》,载《新闻记者》2001年第2期。

主张谁举证"的一般规则,如果不能证明这一录音的真实性,《海峡都市报》就要承担败诉的风险。媒体的舆论监督权并不能替代其在民事诉讼中的举证义务。

在《海峡都市报》案判决后不久,2001年12月21日,最高人民法院出台了《最高人民法院关于民事诉讼证据的若干规定》(以下简称《规定》),其中与暗访偷拍有关的是以下三条。第68条规定:"以侵害他人合法权益或者违反法律禁止性规定的方法取得的证据,不能作为认定案件事实的依据。"假设记者暗访偷拍侵害了采访或拍摄对象的隐私权,那么通过这种方法获取的证据就理应不能作为认定案件事实的依据。法律禁止窃取别人的通信秘密,如果记者是违反此项法律获取的资料,同样不能作为认定案件事实的依据。第69条第3项规定:存有疑点的视听资料不能单独作为认定案件事实的依据。在法院看来,《海峡都市报》通过暗访所获取的录音资料,就是存有疑点的视听资料。第70条第3项规定:有其他证据佐证并以合法手段取得的、无疑点的视听资料或者与视听资料核对无误的复制件,对方当事人提出异议但没有足以反驳的相反证据的,人民法院应当确认其证明力。

《规定》出台后,媒体界反应特别敏锐。代表性的观点认为,可以为媒体记者暗访偷拍松绑,[1]因为《规定》第70条第3项规定法院认定视听资料为有效证据包含三个限制性的条件,即

---

[1] 参见肖玮:《新证据规则 为"偷拍偷录"松绑》,载《检察日报》2002年1月9日。

新闻采集与法

"有其他证据佐证""以合法手段取得"和"无疑点",并没有像此前那样规定"未经对方当事人同意私自录制其谈话系不合法行为"。这种观点发表后,媒体法专家魏永征教授就发文提出了质疑:偷拍偷录有其不可逾越的界限,如不得涉及国家秘密、法人秘密和个人私生活,不得侵犯他人的住宅、通信、人身等权利,不得伪装国家公务员、法官、警察等依法授予的特定身份,不得妨碍单位和公共场所的正常秩序,不得使用安全部门专用的侦查工具,特别是不得采用类似"诱惑侦查"那样的"卧底"手段,如伪装成违法犯罪的吸毒者、嫖客、人口贩子等以摄录所需要的资料。《规定》发布后,这些界限并不会有所改变。所谓偷拍偷录"合法化""松绑"的说法,只会给人们造成一种印象,似乎那些要求规范偷拍偷录的主张都过时了,人们可以更加自由地进行偷拍偷录,这当然只会造成混乱。[1]

上述魏永征教授列举的多个"不得",也就是偷拍偷录再怎么"松绑"也不能"放松"的领域。换言之,《规定》出台前后,偷拍偷录的界限并没有改变,也就谈不上什么"松绑"。按照《规定》,即使新闻记者采用合法的手段偷拍偷录获取的视听材料,也要满足第70条第3项所列举的其他两个条件。可见,对通过偷拍偷录获取的材料作为法定证据使用还是有严格限制的。《海峡都市报》案即使按照《规定》来判决,通过暗访获取的材料也是经不住考验的。

---

[1] 参见魏永征:《新司法解释给偷拍偷录"松绑"了吗?》,载《新闻实践》2002年第6期。

第六讲 隐性采访中的法律争议

还有一点需要特别说明,上面所谈的都是民事诉讼中诉讼一方能否利用自己通过偷拍偷录获取的证据来为自己的诉讼增加"砝码"。实际上,《规定》真正被运用到新闻媒体诉讼中并不多见,更多地被运用到其他的民事纠纷,比如财产、离婚等案件中。在财产案件中,一方当事人为了防范对方反悔或者欺骗,在交易之前偷偷录音录像,为双方走上法庭留证据。《规定》生效后第一起录音证据案就是转租合同纠纷。[1] 在离婚案件中,妻子为了证明丈夫有婚外情,会蓄意跟踪拍摄丈夫的行踪。在这些民事纠纷中,通过偷拍偷录所获取的证据经常被当事人呈上法庭,法官必须要判断这些证据的证明力。

还有一种情况,案件并不是民事纠纷,偷拍偷录的证据也并不为民事纠纷一方的当事人所使用,而是在刑事纠纷中被公诉机关使用。假设某家新闻媒体的记者通过暗访获取了录音录像资料,这些暗访资料曝光后,检察机关发现里面暴露了官员的贪腐问题。简言之,检察机关的反渎局就是利用新闻媒体寻找贪腐线索。据检察机关的工作人员反映,这种寻找犯罪线索的方法是检察院的常规动作。于是,记者的暗访资料有可能被检察机关使用,作为公诉的证据。暗访资料被公诉机关使用,如何认定其证明力呢?请看2009年发生并产生争议的一起案件。

---

[1] 参见骆汉城等:《行走在火上:隐性采访的法律思考》,中国经济出版社2005年版,第259页。

典型案例 广州罗某华案:记者暗访涉嫌"钓鱼执法"

  2009年7月10日下午,广东电视台记者冯某奇、通讯员冯某佳根据群众举报,为调查广州市地质调查院预警室主任刘某全出售虚假"广州市地质灾害点应急调查报告单"(以下简称"报告单"),造成广州市番禺区大石街冼村发生有人假借治理地质灾害名义,非法挖掘山岗出卖泥土牟利的问题,前往广州市地质调查院暗访(暗拍)。冯某奇、冯某佳经该院预警室副主任黄某民介绍,找到了罗某华。二人假借广东东方电力有限公司需要在番禺区扩建仓库、开山卖土的名义,向罗某华提出购买报告单的请求。经讨价还价后,罗某华在未经批准、超越职权的情况下,同意以25000元的价格,向冯某奇、冯某佳出售一份虚假报告单。同月13日下午,罗某华与黄某民随同冯某奇、冯某佳一起前往番禺区大石街会江村一处山坡进行现场调查。经过简单、随意的调查后,罗某华与黄某民当场出具了一份编造灾情、夸大险情的虚假报告单给冯某奇、冯某佳,并当场收取现金25000元,罗某华分给黄某民2500元,其余22500元归为己有。同月20日晚上,广东电视台新闻中心《社会纵横》栏目报道了罗某华与黄某民出售虚假报告单的暗访录像,并作了相应的评论。

  其后,中央电视台、《南方都市报》、香港《文汇报》等众多媒体对上述事件进行了广泛的报道。罗某华还主动交代,他之前在工作中曾收过他人3万元感谢费。罗某华被以滥用职权罪、受贿罪起诉。[1] 2010年7月9日,广州市番禺区法院对罗某华案件作出一审判决,被告人罗某华因滥用职权罪、受贿罪被判处有期徒刑1年2个月。随后,罗某华对一审判决提出上诉。2010年8月25日,广州市中级人民法院对罗某华案作出二审裁定,维持原判。

在一审审判中,罗某华在法庭上喊冤,称第一次作案就"撞在记者枪口上",并称自己是经受不住记者的"糖衣炮弹",因一时贪念才毁了家庭,也毁了单位的声誉。

辩护律师认为,记者提供诱饵(即赃款),故意设置圈套、陷阱,"钓鱼执法",擅用了公安机关、检察机关等特定公权力机关才拥有的刑事侦查权,所以记者通过暗访获取的证据不具有合法性。记者行为明显存在违反2005年中宣部印发的《加强和改进舆论监督工作的实施办法》第4条第4款关于"通过合法和正当的途径获取新闻素材,不得采取非法和不道德的手段进行采访报道。不搞隐蔽拍摄、录音"的规定之嫌疑,将被告人就滥用职权而入罪,意味着新闻机构和记者充当了司法调查和警察调查的替代工具。申言之,很可能出现这样一种情形:司法机关、警察通过邀请新闻机构和记者进行隐性采访而轻易获得证据,从而规避了1996年《刑事诉讼法》第43条关于非法取得证据的法律规定。

辩护律师还认为,"记者获取信息和普通公民一样,并不具备特权。本案中的记者如果换成普通公民,就会犯下行贿罪和

---

[1] 参见广州市中级人民法院(2010)穗中法刑二终字第462号刑事裁定书。

非法买卖国家机关公文罪。为何记者这样做就不是犯罪?"所以,以这种手段获取的证据属于根据《刑事诉讼法》应排除的非法证据,否则就会陷入一个悖论:检察院都无法行使的"诱惑侦查",却可以交由记者行使。[1]

公诉方回应称,记者的暗访和"钓鱼执法"有明显不同。首先,记者并未受到检察官的指使,主观上没有引诱罗某华的故意。其次,记者的暗访偷拍是在履行舆论监督权的职责,是对人民群众监督国家机关工作人员这一项宪法权利的具体实施。另外,此案"记者想通过公开采访的方式去调查相当困难,甚至说不可能"。[2]公诉人尹森在公诉词中指出:本案是由广州市人民检察院反渎职侵权局在事件曝光后,依照法定程序侦查的。全部公诉证据均是侦查部门在依法取证、文明办案并切实保障被告人罗某华合法权益的情况下获取的,完全符合刑事案件中证据真实性、关联性、合法性的三个要求,没有违反《刑事诉讼法》关于"严禁刑讯逼供和以威胁、引诱、欺骗以及其他非法的方法收集证据"的规定,不存在程序违法的情况。[3]

清华大学法学院易延友副教授认为,罗某华的辩护律师的意见并非没有道理。目前我国的"诱惑侦查"仅限于贩毒等重大危害公共安全的犯罪,职务犯罪并不在"诱惑侦查"的使用范围中。司法实践中,检察官也不可以采用这种方式。如果认可记

---

〔1〕 参见黄秀丽:《记者暗访揭发官员:正义之举还是"钓鱼执法"》,载《南方周末》2010年3月11日法治版。

〔2〕 同上。

〔3〕 参见王松苗:《暗访资料作为唯一证据指控犯罪?》,载《检察日报》2010年3月17日第5版。

者通过暗访取得的证据,确实有出现检察官利用记者引诱他人犯罪、获取证据的可能。[1] 在中国政法大学陈光中教授看来,按照"两高"司法解释,排除的非法证据仅限于"人证",即采用刑讯逼供、威胁、引诱、欺骗等不正当手段获取的被告人供述、证人证言等。本案中,视频资料、地质灾害报告单都是物证,不属于证据排除范围。所以,他认为即便检察官使用暗访信息作为证据也是合法的。何况"记者暗访不是为了私利,而是揭露社会阴暗面。即使是普通公民,采取这种方式获得对方犯罪的证据进而举报,也是允许的"[2]。

在这个案件中,公诉机关并没有把电视台通过暗访获取的材料作为定罪的唯一证据,但是公诉机关是在媒体暗访获取资料的基础上形成完整的证据链。如果检察机关把电视台获取的资料作为定罪的唯一证据,那么本案的判决就是有问题的,确实就可能让人怀疑检察官利用记者引诱他人犯罪。案件的判决书以及检察机关的领导事后接受媒体访谈都可以表明,检察机关只是把媒体暗访获取的资料作为犯罪调查的信源或者说是证据之一。因为,除此证据外,检察机关还发现罗某华两次受贿的证据,但与销售虚假地质灾害报告单无关。

另外,本案中还涉及一个问题:既然检察机关把媒体通过暗

---

[1] 参见黄秀丽:《记者暗访揭发官员:正义之举还是"钓鱼执法"》,载《南方周末》2010年3月11日法治版。
[2] 参见王松苗:《暗访资料作为唯一证据指控犯罪?》,载《检察日报》2010年3月17日第5版。

访获取的资料作为刑事调查的信源,那么当检察机关向媒体索要相关的证据时,媒体是否有拒绝向检察机关呈送证据的特权?这已在第五讲中作出探讨。

本讲小结

隐性采访的法律问题属于传播法中的老生常谈了。隐性采访属于新闻记者信息采集中一种较为特殊的采访方式,多年来一直备受争议。新闻记者什么时候可以使用隐性采访,是学术界讨论隐性采访时最常涉及的话题。本书不再局限于该问题,主要聚焦于隐性采访的使用不当会产生哪些法律问题,以及当媒体的报道发表后遇到官司,通过隐性采访获得的资料能否作为具有证明力的证据而被法院认可。本讲从以下五个方面讨论隐性采访:

一是隐性采访的广义和狭义概念。广义的隐性采访,是指没有征得被拍摄或录音的当事人同意,在其未察觉时摄录的。狭义的隐性采访,是指明知或者估计当事人不会同意,因而拍摄者故意隐瞒甚至伪装身份、意图,偷偷进行的拍摄、录音。

二是隐性采访不能触碰的法律禁区。本讲列举了六大禁区,如果新闻记者进入了这六大禁区,不仅自己的采访不能获得业界认可,而且可能因为触碰了法律底线导致采访行为本身违法。

三是记者在何种情况下才可以使用隐性采访。在讨论这一问题时,最难界定的就是"公共利益"的范畴。本讲赞同采用列举的方式清楚划定涉及"公共利益"的事项,以便于新闻记者更好地判断在何种情况下可以使用隐性采访。

四是隐性采访容易引发隐私侵权等法律问题。隐性采访是在采访对象不知情的情况下进行的,对采访对象偷拍偷录最可能引发的就是侵犯采访对象的隐私权。

五是通过隐性采访所获取的资料,在媒体机构遇到官司时呈给法院作为证据,是否具有证明力。对于这一问题,2001年《关于民事诉讼证据的若干规定》是否从证据法的角度赋予隐性采访合法性,在当时是充满争议的。从典型案例的司法判决看,通过隐性采访所获取的资料并未得到裁判法院的认可。

第七讲 新闻采集中的"付费采访""有偿新闻"和"有偿不闻"
Lecture 7

新闻采集行为涉及采访者和被采访者之间的资源交换。采访者从被采访者那里获取的信息和资料,特别是那些独家的信息和资料,对于采访者来说异常宝贵,不仅可以帮助采访者本人树立权威,也可以提升采访者所供职的新闻机构的权威性。当年"水门事件"调查者伍德沃德和伯恩斯坦就因为获得了独家的新闻资料而一举成名,也使《华盛顿邮报》成为全美顶级的报纸。对于被采访者来说,与采访者交换信息和资料也是可以为自身获取利益的。被采访者之所以要接受采访者的访问,原因有多种,比如被采访者确实需要通过媒体这样的表达渠道来吐露心声或者披露信息,从而维护被采访者本身的利益;被采访者如果是专业人士,接受媒体的报道还可以提升其专业认可度,增强在本专业领域的权威性。被采访者接受媒体采访也是"有利可图"的。

第七讲　新闻采集中的"付费采访""有偿新闻"和"有偿不闻"

一、新闻采集中的"付费采访"

既然采访者和被采访者之间存在着无形的资源交换,这种资源交换很容易演化成有形的利益交换,甚至是金钱腐败。当然,采访者和被采访者之间的利益交换是双向的,采访者向被采访者输送利益(主要是付费)以购买新闻源或新闻素材。在国外,采访者通过这种手段获取的新闻被称为"支票簿新闻"(checkbook journalism)。

(一)"付费采访"在中外新闻界皆存在

支票簿新闻在英、美和俄罗斯普遍存在。英国一些小报因为花钱购买独家新闻而臭名昭著,丑闻越劲爆,出价就越高。在俄罗斯,20多年前,新闻记者可以花1000美元采访到死刑犯,可以花5000美元买通列宁墓的卫兵,获准进入陵墓内拍摄照片。在美国,曾出现总统接受新闻记者采访也要收费的情形。CBS曾经为了一次90分钟的采访付费给尼克松50万美元。[1] 2004年,莱温斯基在接受各种媒体的采访时获得了很高的报酬,其中包括英国电视四台的40万英镑。[2]

---

[1] 参见〔美〕罗恩·史密斯:《新闻道德评价》,李青藜译,新华出版社2001年版,第186页。
[2] 参见《李银河博士收取每小时500元采访费用引发争议》,载《广州日报》2006年4月8日。

新闻采集与法

在我国新闻界,经常出现"有奖征集新闻线索""报料有奖"活动,这表明付费采访在我国同样存在。2012年5月,广东省打击制假售假专项行动小组组长赖天生在会议上指出,目前打假行动中,群众举报热情度不高。他表示,"评价打假行动的重要指标是看举报奖励用了多少钱",因此下阶段相关部门将申请资金提升举报金额,并确保做好保密工作,以发动群众积极举报。[1]

除了"有奖征集新闻线索""报料有奖",支票簿新闻在我国各个行业中也比较普遍。国内较早开始有偿采访的媒体是中央电视台。2000年年底至2001年年初发掘北京老山汉墓时,中央电视台以300万元的价格从北京市文物部门"购得"了独家新闻报道权;2002年,我国台湾地区男子组合F4到广州拍广告,策划广告的某公司制片人公开标价"采访半小时付费5万元人民币";2003年"中巴之战"后,足球明星里瓦尔多、小罗纳尔多和罗纳尔多等三人接受广州某报专访,前两者各收取2万元人民币,罗纳尔多收取3万元。[2]

新闻记者可以向各个阶层的人购买新闻,政府官员、体育演艺界明星、犯罪分子、流浪汉等不一而足。学界和业界人士在为支票簿新闻辩护时,会考虑新闻记者究竟是向哪类人购买新闻。比如,反对向政府官员付费购买新闻是普遍现象。在反对者看

---

[1] 参见冯艳丹:《汪洋鼓励记者暗访制假售假 称可安排警方保护》,https://news.qq.com/a/20120508/000138.htm?c,2019年2月13日访问。

[2] 参见《李银河收取每小时500元采访费用引发争议》,载《广州日报》2006年4月8日。

来,除了那些属于国家秘密的信息,政府官员有义务向新闻记者公开相关信息,这也是我国《政府信息公开条例》对政府官员的基本要求。相比之下,支持向体育演艺界明星付费购买新闻的人就比较多。体育演艺界明星掌握的很多信息属于可以公开也可以不公开的,特别是那些涉私的信息,如果他们主动公开而且又向记者索要金钱,这个时候新闻记者为了获得独家信息,向明星购买新闻很难被认定为不合理。在明星身上发生涉及公共利益的事件时,如果明星借此向记者索要金钱,那么记者购买此类信息就可能会被诟病。2018年,范冰冰偷漏税事件在全国闹得沸沸扬扬,假设有媒体记者去采访范冰冰本人,范冰冰提出要收费才能接受媒体采访,这种主张显然是没有道理的。近年来,明星、教授要求记者付费采访已不是什么新鲜的事,这也引起了社会的广泛讨论。

典型案例 南京博物院尝试把汉墓的报道权"拍卖"给媒体

2002年10月始,南京博物院对泗阳县三庄乡的汉墓群进行抢救性发掘。这座汉墓主墓室非常大,考古人员推测它有可能是汉代江苏泗水国的王级陵墓。这个消息也引起了许多媒体的关注。其间,江苏卫视和《南京晨报》等媒体进行了连续报道,与南京博物院合作良好。在结束对泗阳汉墓的初步发掘后,南京博物院准备召开新闻发布会,通报发掘成果,并决定尝试新闻的"有偿报道",即向媒体收费。南京博物院还明确提出"收费标准":电视台500元,报社200元。但是,这一主张遭到很多单位拒绝,收费之事不了了之。[1]

　　后来,在双方协商下,南京博物院将大青墩汉墓发掘的现场直播权和信息发布权,以9.8万元的价格转让给江苏卫视。南京博物院并没有举行"拍卖"仪式,合作对象、金额等具体事宜都是南京博物院和相关媒体经过协商后决定的。在电视媒体方面,占有地理优势又是省内独大的江苏卫视没有费什么力气就拿到了转播权。在《南京晨报》记者的争取下,南京博物院又跟《南京晨报》签署了一份备忘录,共计3个条款:一、南京博物院同意将三庄汉墓发掘的现场平面媒体独家报道权给予《南京晨报》;二、《南京晨报》将用较大的版面给予全方位追踪报道;三、《南京晨报》付给南京博物院2.27万元(版面支付),用于南京博物院重大活动宣传。[2] 南京博物院、江苏卫视和《南京晨报》三方碰头会上,南京博物院与《南京晨报》"约法三章":一、报纸上不得出现"独家买断"字样;二、相关新闻必须待电视台播出过后,才能报道;三、文字部分由南京博物院的陆某某负责审稿。对此,南京博物院方面说《南京晨报》记者当时表示接受,而《南京晨报》方面则表示当时只接受了第3条。[3]

　　《南京晨报》总编辑秦某某说:"南京博物院既然将平面媒体独家报道权'卖'给我们,他们就应该对现场有绝对控制权。很明显,他们违反了协议。"[4] 秦某某还说:"南京博物院将考古现

---

〔1〕　参见姜帆:《独家报道权? 汉墓陡起口水战》,载《人民日报·华东新闻》2003年1月10日第1版。
〔2〕　同上。
〔3〕　同上。
〔4〕　同上。

场的'信息发布权'卖给江苏卫视,而又另外将'平面媒体独家报道权'卖给我们,实际上忽略了这两者之间存在交叉关系,等于'一女二嫁'。"[1]

对于《南京晨报》对南京博物院"违约"的指责,南京博物院方面解释:共有3种证件可以进入发掘现场,其中"考古人员工作证"由考古队发放,"新闻记者工作证"由江苏卫视发放,"贵宾证"由泗阳当地政府发放。赶到现场的其他平面媒体记者所持证件是第三种,与南京博物院和江苏卫视无关。同时,就连南京博物院院长和考古所所长一开始都跟《南京晨报》记者一样,因为没有证件进不了现场,是在协调到"考古人员工作证"后才得以入内,因此南京博物院阻挠《南京晨报》记者采访一说不成立。[2]

至于考古发掘报道权该不该"出卖",南京博物院和媒体机构都持有自己的理由。

南京博物院的院长徐某某表示:倒不是南京博物院在乎这点钱,只是想尝试一下与新闻媒体间的良性互动。考古现场空间狭小,不可能向所有媒体开放。所以,在有老山汉墓发掘、云南水下考古、雷峰塔地宫开启、九连墩考古发掘等报道权被媒体"独家买断"的先例的情况下,基于南京博物院同江苏卫视长期的友好合作关系,南京博物院才决定作这样的尝试。由于现行的法律对考古发掘的报道权问题没有具体规定,南京博物院方

---

[1] 参见姜帆:《独家报道权? 汉墓陡起口水战》,载《人民日报·华东新闻》2003年1月10日第1版。
[2] 同上。

面认为,这样做也是有益的探索。[1]

针对地下文物属于国家,不是某个主管部门所有,南京博物院凭什么拿属于国家的文物"赚钱"这一说法,南京博物院办公室主任李某某回应说:"南京博物院在先期的探测发掘投入已超过20万元,在这次挖掘以及文物出土后的保护方面还要投入几十万元,远远超过'拍卖'所得,因此不存在'赚钱'一说。文物属于国家不假,但文物发掘由南京博物院来做,我们转让的是工作过程的报道权,并不是出卖文物。"[2]

南京博物院研究员谷某某也说:"江苏境内探明位置的古墓很多,但是南京博物院资金和人力有限,很难一一进行发掘。一些现场我们年年都去,有的地方一年多几个盗洞,让我们痛心疾首。可是抢救性发掘需要庞大资金,如果能通过转让报道权的方式筹措到一部分资金,对考古工作和文物保护都有很大的帮助。"

对于南京博物院和《南京晨报》引发的"报道权风波",南京博物院院长徐某某感慨道:"恐怕我们都得学点法,订协议的时候要考虑周详。如果有关法律法规对考古工作的新闻报道权有明确规定,相信不会有这么多风波。""不只是针对这次大青墩汉墓的发掘。老山汉墓发掘独家报道权虽然卖给了中央电视台,但是平面媒体记者依然得以进入现场;杭州雷峰塔地宫发掘现场,在众多无法进入现场的记者激烈的反对声中,终于在转播开

---

[1] 参见姜帆:《独家报道权?汉墓陡起口水战》,载《人民日报·华东新闻》2003年1月10日第1版。

[2] 同上。

始半个多小时后对记者分批放行;湖北九连墩汉墓也终于没能挡住众多当地媒体记者,他们进入了发掘现场并传回了大量文字和图片报道……"南京博物院办公室主任李某某开玩笑说:"你们记者能量太大了,什么样的封锁也不能把你们挡在外面。"因此,他认为只有通过立法明确报道权的归属,才能真正实现考古和宣传报道的"双赢"。

《南京晨报》总编辑秦某某表示:记者采访新闻既是工作,也是职责,读者从媒体报道中获得信息、了解新闻则是公众知情权的体现。但是,完成这份职责却要靠钱,如果不付钱就无法采访,就没机会写出好的新闻,这对新闻从业者来说是很难接受的,所以报社的人刚开始听到付费采访的消息时都很反感。[1]

那《南京晨报》为什么还要购买呢?秦某某说出了以下几个原因:一是从前期对泗阳汉墓发掘情况分析,这座汉墓有可能是泗水国王级陵墓,我们认为这条新闻对读者来说很有价值;二是如果我们不买,别的报社也有可能买,这样我们就会在新闻竞争中处于劣势;三是这笔钱其实也不算太多,数目远远低于电视转播的费用;所以尽管我们并不赞成此事,但最后还是和南博方面达成协议,购买了此次考古活动的平面媒体报道权。[2] 秦某某也表示,目前公共资源的报道权处于法律的"灰色地带",没有明确规定。但报道权又明显不同于其他民事权利,如果不进行特

---

[1] 参见曾鹏宇:《想采访先交钱!南京博物院拍卖采访权引争议》,http://www.people.com.cn/GB/shehui/47/20030106/901942.html,2019年2月15日访问。

[2] 同上。

别规定,会使一些报道处于无序状态,新闻单位的利益也得不到有效保护。[1]

为此,南京博物院也遭到了侵犯记者采访权和读者知情权的指责,尤其是那些无法进入现场采访的媒体对此意见颇大。为此,南京博物院在当地两家合作媒体之外,还专门邀请了新华社记者来采访。那些不能进入现场的媒体可以采用新华社的通稿。[2]

典型案例 艺术家孙某某告知《羊城晚报》,接受采访要收费

为了做"走访老电影人"的系列专题,《羊城晚报》记者联系多位老一辈艺术家准备采访。经过记者的多次联系,老一辈艺术家几乎都愿意接受记者的采访。唯一例外的就是表演艺术家孙某某。而他的拒绝理由有些出人意料:他要求收取一定的采访报酬。

《羊城晚报》针对孙某某提出的问题采访了学界和业界人士。他们对此问题的看法分成三派:支持派、反对派和奉献派。

支持派以复旦大学新闻学院李良荣教授为代表。他认为知识、时间、精力、经历都有价,而且孙某某是艺术家,不是政府官

---

[1] 参见姜帆:《独家报道权?汉墓陡起口水战》,载《人民日报·华东新闻》2003年1月10日第1版。

[2] 参见曾鹏宇:《想采访先交钱!南京博物院拍卖采访权引争议》,http://www.people.com.cn/GB/shehui/47/20030106/901942.html,2019年2月15日访问。

员,这样的采访属于私人活动,理应付给艺术家信息费。[1]

反对派以中国人民大学新闻学院喻国明教授为代表,他认为付费采访行为将会严重危害社会氛围,使公益性原则遭到破坏。简单地把商业化原则推及所有关系,会使社会形成"一切东西都可以用钱收买"的观念,并给腐败提供丰富的土壤。另外,这种竞争的结果是忽视弱势群体,媒体片面关注那些有钱和有权的人,这在很大程度上破坏了媒体维护社会公正的职能。[2]

奉献派以著名演员秦怡为代表。秦怡向《羊城晚报》坦陈:我是"老脑筋",想不到收费这种事情,从前的老习惯都沿袭下来了,电视台找我采访的时候从来没想过要钱。有的电视台隔了很长时间给我寄点稿费,我都不知道是为哪次节目给的钱。[3]

典型案例 李某某提出采访每小时收费500元

2006年3月"两会"期间,中国社会科学院社会学所研究员李某某向全国政协提交了《同性婚姻法提案》。她不是以政协委员的身份自己提交,而是委托其他政协委员提交的。这一提案因其独特性和超前性成了新闻热点之一。《广州日报》记者闻讯要求采访李某某,就她提出的议案进行访问。记者与李某某的秘书郑小姐联系,郑小姐回复说:"采访李某某要付费,一个小时

---

[1] 参见靖鸣、龙鸿祥:《对社会名人要求"采访付费"的法理思考——兼评"孙道临接受采访要收费"事件》,载《新闻记者》2005年第5期。

[2] 参见孙毅蕾:《孙道临接受采访要收费!受访收费该不该?》,载《羊城晚报》2005年2月23日第B1版。

[3] 同上。

500 元,15 分钟以内的采访可以不收费。"《广州日报》记者答应了郑小姐的要求,并联系了李某某。李某某同意接受《广州日报》记者的专访。

采访结束后,谈到有关采访收费的问题,她首先强调,虽然自己向全国政协提交了《同性婚姻法提案》,但她不是政协委员,不算负有公共责任的人,因此没有接受采访的义务。另外,李某某还说:"学者的时间很宝贵,要求采访的人很多,通过收费可以屏蔽掉一些采访。"当记者问给多少钱时,李某某回答说:"采访了一个小时多一点,就按一个小时收费吧。"[1]

《广州日报》在发表采访李某某的内容时,有意配上了一篇关于付费采访的记者手记:《从业以来的第一次付费采访》。手记中写道:记者相信李某某不缺钱,内心也未必想收这笔钱,但她为什么要坚持收费呢?她解释说:"学者时间很宝贵,要求采访的人很多,通过收费可以屏蔽掉一些采访……另外,专家不是政府官员,没有接受采访的义务。"记者想这话也有一些道理,毕竟是"周瑜打黄盖,一个愿打一个愿挨",没什么好说的。李博士还告诉记者,这几天采访她的人很多,都是付费的,国外的一些媒体"出手阔绰",采访一小时一般给 50 英镑。[2]

此后几天,这篇仅仅 500 字的"手记"在全国媒体上引起了轩然大波,网上的各种评论也铺天盖地地涌现出来。评论除了

---

〔1〕 参见《李银河收取每小时 500 元采访费用引发争议》,载《广州日报》2006 年 4 月 8 日。

〔2〕 参见柯学东等,《李银河:同性恋婚姻提案是明知不可为而为之》,https://news.sina.com.cn/c/2006-03-09/09418399110s.shtml,2019 年 2 月 22 日访问。

质疑李某某收费后是否缴纳个人所得税外,还认为李某某涉嫌收费过高,或者干脆认为学者接受采访根本就不应该收费。[1]

面对公众的质疑,李某某给《广州日报》记者发去电子邮件,要求对"采访收费"问题作一些澄清。次日,《广州日报》原文刊登了李某某的来信。李某某在来信中说:"我(收费)的动机一是屏蔽掉过多的采访,不然我什么事都做不了;二是我的时间和精力为什么就应当无偿付出?为什么我的劳动应当是无偿的?这和稿费是一个道理。你可以不登我的稿子,登了就要付稿费,我为自己的言论要稿费没什么不好意思的,我理应提出这样的要求。……顺便提一下,15分钟以内的采访是免费的,希望以后你们把问题精炼一些,既解决了问题,又不占用我太多时间。"[2]关于缴税的问题,李某某为此专门咨询了税务局,得到的答复是,采访收入应当是源头扣税,税率是3%。她后来向全国几家媒体单位寄去15元税款,让这些媒体单位缴税后给她寄来完税单。

《广州日报》也采访了中国人民大学新闻学院陈力丹教授。陈力丹教授认为采访对象收费要区别对待。第一类人是与新闻事件完全没有关系的学者,如果媒体进行长时间的采访就会影响学者的工作,收费理所当然。陈力丹教授坦陈:"我在中央电视台做过两期'央视论坛',虽然后来没播出去,但央视每次都给我500元。"第二类人是负有公共义务的政府官员,他们就公

---

[1] 参见《李银河收取每小时500元采访费用引发争议》,载《广州日报》2006年4月8日。
[2] 同上。

共事务接受采访,绝对不能收费,因为这是他们的义务和责任。第三类人是新闻事件的当事人或目击者,如果事件与公共安全无关,他们接受采访收不收费,或者收费多少,应该由市场决定。[1]

典型案例 外交学院部分教授接受采访收费

2005年,外交学院的部分教授逐渐统一做法:接受媒体记者采访要收取采访费,否则拒绝接受采访,采访费的价格至少每小时200元。收费理由是,接受采访要花费很大精力,而且常常要涉及自己的研究成果。

著名新闻学者展江认为,担任公职的政府官员、教师接受采访都不应该提出收费要求,因为他们花费的是纳税人的钱,他们承担的是公共职能。教授接受采访收费是很滑稽的事情!接受采访花费精力、花费时间绝不是收费的理由,因为采访收费会把新闻操作搞乱。如果一个教授认为采访内容涉及自己的研究成果、版权,可以拒绝接受采访,不提供相关内容,同时建议采访者去买他的书。退一步说,即使接受采访了,谁来证明所谈内容就是自己的研究成果?事实上,教授接受采访是互动过程,而不是单向的,它给教授带来知名度、带来声望,这就是一种回报。中央电视台向一些被采访者支付几百元钱,只是象征性的路费,并不能说明接受采访就要收费。另外,教授不是经营单位,怎么能

---

[1] 参见《李银河收取每小时500元采访费用引发争议》,载《广州日报》2006年4月8日。

收费？

中国人民大学新闻学院喻国明教授接受媒体采访时也表示，付费采访行为会形成"一切东西都可以用钱收买"的观念，严重危害社会氛围，容易滋生腐败。[1]

中国人民大学新闻学院马少华副教授认为，收采访费是"说出思想"的劳动价值的实现。知识分子学有余力，当然应该把自己的思想和判断力更多地贡献于社会。但是，如果劳动在绝大多数地方都能得到报酬，而在另一个地方却不能得到报酬；如果一个人"写出思想"能够得到报酬，而对着记者"说出思想"却不能，这有什么确定的道理吗？采访对象收费，确实可能对新闻产生消极影响，但这不是否定一种个人权利的充分理由；更不是在新闻实际运作中否定智力劳动价值的理由。从次序上看，我们现在面对的是一些确定的个人（要求收费的教授）提出了自己的一种权利；而我们用来否定这些权利的理由中的那些不确定的公众（媒体受众），我们既没有看到他们的表达，也没有对他们的需要和损失作出确实的研究。这时候，我们就不是用一种价值更大的权利去否定另一种价值更小的权利；而是用一种不确定的权利来否定一种确定的权利。[2]

---

[1] 参见廖洪武：《外交学院部分教授接受采访收费是否合理引争议》，载《京华时报》2005年6月19日。

[2] 参见马少华：《教授收采访费 "说出思想"的劳动价值》，载《新京报》2005年6月26日。

（二）支持者和反对者对"付费采访"的争议

从上述案例中可以看出我国学术界对于付费采访的争议，大抵存在着支持者和反对者两种声音。在经常出现为消息源付费的美国，也大抵存在着支持者和反对者两种声音。

除了上述李良荣教授提出的支持理由之外，还有如下几种情况：

一是如果记者与消息来源之间有现金交易，采访就会容易些，因为钱会使双方的关系明朗化。[1] 这种观点在前述孙某某案例中也可以得到解释。孙某某认为记者应该为报道而付钱找消息，记者既不是他的朋友也不是他的拥护者，为什么他要提供消息给记者？如果记者能答应付钱的要求，采访就会顺理成章。

二是买卖信息已是常事。当报社的摄影师不在现场时，报社为什么不能购买有关新闻事件的照片？为什么报社付钱给专栏作家购买他们的评论，却在付钱给目击者和专家时犹豫不决？新闻单位是通过出卖信息来获取利润的，为什么被采访者不能分享这一利润？[2]

反对者的理由大致有如下几种：

一是如果有钱可赚，就会有人撒谎或夸大其词。正因为有钱的刺激，消息来源就可能编造消息，或者在原有的细枝末节信息的基础上添油加醋，从而最终达到自己的目的，骗取记者手中

---

[1] 参见〔美〕罗恩·史密斯：《新闻道德评价》，李青藜译，新华出版社 2001 年版，第 191 页。

[2] 同上书，第 192 页。

第七讲 新闻采集中的"付费采访""有偿新闻"和"有偿不闻"

的钱。在美国法院庭审中,陪审团成员的判决至关重要,如果媒体付费给陪审团成员,陪审团成员为了得到酬金,可能会作出耸人听闻的判决。庭审中的证人也是如此,倘若媒体为获得对证人的采访向其付费,证人可能会昧着良心说话,话说得越出格得到的费用就会越高。[1]

二是如果没钱可赚,很多人会隐瞒消息,只向愿意付钱的记者透露消息。"我的信息我做主",谁愿意付钱我可能就会告诉谁。这种要求对于那些具有私人性质的信息的提供者来说无可厚非。上述案例中,孙某某、李某某提供的信息都具有私人性质,采访者如果不愿意付费,他们就有理由不提供信息。但是,对于公共性质的信息,如果信息持有者认为无钱可赚,就随意隐瞒信息,这对整个社会的损害是极大的。喻国明教授所说的损害公益性原则在公共性质的信息提供上表现得更加突出。在震惊全美的罗德尼·金案公开审理时,涉案的洛杉矶警察们起初还配合媒体接受采访,但是在第二次审判中,警察们不再与记者交谈,因为他们已决定将消息卖给出价最高的人。[2] 既然涉案的警察可以把自己的涉案信息以高价出售,他就可以以自己的信息卖不到"合理"价格为由而拒绝提供。如果这种情况真的发生,将会直接影响到公众对涉案信息的知情权。当然,涉案当事人接受记者采访要求付费的情况理论上在我国并不存在,正在侦查阶段的案件信息严格上属于国家机密信息范畴,涉事当事

---

[1] 参见〔美〕罗恩·史密斯:《新闻道德评价》,李青藜译,新华出版社2001年版,第188页。

[2] 同上。

人不可能把信息透露给媒体,更不要说要求付费才能提供信息了。

三是向消息源付费可能降低报道本身的质量。记者可能认为,既然已经向消息源付了费,消息源肯定会把相关的信息告诉记者,接受记者的采访,记者那种"穷追猛打",对消息源提出尖锐问题并反复核实信息真伪性的动力将会减弱。

此外,还涉及付费所牵涉的财政问题。毋庸置疑,新闻单位是付费的主体,这些成本对于新闻单位来说将是一笔大的开支。

二、新闻采集中的"有偿新闻"和"有偿不闻"

"有偿新闻"和"有偿不闻"并非都涉嫌违法犯罪,其中情节较为轻微、危害性较小、没有被国家法律法规明确禁止的新闻腐败现象,往往仅涉及新闻职业伦理道德层面。所谓职业伦理道德,即相关行业的工作者结合行业的特殊性,在遵从社会普遍公德和行业专业性要求的前提下实现自我约束和自我管理的方式,具体可表现为行业内部制定的各种行业准则、准入门槛、自律规范等等。

(一)受到新闻伦理道德约束的"有偿新闻"和"有偿不闻"

在我国,对新闻工作者的伦理道德约束主要来自中华全国新闻工作者协会等机构制定的相关规范。1991年1月,中华全

第七讲 新闻采集中的"付费采访""有偿新闻"和"有偿不闻"

国新闻工作者协会第四届理事会第一次全体会议通过了《中国新闻工作者职业道德准则》(以下简称《准则》),后于1994年、1997年和2009年分别对《准则》进行了三次修订。2009年《准则》第4条第3款规定,新闻工作者要"坚决反对和抵制各种有偿新闻和有偿不闻行为,不利用职业之便谋取不正当利益,不利用新闻报道发泄私愤,不以任何名义索取、接受采访报道对象或利害关系人的财物或其他利益,不向采访报道对象提出工作以外的要求"。这被视为中国新闻职业伦理道德中关于反对"有偿新闻"和"有偿不闻"的重要具体规定。

除《准则》以外,原国家新闻出版总署和国家新闻出版广电总局在涉及新闻出版职业的行政规章中也对"有偿新闻"和"有偿不闻"等作出了相应规定。例如,《报纸出版管理规定》第39条:"报纸出版单位不得在报纸上刊登任何形式的有偿新闻。报纸出版单位及其工作人员不得利用新闻报道牟取不正当利益,不得索取、接受采访报道对象及其利害关系人的财物或者其他利益。"《新闻记者证管理办法》第19条第2款规定:"新闻记者不得从事与记者职务有关的有偿服务、中介活动或者兼职、取酬,不得借新闻采访工作从事广告、发行、赞助等经营活动,不得创办或者参股广告类公司,不得借新闻采访活动牟取不正当利益,不得借舆论监督进行敲诈勒索、打击报复等滥用新闻采访权利的行为。"《新闻单位驻地方机构管理办法(试行)》第29条规定:驻地方机构及其人员不得有有偿新闻、有偿不闻、新闻敲诈等违法违规和违反职业道德的行为。

不仅正式新闻机构的从业者不可以获取不正当利益,在互联网时代,互联网的内容管理者也不可以利用在新闻信息采编发布、转载和审核过程中的便利获取不正当利益。国家互联网信息办公室制定的《互联网新闻信息服务单位内容管理从业人员管理办法》第8条规定:"从业人员不得从事有偿新闻活动。不得利用互联网新闻信息采编发布、转载和审核等工作便利从事广告、发行、赞助、中介等经营活动,谋取不正当利益。不得利用网络舆论监督等工作便利进行敲诈勒索、打击报复等活动。"

这些虽然都是行政法规与部门规章,但与《准则》相比,它们都规定了新闻从业者、新闻单位和互联网新闻信息内容管理从业人员进行"有偿新闻"和"有偿不闻"等所要承担的后果。视情节的轻重,新闻工作者往往会受到单位内部追责以及警告、罚款,甚至吊销新闻记者证等处罚;而新闻单位也会受到来自上级主管部门的通报批评、责令公开检讨、责令整改、罚款,甚至撤销新闻单位驻地方机构许可证等行政处罚。

职业伦理道德与法律既有联系也有区别。一般而言,职业伦理道德是一种自律,主要依靠相关的行业准则、社会公众的评议、从业者的理性良知等非强制性的、软性的规范来实现;而法律是一种他律,主要依靠国家的禁止性法律条款等强制性的、硬性的规范来实现。违反法律会受到来自国家强制力的制裁;而违反职业伦理道德一般会造成名誉受损、社会评价下降的后果,严重时还会受到来自行业内部的处分。法律是伦理道德的底线,通常情况下,违反法律的行为也是违反职业伦理道德的,因而所有在法律上被认定为新闻腐败的行为,在职业伦理道德上也是不被允许的;但某些在新闻职业伦理道德上被予以消极评价的行为,却不一定会违反法律。

典型案例 记者采访兰考火灾接受宴请

2013年1月4日早上8时许,河南省兰考县一处收养孤儿和弃婴的私人场所发生火灾,事故共造成7死1伤,死者中有6名为5岁以下儿童。起火地点为兰考县人袁某某的家,她多年来一直在兰考县人民医院门口摆摊卖东西,以收养弃婴和孤儿出名,被称为"爱心妈妈"。袁某某安置孤儿和弃婴的地方紧邻兰考县卫生局和兰考县人民医院。

事故发生后,曾以"贫困"和"焦裕禄"闻名全国的兰考县因此又出了名,全国各地的记者蜂拥而至。而面对这起事故,当地政府的做法却十分耐人寻味。根据兰考县委宣传部驻守宾馆的工作人员介绍,县城三家宾馆都住满了记者,宣传部20多个工作人员全部出动"配合"采访。宣传部为记者们提供免费住宿,非但如此,每天晚上,县委宣传部还派员亲自在宾馆招待记者们。1月6日晚上的晚餐非常丰盛,满满一桌菜,因为量实在太大,很多菜几乎都没人动筷。1月7日,兰考县继续在记者入住的开兰酒店提供免费晚餐,营业员说兰考县消费水平不高,这桌菜的规格不及前晚,不过五六百元。[1]

---

[1] 参见赵艳生:《兰考火灾成记者"盛宴",谁之过?》,http://focus.cnhubei.com/original/201301/t2411946.shtml,2019年3月26日访问。

典型案例 农民日报社三家记者站负责人因严重违法违规被处罚

2008年8月,农民日报社河北记者站站长李某某在河北蔚县发生矿难后,以新闻报道相要挟,索要20万元订报款,另将发行款9万多元据为己有。农民日报社陕西记者站在站长江某某的管理操纵下,以发表负面报道为名,向13家单位索取人民币98.6万元,涉嫌单位受贿。农民日报社云南记者站副站长张某某利用职务之便,收受基层"好处费"13万元用于个人消费。在调查期间,张某某私刻公章,伪造证据。

事后,农业部、农民日报社对相关人员作出开除公职、开除党籍、移送司法机关等处理。新闻出版行政管理部门吊销相关人员记者证,对农民日报社作出警告、罚款3万元的行政处罚,并将相关人员列入新闻采编不良从业行为记录,禁止从事新闻采编工作。[1]

记者采访报道属于本职工作,工作过程中所产生的合理的食宿、差旅费用本应由记者所在的新闻单位承担。在兰考县火灾案中,一旦记者接受了地方政府提供的住宿和宴请,就有报道立场难以客观公正之嫌。这样的行为,正是《准则》所明确规定的违反职业伦理道德的"有偿新闻"与"有偿不闻"行为。而农民

---

[1] 参见璩静、傅夏莉:《中国经济时报社等7家报刊社记者站因违法违规被查处》,http://news.sina.com.cn/o/2018-07-04/doc-ihevauxk3552640.shtml,2019年2月24日访问。

日报社三家记者站相关负责人被处罚一事则反映出,严重违背新闻职业伦理道德的行为也会受到行政法规的处罚。

不过,在我国刑法中,对于腐败的认定有较为严格的标准,若没有收受他人财物的行为,单纯地接受宴请、住宿安排、旅游、娱乐陪侍等难以用金额衡量的"好处",很难被认定为在法律上足以入罪的腐败。

(二)受到刑法约束的"新闻犯罪"行为

对于新闻采集活动中严重的腐败行为,如果触犯刑法,则会构成"新闻犯罪",新闻工作者和新闻单位会受到刑事制裁。尽管我国《刑法》并没有对新闻采集中的腐败问题单独设立条款,但是前述严重腐败问题都可以受到《刑法》现有条款的规制。一般而言,新闻采集中的收受或索要"红包""封口费"后撰写"有偿新闻"或"有偿不闻"的行为,可以被纳入受贿罪、非国家工作人员受贿罪与单位受贿罪的规制范围;如利用新闻报道对他人进行威胁、恐吓,强制他人给予财物,则可被纳入敲诈勒索罪、强迫交易罪的规制范围。

典型案例 中国经济时报社两记者站因违规被注销

2008年,包某某任中国经济时报社湖北记者站站长以后,该站多次出现严重违法违规问题。记者站工作人员以舆论监督为由,索要他人2万元。记者站记者和工作人员等以曝光负面新闻为由向某镇政府索要5万元宣传费。该记者站还违规从事广告业务,收取企业8.5万元广告款。另经查明,张某某任中国经济时报社新疆记者站站长期间,私自成立"中国经济时报社新疆分社""新疆西部发展研究中心"等单位,并伪造公章从事非法活动。

湖北省新闻出版局对中国经济时报社作出警告等行政处罚并注销其湖北记者站,将案件移交司法机关,追究相关人员刑事责任。新疆新闻出版局注销中国经济时报社新疆记者站。新闻出版行政部门吊销张某某新闻记者证,将其列入新闻采编不良从业行为记录,终身禁止从事新闻采编工作。[1]

典型案例 环境与发展报社"中部记者站"敲诈勒索被取缔

2010年6月22日,环境与发展报社未经新闻出版行政部门批准,擅自设立"中部记者站"。该"中部记者站"工作人员联合中国广播网河南分网工作人员,以新闻报道相要挟,敲诈洛阳市某企业。河南省新闻出版局依法取缔违规设立的环境与发展报社"中部记者站"。相关涉事人员被判处刑事处罚。[2]

---

[1] 参见璩静、傅夏莉:《中国经济时报社等7家报刊社记者站因违法违规被查处》,http://news.sina.com.cn/o/2018-07-04/doc-ihevauxk3552640.shtml,2019年3月1日访问。

[2] 同上。

1. 受贿罪

所谓受贿,是指主体利用职务上的便利,索取或者非法收受他人财物的行为,属于腐败的一种。在新闻采集的过程中,新闻工作者或者新闻单位利用自身从事新闻报道的职权,索取或者非法收受他人财物,便是新闻采集中的受贿行为。在收受贿赂之后,新闻工作者或新闻单位为他人谋取利益,例如撰写有利于其的新闻报道,或者不撰写对其不利的报道等,则可能触犯《刑法》中关于受贿罪、非国家工作人员受贿罪与单位受贿罪的相关规定。

(1) 国家工作人员受贿罪

2017年修正的《刑法》第385条规定:"国家工作人员利用职务上的便利,索取他人财物的,或者非法收受他人财物,为他人谋取利益的,是受贿罪。国家工作人员在经济往来中,违反国家规定,收受各种名义的回扣、手续费,归个人所有的,以受贿论处。"

根据我国刑法学界通说理论,对于犯罪行为,应当从法定的犯罪主体、主观方面、客体、客观方面加以确认。受贿罪的犯罪主体是特殊主体,为国家工作人员。主观方面除法律另有规定外,要求是故意,即明知自己的行为会导致危害结果的发生,仍希望或者放任其发生的主观态度。侵犯的客体为国家工作人员的职务廉洁性。客观方面是存在利用职务上的便利,索取他人财物,或者非法收受他人财物,为他人谋取利益的行为。

关于受贿罪主体的认定,根据我国《刑法》第93条的规定,国家工作人员是指国家机关中从事公务的人员,具体包括:国有公司、企业、事业单位、人民团体中从事公务的人员和国家机关、国有公司、企业、事业单位委派到非国有公司、企业、事业单位、社会团体从事公务的人员,以及其他依照法律从事公务的人员。

一般认为,我国的新闻单位大多数属于事业单位,进行了企业制改革的新闻单位大多也属于国有企业,因而在这些新闻单位工作的新闻从业人员符合《刑法》所规定的国家工作人员的身份。此外,新闻媒体履行的是国家赋予的对社会的舆论监督权,新闻从业人员从事新闻报道、调查、编辑等活动,应当属于从事公务的行为。所以,在国有企、事业单位从事新闻工作的人员,符合受贿罪的主体条件。

受贿罪的客观方面要求存在"利用职务上的便利,索取他人财物,或者非法收受他人财物,为他人谋取利益"的行为。所谓"利用职务上的便利",在1999年9月颁布并实施的《最高人民检察院关于人民检察院直接受理立案侦查案件立案标准的规定(试行)》中已有解释:"利用职务上的便利",是指利用本人职务范围内的权力,即自己职务上主管、负责或者承办某项公共事务的职权及其所形成的便利条件。索取他人财物的,不论是否"为他人谋取利益",均可构成受贿罪。非法收受他人财物的,必须同时具备"为他人谋取利益"的条件,才能构成受贿罪。但是,为他人谋取的利益是否正当以及为他人谋取的利益是否实现,不影响受贿罪的认定。具体而言,在新闻采集活动中,新闻工作者在从事采访、调查、编辑等工作中获取的便利条件,都可以成为可被利用的"职务上的便利"。

此外,受贿罪的成立,还要有"索取他人财物,或者非法收受他人财物"的行为。需要注意的是,我国刑法学界通说认为,《刑法》所规定的"他人财物",应当是金钱、物品或可以行使物质利益请求权的凭证(如购物卡、电子货币等),而不包含无法用价值数额计算的财产性利益,也不包含不能实际取得所有权的财产性利益。因而,前述记者接受宴请、安排旅游等腐败行为,是违反职业伦理道德的行为,只能予以行政处罚,而不能认定为《刑法》中的受贿罪。

关于"为他人谋取利益"的认定,自2016年4月18日起开始实施的《最高人民法院、最高人民检察院关于办理贪污贿赂刑事案件适用法律若干问题的解释》第13条规定如下:"具有下列情形之一的,应当认定为'为他人谋取利益',构成犯罪的,应当依照刑法关于受贿犯罪的规定定罪处罚:(一)实际或者承诺为他人谋取利益的;(二)明知他人有具体请托事项的;(三)履职时未被请托,但事后基于该履职事由收受他人财物的。国家工作人员索取、收受具有上下级关系的下属或者具有行政管理关系的被管理人员的财物价值三万元以上,可能影响职权行使的,视为承诺为他人谋取利益。"

由此可见,《刑法》中对"为他人谋取利益"的认定,并不绝对以为他人实际谋取利益为准,如果仅是承诺或明知他人请托或事后收受财物,也可被认定为"为他人谋取利益"。在新闻采集活动中,新闻工作者事先承诺为他人撰写有利报道或者不撰写不利报道,在收受财物后即使未履行约定,也有成立受贿罪的可能。

根据我国《刑法》,对于受贿罪的情节认定及处罚,需要比照贪污罪的情节来执行。2015年11月1日起开始施行的《刑法修正案(九)》对于贪污受贿的入罪标准进行了更为客观的修订,具体表现为去掉了原有的"五千元""一万元""五万元""十万元"等相关金额表述。修订后的《刑法》第383条第1、2款内容如下:"对犯贪污罪的,根据情节轻重,分别依照下列规定处罚:(一)贪污数额较大或者有其他较重情节的,处三年以下有期徒刑或者拘役,并处罚金。(二)贪污数额巨大或者有其他严重情节的,处三年以上十年以下有期徒刑,并处罚金或者没收财产。(三)贪污数额特别巨大或者有其他特别严重情节的,处十年以上有期徒刑或者无期徒刑,并处罚金或者没收财产;数额特别巨大,并使国家和人民利益遭受特别重大损失的,处无期徒刑或者死刑,并处没收财产。对多次贪污未经处理的,按照累计贪污数额处罚。"

受贿罪侵害的是国家工作人员的职务廉洁性,新闻从业人员作为行使舆论监督权的特殊主体,一旦沾染了腐败,极易产生严重的社会影响,危害社会公共利益,例如包庇纵容违法行为、带坏社会风气、侵害公众知情权等等。

典型案例 《江南都市报》记者袁某某受贿案

袁某某系《江南都市报》驻宜春记者站记者,2015年3月30日,他在江西省某县公路分局张贴的公示栏中发现一张食堂开支表,对其中的白酒用度产生怀疑,遂决定就县公路分局违规用酒报道负面新闻。该局局长甘某得知消息后请求袁某某不要报道此事。袁某某提出索要10万元,甘某未同意。2015年4月9日,袁某某撰写的题为《1个月喝酒15350元,库存酒价值近4万元》的报道在《江南都市报》A4版整版刊登。4月10日,袁某某又发表了后续报道。为制止袁某某继续报道负面新闻,甘某最终给予袁某某人民币5万元了事。

2015年3月,为帮助江西某烟花材料厂(以下简称"烟花厂")获得地方政府招标,袁某某以记者身份介入调查,质疑县工商局此前许可与烟花厂有竞争关系的某实业有限公司(以下简称"某公司")从事单基粉生产的批复,并要求政府出示撤销的文件。县政府办迫于袁某某记者身份的压力,下达了撤销许可某公司从事单基粉生产的通知。事后,烟花厂给了袁某某现金2万元以示感谢。

一审法院认为,新闻媒体履行的是国家赋予的对社会的舆论监督权,是一种公共权力。袁某某系受聘于江西日报报业集团下属的《江南都市报》的记者,对县公路局进行采访、报道是进行舆论监督、履行公务的行为。他在此过程中利用职务便利,以报道负面新闻相要挟,向他人索取财物5万元,另又与他人利用职务之便,为帮助他人争取项目进行新闻调查,而且收受他人钱财2万元,数额较大,其行为构成受贿罪。袁某某向他人索贿,应从重处罚;在案发后已经退赃,可酌情从轻处罚;能如实供述自己的罪行,可从轻处罚。一审法院判决袁某某犯受贿罪,判处有期徒刑二年零六个月,并处罚金人民币十万元。

后袁某某上诉,提出其收取的5万元系新闻赞助形式的合作,不是索贿;收受的2万元系不当得利,不是受贿,并认为原审判决量刑畸重。经审理,二审法院对袁某某提出的上诉内容均不予支持,最终判决驳回上诉,维持原判。[1]

本案中,《江南都市报》隶属于国有事业单位江西日报社,袁某某作为该报记者,从事新闻报道工作,属于国家机关中依法从事公务的人员。他利用记者身份和新闻工作的便利,在新闻采集过程中以发布负面报道为由向他人索贿,同时借助新闻调查的职权为他人谋取利益并收受财物,符合《刑法》所规定的受贿罪的构成要件。

典型案例 《北京青年报》编辑王某某受贿案

2015年2月4日,北京市朝阳区人民法院对《北京青年报》编辑王某某涉嫌受贿罪一案作出一审判决。法院认定,2008年至2013年间,王某某在担任《北京青年报》汽车版组主编助理及《汽车专刊》主编期间,利用职务便利,用《汽车专刊》版面为有关公司刊登宣传性软文,非法收受来自5家公关公司的"软文费"共计人民币348000元,成立受贿罪,被判决有期徒刑8年。二审法院因王某某将部分"软文费"用于部门支出而改判其有期徒刑5年,但仍认定其犯受贿罪。经再审程序后,北京市三中院最

---

〔1〕 参见江西省宜春市中级人民法院(2016)赣09刑终253号刑事判决书。

终裁定,维持该案二审判决。[1]

本案中,王某某凭借自身报道新闻的职务,为有关公司刊登宣传性软文,并收受高额"软文费",是"利用职务上的便利,非法收受他人财物,为他人谋取利益"的行为,符合《刑法》所规定的受贿罪的构成要件。

(2) 非国家工作人员受贿罪

2017年《刑法》第163条规定:"公司、企业或者其他单位的工作人员利用职务上的便利,索取他人财物或者非法收受他人财物,为他人谋取利益,数额较大的,处五年以下有期徒刑或者拘役;数额巨大的,处五年以上有期徒刑,可以并处没收财产。公司、企业或者其他单位的工作人员在经济往来中,利用职务上的便利,违反国家规定,收受各种名义的回扣、手续费,归个人所有的,依照前款的规定处罚。国有公司、企业或者其他国有单位中从事公务的人员和国有公司、企业或者其他国有单位委派到非国有公司、企业以及其他单位从事公务的人员有前两款行为的,依照本法第三百八十五条、第三百八十六条的规定定罪处罚。"

根据我国刑法学界通说,非国家工作人员受贿罪的犯罪主体是特殊主体,为公司、企业或者其他单位的工作人员;主观方面要求为故意;侵犯的客体为国家对公司、企业以及非国有事业单位、其他组织的工作人员职务活动的管理制度。

---

[1] 参见刘亚娟、展江:《专刊编辑因"软文"获罪的三次法院审理——媒体人经济犯罪经典案例评析(十六)》,载《青年记者》2018年第10期。

非国家工作人员是相对于国家工作人员的概念，二者的重要区别在于主体所在单位的性质是否为国有，以及主体是否从事公务。根据《刑法》规定，本罪主体为公司、企业或者其他单位的工作人员，而这里的公司、企业及其他单位，应当具有非国有的性质；此外，主体应当是不从事公务的人员，如国家机关工作人员下派到非国有单位工作，则不属于非国家工作人员。目前，我国正处于新闻单位转型期，部分新闻媒体存在非国有资本控股的情况，相关从业人员与新闻单位也是雇佣关系，因而不属于从事公务的国家工作人员，对于此类人员受贿的情况，则可以按照非国家工作人员受贿罪追责。

本罪客观方面表现为利用职务上的便利，索取他人财物或非法收受他人财物，为他人谋取利益，数额较大或数额巨大的行为。其中，"职务上的便利，索取他人财物或非法收受他人财物，为他人谋取利益"的认定标准，与受贿罪类似，可以参照执行。而对于"数额较大或数额巨大"的认定，《最高人民法院、最高人民检察院关于办理贪污贿赂刑事案件适用法律若干问题的解释》第11条第1款规定："刑法第一百六十三条规定的非国家工作人员受贿罪、第二百七十一条规定的职务侵占罪中的'数额较大''数额巨大'的数额起点，按照本解释关于受贿罪、贪污罪相对应的数额标准规定的二倍、五倍执行。"由此，非国家工作人员受贿罪关于受贿金额的认定中，"数额较大"的标准为"六万元以上不满四十万元"，"数额巨大"的标准为"四十万元以上"。

根据我国《刑法》的规定，对非国家工作人员受贿罪的处罚，按照情节轻重，受贿数额较大的，可判处五年以下有期徒刑或者拘役;受贿数额巨大的,处五年以上有期徒刑,可以并处没收财产。

典型案例 《新快报》记者陈某某犯损害商业信誉罪、非国家工作人员受贿罪案

2012年3月至2013年7月,《新快报》记者陈某某相继发表十余篇关于中联重科"利润虚增""利益输送""畸形营销"及"涉嫌造假"等一系列批评性报道。其间,中联重科曾就此事专门派员前往报社进行沟通,要求报社到中联重科进行实地调查和了解真实情况,停止捏造、污蔑和诋毁行为。但是,报社及陈某某不顾中联重科的要求,仍然继续发表关于中联重科的负面信息的文章。2013年10月18日,《新快报》记者陈某某被长沙警方以"涉嫌损害商业信誉罪"跨省拘留。[1]

2013年10月26日,中央电视台《朝闻天下》节目对陈某某一案的报道称:2012年9月29日到2013年8月8日,陈某某受人指使,根据他人提供的现成材料,在未经核实,也未对中联重科进行调查采访的情况下,按照自己的分析和主观臆断,编造中联重科存在国有资产流失、畸形营销、销售和财务造假等问题,在《新快报》连续发表署名文章10余篇,在互联网上被大量转载,造成严重社会影响。其中一篇题为《中联重科再遭举报财务造假,记者暗访证实华中大区涉嫌虚假销售》的文章见报后,

---

[1] 参见王文佳:《〈新快报〉记者被拘引轩然大波》,载《新民晚报》2013年10月24日第A07版。

中联重科被迫于当日、次日对A股及债券、H股申请停牌并发布公告澄清。在节目中,陈某某向警方承认,他自己在未经核实的情况下,连续发表针对上市公司中联重科的失实报道,并收受了中间人几千到数万元不等的酬劳。陈某某同时承认,除了记者本职工作外,他还在2013年6月至7月间,在他人授意下,赴香港、北京,向香港证监会、香港联交所和中国证监会实名举报中联重科,并收到了中间人提供的50万元费用。[1]

2014年10月17日上午,湖南省长沙市岳麓区人民法院公开宣判陈某某一案。法院经审理查明:被告人陈某某在任广东新快报社经济中心记者期间,利用职务上的便利,损害企业商业信誉,于2013年5月28日收受他人人民币3万元。一审认定被告陈某某犯损害商业信誉罪,判处有期徒刑1年4个月,处罚金2万元,犯非国家工作人员受贿罪,判处有期徒刑8个月,决定执行有期徒刑1年10个月,并处罚金2万元,追缴犯罪所得3万元。[2]

典型案例 霍宝干河煤矿"封口费"事件

2008年9月下旬,霍宝干河煤矿有关人员在"中国乡镇企业网"看到有关该矿发生矿难事故的文章,遂托人想办法从网站

---

[1] 参见《新快报记者陈永洲被刑拘 受人指使收人钱财发表失实报道》,http://tv.cntv.cn/video/C10598/e7a4e05c4aaf472cb7c81481e8e3f130,2019年3月4日访问。

[2] 参见《原新快报记者陈永洲一审被认定受贿3万,曾在央视称收50万》,https://www.thepaper.cn/newsDetail_forward_1271569,2019年3月4日访问。

第七讲　新闻采集中的"付费采访""有偿新闻"和"有偿不闻"

删除该文章。《中国乡镇企业》杂志及中国乡镇企业网工作人员张某东了解情况后,以报道有误为由,通过中国乡镇企业杂志社网络部主任删除网上文章,并以正面报道为由,通过请托人收取霍宝干河煤矿3.8万元。同年9月28日,《中国经济视点》编辑部工作人员相某某和《山西商报》工作人员张某某先后以了解事故为由到霍宝干河煤矿了解情况,并在离开时电话告知矿方,中国煤炭新闻网上有关于事故的帖子。为删除网上帖子,矿方约请相某某、张某某见面,并当场支付1.5万元。张某某随后打电话给中国煤炭新闻网华北频道原负责人赵某某删去帖子,三人将钱瓜分。法院认为,张某东身为《中国乡镇企业》杂志及中国乡镇企业网工作人员,利用职务之便,非法收受赃物,为他人谋取利益,数额较大,其行为确已构成非国家工作人员受贿罪;赵某某、相某某、张某某利用职务之便,以删掉曝光煤矿事故的帖子为由收受贿赂1.5万元,数额较大,其行为已构成非国家工作人员受贿罪。[1]

理论研究 关于新闻从业人员是否可以成为受贿罪主体之争

受贿罪的设立,乃是为了保障国家机关及其工作人员的廉洁性。而从严格意义上来讲,新闻从业人员不属于行政法意义上的编制内的公务员,关于新闻从业人员是否可以成为受贿罪

---

[1] 参见璩静:《霍宝干河煤矿"封口费"事件5名涉案者被判刑》,载《山西日报》2009年12月5日第A1版。

的主体,学界曾展开过争论。

一、新闻从业人员不构成受贿犯罪的主体

周泽律师认为,新闻从业人员不构成受贿罪的主体。他提出,根据最高人民法院2003年印发的《全国法院审理经济犯罪案件工作座谈会纪要》的规定,"从事公务,是指代表国家机关、国有公司、企业事业单位、人民团体等履行组织、领导、监督、管理等职责。公务主要表现为与职权相联系的公共事务以及监督、管理国有财产的职务活动……那些不具备职权内容的劳务活动、技术服务工作,如售货员、售票员等所从事的工作,一般不认为是公务。"以采集信息、撰写稿件、制作节目为全部工作内容的新闻从业人员,无论其所属的新闻单位性质如何,其从事的工作都不是公务,而仅仅是一种个体性的劳务。因此,新闻从业人员不是国家工作人员,不能成为受贿罪的主体。

此外,周泽认为,新闻从业人员也不是非国家工作人员受贿罪的适格主体。新闻从业人员并不"从事公务",显然是"非国家工作人员"。1999年9月16日发布的《最高人民检察院关于人民检察院直接受理立案侦查案件立案标准的规定(试行)》中,"利用职务上的便利","是指利用本人职务范围内的权力,即自己职务上主管、负责或者承办某项公共事务的职权及其所形成的便利条件"。而新闻从业人员采集信息、撰写稿件、制作节目的全部工作,所体现的是公民所享有的言论自由、参与国家管理、社会管理和文化生活的权利,以及对国家机关及其工作人员的批评、建议、控告等权利,而不是权力。新闻从业人员在其职务范围内并不拥有权力,因而也就不存在可用以"为他人谋取利益"的"职务上的便利"。新闻从业人员仅仅是在为媒体提供智力和劳务服务而已,因而不应当成为受贿罪的适格主体。

周泽还指出,采访也好,报道也好,评论也好,批评也好,记者的所有职务行为,实际上都源于言论自由和知情权,参与国家管理、社会管理的权利,以及对国家机关及其工作人员的批评、建议、申诉、控告等宪法规定的公民的基本权利,是新闻从业人员行使公民权利的体现。实际上,新闻从业人员所做的那些事情,如今其他人在不同程度上也都能够做。新闻从业人员因受贿犯罪被控,而此前所报道的问题却也因此被悄无声息地掩盖,周泽担忧,以受贿犯罪指控新闻从业人员,是舆论监督遭遇腐恶势力制度化的抵制和反击的表现。[1]

二、新闻从业人员可以构成受贿犯罪的主体

学者王晋认为,新闻从业人员可以构成受贿犯罪主体。王晋提出,"从事公务"是国家工作人员的本质属性。在我国,新闻媒介被定位为党和人民的喉舌、党的思想和文化阵地,新闻传播被称为"新闻宣传工作",具有舆论导向的功能。因而,在我国,新闻工作与国家利益和公共利益息息相关,在党和国家实现对社会的组织、领导、监督、管理等方面具有十分重要的作用,其公共事务性质是十分明确的。新闻记者从事新闻报道活动并不仅仅是行使一个普通公民的言论权利,必须严格遵守党的原则和党的宣传纪律,按照所在新闻单位提出的新闻报道和宣传要求

---

[1] 参见周泽:《论记者不构成受贿犯罪的主体》,载《新闻记者》2009年第3期。

从事采访报道活动。这正是由新闻工作的公务性质决定的。

关于"利用职务上的便利",王晋认为,按照《最高人民检察院关于人民检察院直接受理立案侦查案件立案标准的规定(试行)》,"利用职务上的便利",是指利用本人职务范围内的权力,即自己职务上主管、负责或者承办某项公共事务的职权及其所形成的便利条件。这里的"权力",应当按照通常意义上的"权力"来理解,是指对特定人、事、物的支配和控制能力。比如,医生开什么药方,是一种支配和控制,教师给试卷打多少分,也是一种支配和控制,不能因为他们没有国家公共权力,而否认其拥有一般意义上的权力。新闻从业人员所支配和控制的是信息,是对新闻信息的搜集、选择、加工和传播。按照传播学上的"把关人"理论,大众传播媒介的信息传播从发现新闻源到传播就像进入一个漏斗那样,其间有对信息进行搜集、整理、选择、加工等层层关卡,而记者正是第一关。据此,新闻记者的采访报道当然属于职务行为。

新闻报道可以为他人带来利益或损害也是公认的事实,由于我国的新闻媒介的权威性,这种利害影响特别明显,这就构成了记者可以利用职务便利为他人谋取利益的基础。于是,正常的新闻报道就可能会演变成一种特别的权钱交易,如果"交易"的钱款达到一定数额,就完全符合受贿罪的标准。

王晋指出,否认新闻记者可以成为受贿罪的主体,非但不符合我国相关的法律和政策规定,而且会模糊我国新闻媒介和新闻工作的性质,在客观上产生怂恿新闻记者寻租活动的效果。这对于当前亟待完善的新闻队伍职业规范和自律机制的建设是不利的,所以有加以澄清之必要。[1]

(3) 单位受贿罪

2017年《刑法》第387条规定:"国家机关、国有公司、企业、事业单位、人民团体,索取、非法收受他人财物,为他人谋取利益,情节严重的,对单位判处罚金,并对其直接负责的主管人员和其他直接责任人员,处五年以下有期徒刑或者拘役。前款所列单位,在经济往来中,在账外暗中收受各种名义的回扣、手续费的,以受贿论,依照前款的规定处罚。"

对于单位受贿罪,需要强调的是,本罪的主体应当是国家机关、国有公司、企业、事业单位、人民团体,而其他的非国有性质的单位则不能构成本罪。相应的,在新闻采集活动中,犯单位受贿罪的也应当是国有性质的新闻单位,其他性质的新闻单位不构成此罪。

成立单位受贿罪,要求存在"索取、非法收受他人财物,为他人谋取利益,情节严重"的情节。对于这一情节的认定,《最高人民检察院关于人民检察院直接受理立案侦查案件立案标准的规定(试行)》规定:"单位受贿罪是指国家机关、国有公司、企业、事业单位、人民团体,索取、非法收受他人财物,为他人谋取利益,情节严重的行为。索取他人财物或者非法收受他人财物,必须同时具备为他人谋取利益的条件,且是情节严重的行为,才能构成单位受贿罪。国家机关、国有公司、企业、事业单位、人民团

---

[1] 参见王晋:《论记者可以构成受贿罪主体》,载《新闻记者》2009年第3期。

体,在经济往来中,在账外暗中收受各种名义的回扣、手续费的,以单位受贿罪追究刑事责任。"

有下列情形之一的,应予立案:(1)单位受贿数额在10万元以上的。(2)单位受贿数额不满10万元,但具有下列情形之一的:① 故意刁难、要挟有关单位、个人,造成恶劣影响的;② 强行索取财物的;③ 致使国家或者社会利益遭受重大损失的。

我国《刑法》对于单位犯罪实行"双罚制",具体表现为对单位判处罚金,并对其直接负责的主管人员和其他直接责任人员判处刑罚。《刑法》第30条规定了单位负刑事责任的范围:"公司、企业、事业单位、机关、团体实施的危害社会的行为,法律规定为单位犯罪的,应当负刑事责任。"第31条规定了单位犯罪的处罚原则:"单位犯罪的,对单位判处罚金,并对其直接负责的主管人员和其他直接责任人员判处刑罚。本法分则和其他法律另有规定的,依照规定。"

典型案例 农民日报社陕西记者站及江某某单位受贿、挪用公款案

2007年3月至2009年1月间,农民日报社陕西记者站在站长江某某的授意和纵容下,以进行负面报道相要挟,向陕西省12家单位共索取了65.6万元的"宣传费",其中10家为县市级的政府部门。此外,法院还发现,2007年12月,江某某用记者站的公款23.4万元购买了一辆别克轿车。2008年6月,他将该车以22万元的价格转手卖给了一家公司,并将所得车款存入

个人账户。不久,他用这笔钱为自己买了一份万能型保险,同年12月退保,并将这22万元用于征订《农民日报》。

然而,农民日报社陕西记者站辩护人、江某某及其辩护人做了无罪辩护:第一,案件管辖程序不合法;第二,陕西记者站不具备单位受贿罪的主客观条件,所收款项没有归记者站所有,亦没有为他人谋取利益,记者站不构成单位受贿罪,被告人江某某也不能被追究刑事责任;第三,江某某将购车款22万元存入个人工资卡并购买商业保险的事实存在,但属于为陕西记者站谋利益,体现了单位负责人的意志,不构成挪用公款罪。

针对上述辩护,法院作出了反驳:其一,农民日报社陕西记者站作为农民日报社的派出机构,不能视为被告人江某某的工作单位,农民日报社才是江某某的工作单位。农民日报社所在地位于北京市朝阳区,故北京市朝阳区司法机关对案件具有管辖权。其二,陕西记者站作为农民日报社事业单位的分支机构,以权谋利,违法所得60余万元由其支配,其行为符合单位受贿罪的构成要件;而江某某身为记者站负责人,在单位实施的犯罪中起决定、授意、纵容等作用,系单位犯罪中直接负责的主管人员,亦构成单位受贿罪。其三,江某某所购车辆的车款来源是公款,从之后售卖车款去向和用途来看,他将车款存入了个人账户并以个人名义购买商业保险,并非体现单位的意志,因此构成挪用公款罪。

最后,法院对陕西记者站和江某某以单位受贿罪定罪并处以刑罚,同时江某某还构成了挪用公款罪。具体判决如下:"被告单位农民日报社陕西记者站无视国法,索取他人财物,为他人谋取利益,情节严重,其行为已触犯了《刑法》,构成单位受贿罪,判处罚金人民币 10 万元;被告人江某某身为单位直接负责的主管人员,亦构成单位受贿罪,判处有期徒刑 1 年 6 个月。"针对江某某以单位车款购买个人保险的行为,法院认定:"被告人江某某身为国家工作人员,利用职务上的便利,挪用公款归个人使用,超过 3 个月未还,且情节严重,其行为已构成挪用公款罪,判处有期徒刑 5 年。"农民日报社陕西记者站被罚款 10 万元,而江某某两罪合并执行有期徒刑 6 年。[1]

本案中,农民日报社是事业单位,其陕西记者站在站长江某某的授意和纵容下,以进行负面报道相要挟,向陕西省 12 家单位索取"宣传费",属于索贿;所得贿款供江某某支配,属于"为他人谋取利益";贿款总计 65.6 万元,属于"情节严重",符合单位受贿罪的构成要件。而江某某身为记者站负责人,在单位实施的犯罪中起决定、授意、纵容等作用,系单位犯罪中直接负责的主管人员,亦构成单位受贿罪。

典型案例 北京商报社及雷某某单位受贿案

2014 年 7 月 9 日,北京市朝阳区人民法院对北京商报社及其主要负责人之一雷某某单位受贿罪一案进行了宣判。经审理查明,雷某某在担任北京商报社副总编辑及北京商报社《时代汽车周刊》主编期间,在 2009 年至 2013 年间指使北京商报社《时代汽车周刊》的其他工作人员,多次为多家公关公司代理的客户

---

[1] 参见周书环、展江:《记者站站长能否以单位受贿入罪?——媒体人经济犯罪经典案例评析(八)》,载《青年记者》2017 年第 22 期。

刊发宣传性报道,收受宣传费共计人民币1028860元,并用于北京商报社《时代汽车周刊》的活动经费。朝阳区人民法院据此认定,北京商报社身为国有事业单位,非法收受他人钱财,为他人谋取利益,情节严重,其行为触犯了刑法,构成单位受贿罪;雷某某身为单位直接负责的主管人员,亦构成单位受贿罪。鉴于案件所涉赃款已退缴在案,且雷某某归案后能如实供述犯罪事实,故对被告单位及被告人所犯罪行从轻处罚,对被告人适用缓刑。最终,朝阳区人民法院判决:(1)被告单位北京商报社犯单位受贿罪,判处罚金人民币20万元;(2)被告人雷某某犯单位受贿罪,判处有期徒刑2年,缓刑2年;(3)在案钱款人民币1028860元予以没收。[1]

2. 敲诈勒索罪

敲诈勒索罪是指以非法占有为目的,对财物所有人、占有人使用威胁或要挟的方法索取数额较大的公私财物的行为。《刑法》第274条规定:"敲诈勒索公私财物,数额较大或者多次敲诈勒索的,处三年以下有期徒刑、拘役或者管制,并处或者单处罚金;数额巨大或者有其他严重情节的,处三年以上十年以下有期徒刑,并处罚金;数额特别巨大或者有其他特别严重情节的,处十年以上有期徒刑,并处罚金。"

敲诈勒索罪的主体为一般主体,凡达到法定刑事责任年龄

---

[1] 参见北京市朝阳区人民法院(2014)朝刑初字第2034号刑事判决书。

且具有刑事责任能力的自然人均能构成本罪。该罪的主观方面要求为故意。侵犯的客体为公私财物所有权。客观方面表现为采用恐吓或要挟的方法（广义的胁迫）逼迫财物所有人、保管人就范，将公私财物交由行为人或其指定的第三人控制。[1] 其中，在"多次敲诈勒索"的认定上，根据 2013 年 4 月发布并实施的《最高人民法院、最高人民检察院关于办理敲诈勒索刑事案件适用法律若干问题的解释》第 3 条的规定，两年内敲诈勒索三次以上者，应当认定为《刑法》第 274 条规定的"多次敲诈勒索"。在敲诈勒索数额的认定上，根据上述司法解释第 1、2、4 条的规定，"数额较大""数额巨大"的认定标准分别为 2 千元至 5 千元以上、3 万至 10 万元以上，30 万元至 50 万元以上则属于"数额特别巨大"。对于"利用或者冒充国家机关工作人员、军人、新闻工作者等特殊身份敲诈勒索"的行为，"数额较大"的标准可以按照规定标准的 50% 确定，索要财物达到"数额巨大""数额特别巨大"规定标准的 80%，可以分别认定为《刑法》第 274 条规定的"其他严重情节""其他特别严重情节"。

罪名辨析 受贿罪与敲诈勒索罪比较

一、主体不同

受贿罪根据犯罪主体的不同，可以分为以国家工作人员为身份构成要件的受贿罪（《刑法》第 385 条）、非国家工作人员受

---

[1] 参见周光权：《刑法各论》，中国人民大学出版社 2008 年版，第 140—142 页。

贿罪(《刑法》第163条)和单位受贿罪(《刑法》第387条),犯罪主体包括国家工作人员,公司、企业或者其他工作单位的工作人员和国有性质的单位。敲诈勒索罪的犯罪主体为一般主体,即达到刑事责任年龄、具有刑事责任能力的自然人。

二、侵犯的客体不同

受贿罪侵害的客体根据犯罪主体的不同而有所区别,与国家工作人员和国有性质单位有关的,侵害的主要是国家工作人员的职务廉洁性、国有单位的正常工作秩序和国家的廉政建设制度。非国家工作人员受贿罪侵害的是国家对公司、企业以及非国有事业单位、其他组织的工作人员职务活动的管理制度。敲诈勒索罪侵害的客体则是公私财物的所有权。

三、客观方面不同

受贿罪中的索贿行为本质上是利用职务上的便利进行的,行为人之所以向对方提出索取贿赂的要求,就是在于行为人利用自己职务上的便利可以对对方造成压力或者形成不利局面。敲诈勒索罪的客观方面一般是行为人采取暴力、胁迫、揭发隐私等手段要挟受害人,行为人并没有掌握可以挟制对方的权力。行为人是否利用职务上的便利是二罪的本质区别。

典型案例 《购物导报》记者非法设立记者站实施新闻敲诈

2013年2月18日,中央电视台"焦点访谈"栏目以《蹊跷的"采访"》为题,对《购物导报》持证记者李某某在江苏省连云港市非法设立记者站进行新闻敲诈一事进行了曝光。经查,李某某系中国轻工业联合会主管的购物导报社持证记者。2011年7月至2013年1月期间,李某某等人在连云港非法设立记者站,同时在网站上广泛招揽"记者"入职,来面试的"记者"仅经过简单的询问即可随从开展日常"工作"。在日常"工作"中,李某某等人主要通过互联网、电视新闻收集政府、企业的负面信息或是根据群众举报的相关违法线索,利用《购物导报》记者或者假冒中国法治监督网、中国产业经济信息网、人民在线网新闻采编等身份,以调查采访政府非法征地、企业环境污染等问题为由,以采访对象存在违法问题相要挟,多次向江苏、山东基层单位收取资金和物品。其中,部分资金以广告费、宣传费等名义转入报社,但该报并未刊发相应广告或宣传文章,却将资金转入该报副社长王某实际控制的文化传媒公司。经法院查明,李某某等人以曝光负面信息相要挟,单独或交叉作案,勒索相关单位财物合计人民币97660元。

法院经审理后认为,李某某等六名被告人利用"记者"或者虚假的新闻单位"采编"等身份,采取以发表负面报道相要挟的手段,勒索他人财物,其行为均构成敲诈勒索罪,且六名被告人分别共同实施的部分行为构成共同犯罪,依法应追究六名被告人的刑事责任。公诉机关指控事实清楚,证据确实、充分,指控的罪名正确,遂作出判决,判处李某某有期徒刑三年并处罚金人民币20000元,其余五名被告人分别被判处有期徒刑九个月至三年,并处 4000 元至 20000 元的罚金。[1]

针对此次事件,国家新闻出版广电总局在《关于〈购物导报〉等报纸违法案件处理情况的通报中》指出,此类新闻单位及记者的违法行为不仅严重侵害基层单位和群众的利益,也破坏了新闻记者的社会形象,损害了新闻单位的公信力,并重申关于进一步加强新闻采编人员及证件管理、进一步加强报刊记者站和网站管理以及进一步规范新闻采编工作的要求。[2]

典型案例 雷某、雷某伟犯敲诈勒索罪案

2017 年,《西安晚报》记者雷某在接到富县财政局工作人员任某甲交通肇事找人"顶包"的线索后,找到朋友雷某伟,一同去往富县财政局采访当事人任某甲。两次采访均未见到任某甲本人后,雷某将任某甲交通肇事的事情写成稿件并发给雷某伟,并由雷某伟负责将稿件发布到网上,给任某甲造成压力和负面社会影响。任某甲看到网上的文章后,联系雷某并要求删帖。雷某以帖子不是自己发的为借口,将事情推给雷某伟。雷某伟以此为把柄,向任某甲索要 20000 元删帖费用。雷某伟拿到 20000 元现金后,分给雷某 10000 元。

法院经审理后认为,雷某、雷某伟以非法占有为目的,以在

---

〔1〕 参见盛茂、武扬:《连云港"黑记者"敲诈勒索案一审宣判,6 名被告人分别被判有期徒刑》,载《人民法院报》2013 年 11 月 9 日第 3 版。
〔2〕 参见《关于〈购物导报〉等报纸违法案件处理情况的通报》,http://www.zgsr.gov.cn/doc/2013/11/08/115076.shtml,2019 年 3 月 10 日访问。

网络上发布、删除信息为由,要挟他人,向他人索取财物人民币20000元,数额较大,其行为已构成敲诈勒索罪。在共同犯罪过程中,雷某身为国家新闻工作者,违反职业纪律,伙同他人向当事人勒索钱财,起主要作用,属主犯。雷某伟冒充新闻记者,协助他人共同实施犯罪行为,起次要作用,属从犯,依法应对其从轻处罚。被告人雷某、雷某伟到案后,能如实供述自己的犯罪事实,依法可对其从轻处罚。被告人雷某、雷某伟的亲属能积极退赔被害人的全部经济损失,可酌情对其从轻处罚。[1]

典型案例《现代消费导报》张某某等人犯敲诈勒索罪案

张某某系现代消费导报社副社长、副总编辑,并分管报社官网现代消费网的运营工作。2012年11月下旬,张某某将收集到的杭州市余杭区供电局(后更名为国网浙江杭州市余杭区供电公司,以下简称"余杭供电局")建办公楼的资料发给工作人员格某某,要求其写稿。同月28日,张某某将格某某撰写的《杭州余杭供电局数亿建调度楼 超现办公面积19倍》的报道发表在现代消费网上。格某某在自己的腾讯微博上也推荐阅读该报道。该报道当日点击阅读量达9349人次,46人转播和评论。该报道还被搜狐、凤凰网等各大门户网站转载,给余杭供电局造成很大的压力。同年12月初,张某某安排格某某、李某某前往余杭供电局进行后续采访,并在该次采访中向余杭供电局的工

---

[1] 参见陕西省富县人民法院(2019)陕0628刑初8号刑事判决书。

作人员徐某某等人表示此事有可操作空间,以后可与李某某联系。不久之后,徐某某等人来到北京,与自称中国日报网记者的樊某某进行"商谈"。在徐某某表达希望不再被恶意炒作的意图后,樊某某说可以为余杭供电局做宣传广告,并报出多则50万元少则20万元一年的广告费价格。该局迫于负面信息带来的压力,最终同意支付20万元广告费。之后,张某某等人未再跟踪报道此事,也未替余杭供电局做任何广告宣传。

除此之外,本案所涉的张某某、格某某、樊某某等人还多次以在网络媒体上发布或删除负面信息等方式,威胁、要挟他人并索取钱财。其中参与作案次数最多的张某某和樊某某,敲诈勒索金额总计高达63万元。二审法院在综合案情事实与张某某、格某某认罪态度的基础上,判决张某某犯敲诈勒索罪,判处有期徒刑10年,并处罚金人民币20万元;格某某犯敲诈勒索罪,判处有期徒刑5年,并处罚金人民币10万元。同时维持了一审法院对樊某某等人的罪名和刑期认定,以及向张某某、格某某追缴违法所得的判决内容。[1]

新闻敲诈是传媒或新闻从业人员以不利于报道对象的新闻稿件(包括编发内参等)相威胁,强行向被报道对象索要钱财或其他好处的行为。[2] 新闻敲诈行为的实施主体包括持有记者证的职业记者、不持有记者证的新闻单位中的工作人员和所谓

---

[1] 参见湖南省衡阳市中级人民法院(2016)湘04刑终230号刑事判决书。
[2] 参见陈力丹等:《中国新闻职业规范蓝本》,人民日报出版社2012年版,第138页。

的"假记者",即冒充记者身份的一般社会人员。近年来利用新闻报道进行敲诈勒索的案例颇多,国家有关部门也积极开展打击新闻敲诈的专项行动。如2012年5月,新闻出版总署、全国"扫黄打非"工作小组办公室、中央纪委驻新闻出版总署纪检组联合印发《关于开展"打击新闻敲诈、治理有偿新闻"专项行动的通知》。2014年3月,中宣部等九部门印发通知,决定在全国范围内深入开展打击新闻敲诈和假新闻专项行动,推动各地各部门采取切实措施,加大整治力度。但即便如此,新闻敲诈事件仍然屡禁不止。

社会公信力作为媒体立足新闻业的基础,是所有新闻媒体所珍视的对象。一些媒体和媒体从业者罔顾职业道德与基本操守,将国家和人民赋予新闻媒体的权利拿来寻租和买卖,严重损害了公民对于媒体坚守真实、全面、客观、公正原则的信任,偏离了媒体的公正立场,伤害了报道真实客观的媒体形象。如果任由其发展,将会对媒体行业造成致命的打击。对此,《中国新闻工作者职业道德准则》第4条明确规定:坚决反对和抵制各种有偿新闻和有偿不闻行为,不利用职业之便谋取不正当利益,不以任何名义索取、接受采访报道对象或利害关系人的财物或其他利益。除此之外,对于有偿新闻、有偿不闻及新闻敲诈事件,尽管我国没有成文的传媒法,但也不意味着新闻业的违规活动就无法可依。对待新闻敲诈行为,行政处罚与刑事制裁在实践中都发挥了重要作用。

3. 强迫交易罪

《刑法》第226条规定:"以暴力、威胁手段,实施下列行为之一,情节严重的,处三年以下有期徒刑或者拘役,并处或者单处罚金;情节特别严重的,处三年以上七年以下有期徒刑,并处罚金:(一)强买强卖商品的;(二)强迫他人提供或者接受服务的;(三)强迫他人参与或者退出投标、拍卖的;(四)强迫他人转让或者收购公司、企业的股份、债券或者其他资产的;(五)强迫他人参与或者退出特定的经营活动的。"《刑法》第231条规定:"单位犯本节第二百二十一条至第二百三十条规定之罪的,对单位判处罚金,并对其直接负责的主管人员和其他直接责任人员,依照本节各该条的规定处罚。"

强迫交易罪的主体既可以是个人,也可以是单位。商品的出售者和购买者、服务的提供者和接受者均可以成为本罪主体。根据《刑法》第231条,单位犯强迫交易罪的,单位及其直接责任人员也要承担相应责任。

强迫交易罪在主观方面表现为故意。行为人一般具有谋取非法利益的目的,过失不构成本罪。侵犯的客体是复杂客体,强迫交易罪不仅侵犯了正常的市场交易秩序,也侵犯了他人的人身权利和财产权利。

强迫交易罪在客观方面表现为以下行为:(1)以暴力、威胁手段强买强卖商品。所谓暴力,是指殴打、杀伤、捆绑、强拉硬拽等损害他人生命、健康的行为。所谓胁迫,是指以实施暴力侵害相威胁,或者以其他方式进行精神强制,使被害人出于恐惧、无奈而被迫购买或出卖商品。强买强卖是指包括强迫他人销售其经营的商品或者强迫他人购买行为人本身经营的商品,既包括低价强买,也包括高价强卖。(2)强迫他人提供服务。这主要是指行为人在享受服务性消费时,不遵守公平自愿的原则,不顾提供服务方是否同意,以暴力、威胁手段,强迫对方提供某种服务的行为。(3)强迫他人接受服务。主要是指餐饮业、旅游业、娱乐业、美容服务业、维修业等服务性质的行业,在营业中违反法律法规和商业道德以及公平自愿的原则,不管消费者是否同意,以暴力、威胁的手段强迫消费者接受其服务的行为。(4)强迫他人参与或退出投标、拍卖活动。(5)强迫他人转让或者收购公司、企业的股份、债券或者其他资产。(6)强迫他人参与或者退出特定的经营活动。

上述行为必须达到"情节严重"才构成犯罪。所谓情节严重,一般是指经常性地实施强迫交易,因强迫商品交易受到过行政处罚的,强迫商品交易的数额较大的,采取暴力威胁手段致人伤残的,强迫商品交易造成恶劣影响的。[1]

罪名辨析 强迫交易罪与受贿罪比较

一、主体不同

强迫交易罪的主体没有特别要求,既可以是达到刑事责任年龄、具有刑事责任能力的自然人,也可以是单位。受贿罪根据

---

[1] 参见陈兴良主编:《罪名指南》(第二版·上册),中国人民大学出版社2008年版,第631—632页。

犯罪主体的不同,可以分为以国家工作人员为身份构成要件的受贿罪(《刑法》第385条)、非国家工作人员受贿罪(《刑法》第163条)和单位受贿罪(《刑法》第387条),犯罪主体包括国家工作人员,公司、企业或者其他工作单位的工作人员和国有性质的单位。

二、侵犯的客体不同

两罪侵犯的客体均为复杂客体。强迫交易不仅侵犯了正常的市场交易秩序,还侵犯了他人的人身权利和财产权利。受贿罪侵害的客体根据犯罪主体的不同而有所区别,与国家工作人员和国有性质单位有关的,侵害的主要是国家工作人员的职务廉洁性、国有单位的正常工作秩序和国家的廉政建设制度;非国家工作人员受贿罪侵害的是国家对公司、企业以及非国有事业单位、其他组织的工作人员职务活动的管理制度。

三、客观方面不同

强制交易罪与受贿罪最大的区别在于获取财产的方式。强制交易罪中的行为方式包括以暴力、威胁方法,进而侵犯对方人身权利。受贿罪中的索贿行为虽然可能会通过公然要挟方式,迫使当事人行贿,但不存在暴力或以暴力相威胁的行为。

罪名辨析 强迫交易罪与敲诈勒索罪比较

一、主体不同

强迫交易罪的《刑法》条文中规定了单位作为主体的情形,因此自然人和单位均可构成强迫交易罪;而敲诈勒索罪只能由自然人构成。

二、侵犯的客体不同

强迫交易罪侵犯的客体是复杂客体,即市场交易秩序和他人的人身权、财产权或其他合法权益;敲诈勒索罪侵犯的客体是简单客体,即公私财产的所有权。

三、客观方面不同

强迫交易罪行为人对受害人可使用暴力、威胁方法;而敲诈勒索罪则只能使用威胁、要挟方法,若行为人当面对受害人使用暴力,则超出敲诈勒索罪的范围。另外,强迫交易罪只发生在商品或服务的交易过程中,表现为强行给付不平等对价和违背对方真实意思表示的交易行为;而敲诈勒索罪一般不发生在商品或服务的交易过程中,其通过强制行为所获得的财物是无对价的,因此,是否存在交易关系是区分两罪的关键。[1]

典型案例《中国经济时报》记者耿某某犯强迫交易罪案

耿某某于2009年12月至2012年11月在中国经济时报社担任记者工作。2010年12月,耿某某在中国经济时报社的同事王某某与他联系,让他配合采访郑州纺织产业园拆迁过程中存在的问题。在对郑州纺织产业园采访前,耿某某和王某某找到郑州纺织产业园领导,并指出郑州纺织产业园在征地拆迁过程中存在的问题。郑州纺织产业园领导回答他们,征地拆迁合

---

〔1〕 参见孙国祥、魏昌东:《经济刑法研究》,法律出版社2005年版,第570—580页。

法合规。《中国经济时报》刊登了郑州纺织产业园的负面报道后,耿某某将登有该负面报道的报纸送给郑州纺织产业园领导,并说要对该负面事件进行跟踪报道。郑州纺织产业园的宁某某找到耿某某帮忙,希望《中国经济时报》不再刊登郑州纺织产业园的负面报道。在耿某某告诉宁某某第二篇负面报道即将刊发的消息后,郑州纺织产业园派宁某某等人到北京找耿某某协商不让负面报道登报事宜。耿某某在《中国经济时报》每年有30万元的经营任务,为完成任务,他让宁某某等人去找报社领导并在《中国经济时报》上刊登正面形象宣传广告,报社就不再做负面报道。郑州纺织产业园于2011年3月29日与《中国经济时报》签订了30万元的两版正面形象宣传广告。2011年3月31日郑州纺织产业园将第一笔15万元汇到中国经济时报社。《中国经济时报》于2011年8月22日刊登题为《郑州纺织服装产业园搭建高起点平台 助推郑州纺织服装业"东山再起"》的正面宣传报道。

河南省郑州市金水区人民法院经审理后认定,被告人耿某某犯强迫交易罪,判处有期徒刑3年6个月,并处罚金人民币3万元,违法所得依法予以没收。被告不服,提起上诉。河南省郑州市中级人民法院经审理后认为,耿某某以威胁手段强迫他人提供或者接受服务,严重扰乱市场秩序,且情节特别严重,其行为已构成强迫交易罪,依法应予惩处。裁定驳回上诉,维持原判。[1]

---

[1] 参见河南省郑州市中级人民法院(2014)郑刑一终字第369号刑事裁决书。

典型案例 《北方周末报》副总编孙某某犯敲诈勒索罪案

　　孙某某原系《北方周末报》华东新闻周刊副总编,主要负责江苏省连云港市赣榆县的信息反馈、新闻采访和报纸征订工作。在2013年3月劳动合同到期后,孙某某未与原单位续约。但在2013年6月至8月期间,孙某某多次以《北方周末报》"华东新闻中心"的名义联系宣传报道事宜,并以刊登负面报道、炒作等手段相要挟,对于赣榆县欢墩中心卫生院的19家单位,或强迫签订宣传报道"合作协议书",或强迫订阅报纸,并开具数额不等的报纸订阅费收据,收取相关费用合计人民币61760元。赣榆县人民法院经审理后认为,孙某某以威胁手段强迫他人接受服务,强迫他人订阅报纸,情节严重,其行为已构成强迫交易罪,判处有期徒刑三年,并处罚金人民币10000元;责令被告人孙某某退赔被害单位经济损失共计61760元。

　　一审判决作出后,被告孙某某提起上诉,并提出自己没有强迫对方作出交易行为,证人证言不属实,其行为不构成犯罪的抗辩理由。江苏省连云港市中级人民法院经审理查明,2013年6月至8月,上诉人孙某某以非法占有为目的,以作负面报道、炒作等手段相要挟,以进行宣传报道、订阅报刊等名义,向连云港市赣榆区(原赣榆县)欢墩中心卫生院等19家单位索要财物,其行为符合敲诈勒索罪的构成要件。原审法院认定上诉人孙某某构成强迫交易罪系适用法律错误,遂依法予以改判。[1]

---

〔1〕 参见江苏省连云港市中级人民法院(2014)连刑二终字第00077号刑事判决书。

本案中,两审法院之所以在罪名认定上存在差异,在于一审法院认为被告孙某某以刊登负面报道作为威胁手段,是为了强迫各单位与之签订合作协议以及接受报纸订阅服务。而二审法院认为被告的威胁手段是为了索取对方财物,合作协议和订阅费收据只是为了掩饰索取财物的事实。从该案可以看出,交易行为是否真实存在,是区分强迫交易罪与敲诈勒索罪的重要因素之一。

典型案例 二十一世纪传媒报系案

2015年12月24日,牵动整个新闻传媒行业神经的二十一世纪传媒报系新闻敲诈案终于尘埃落定。该案所涉及的媒体与公司之多、人员之广引起了社会的广泛关注。本案的关键人物沈某,原为二十一世纪报系党委书记、广东二十一世纪传媒股份有限公司(以下简称"二十一传媒公司")总裁,掌管着二十一世纪经济报道、二十一世纪网、理财周报3家媒体及8家运营公司。2007年,沈某带领团队创办《理财周报》《二十一世纪商业评论》《商务旅行》等杂志,形成著名的二十一世纪报系。沈某也因此被擢升为二十一世纪传媒公司总裁,掌管二十一世纪报系的全部业务。在沈某担任总裁职位期间,二十一世纪传媒公司面临着上市的计划。对于当时已经转变为媒体经营管理者的沈某来说,通过新闻逐利成为他松动二十一世纪报系采编部门与广告部门之间的"防火墙"的直接诱因。

法院经审理查明,2009年8月至2014年9月,二十一世纪传媒公司及沈某为谋取经济利益,由沈某确定考核办法与具体指标,与其统一掌控的相关媒体和广告、运营公司互相勾结,选择正处于拟上市、资产重组商业敏感期等阶段的企业,利用企业对媒体登载负面报道的恐惧心理,采取有偿撤稿、删稿,不跟踪报道等"有偿不闻"的方法,以广告费、赞助费等名义向四川郎酒集团有限责任公司等9家被害单位索取钱财共计728万余元。

法院同时查明,2009年12月至2014年8月,二十一世纪传媒公司、沈某等及其统一掌控的相关媒体和运营、广告公司,通过上海润言投资咨询有限公司、深圳市鑫麒麟投资咨询有限公司等财经公关公司,利用登载负面报道给被害单位施加压力,或列举因未投放广告导致上市失败事例,或利用被害单位担心出现负面报道的恐惧心理,迫使70家被害单位签订广告合同,涉及金额1897万余元。

法院经审理认为,沈某和二十一世纪传媒公司等明知处于上市、拟上市、资产重组等阶段的企业被负面报道后,可能导致股价下跌、上市或收购受阻等严重后果,仍然凭借媒体的特殊地位,利用企业对媒体登载负面报道的恐惧心理,采取登载负面报道或将继续跟踪报道等手段,要挟企业以广告费等名义支付钱款,以换取媒体删、撤负面报道,或不再跟踪报道。二十一世纪传媒公司的行为属于《刑法》规定的敲诈勒索行为。沈某在二十一世纪传媒公司实施的敲诈勒索行为中发挥了组织作用,并且直接参与部分行为,应当追究沈某敲诈勒索罪的刑事责任。同时,二十一世纪传媒公司与财经公关公司相互勾结,由财经公关公司利用媒体刊发的负面报道,或由财经公关公司列举负面报道可能造成企业上市失败等严重后果,对企业进行威胁,致使企业违背自身意愿,接受财经公关公司和媒体要求的广告等服务。其行为违背市场交易规则,破坏正常的市场交易秩序,侵害经营者的合法权益,符合强迫交易罪的构成要件。

12月24日,上海市浦东新区人民法院对二十一世纪传媒公司及原总裁沈某等涉嫌敲诈勒索、强迫交易等系列案件作出一审判决:以强迫交易罪对被告单位二十一世纪传媒公司判处罚金人民币948.5万元,追缴违法所得948.5万元;对系列案件的其余被告单位分别处罚金人民币3万元至5443万元,追缴违法所得3万元至5443万元;以敲诈勒索罪、强迫交易罪等数罪并罚,判处二十一世纪传媒公司原总裁沈某有期徒刑4年,并处罚金人民币6万元;对系列案件的其余被告人分别处1年6个月至10年6个月不等有期徒刑。[1]

沈某案中所涉及的罪名不仅包括自然人构成的敲诈勒索罪、强迫交易罪,还包括单位构成的强迫交易罪。历经时间之长、所涉罪名之广使本案成为当年广受关注的典型案件。沈某案发生后,央视新闻发表评论称,对于有偿新闻、有偿删帖和新闻敲诈的禁止已经有30年的时间,有偿新闻虽然一直存在,但往往源于个别"害群之马"。时至今日,仍旧发生了如二十一世纪报系这类有组织、成系统、大规模的新闻敲诈案,令人颇感震惊。一方面,新闻媒体不仅仅是社会的观察者、记录者,同样也

---

[1] 参见《二十一世纪传媒公司及原总裁沈颢等敲诈勒索、强迫交易等系列案件一审宣判》,http://news.sina.com.cn/o/2015-12-25/doc-ifxmykrf2298496.shtml,2019年3月4日访问。

是社会的建设者和参与者,当前中国正处于向法治国家迈进的过程中,新闻媒体和从业者应当树立对法律的敬畏之心。另一方面,新闻人"笔下有是非曲直,笔下有毁誉忠奸,笔下有财产万千,笔下有人命关天"。媒体人的良知和灵魂,影响着时代的发展和社会的进步,守住新闻人的职业道德才能守住社会的良知与底线。[1]

众所周知,媒体最常见的商业模式应当是将媒体产品销售给受众,再以广泛的受众来吸引广告商,通过收取广告费来获得利润。而公关公司将媒体的报道标上价格,企业付费后媒体不再报道负面消息,从而达成交易,形成"有偿沉默"商业模式。而这是一种畸形的金钱交换模式。[2]

对于新闻采编人员操纵新闻报道,以批评曝光为由强迫当事方订阅报刊、投放广告或提供赞助,借舆论监督进行敲诈勒索等问题,中宣部、国务院新闻行政管理部门先后发布的《关于新闻采编人员从业管理的规定(试行)》(2005)、《关于进一步规范新闻采编工作的意见》(2011)、《关于加强新闻采编人员网络活动管理的通知》(2013)等规章,无不明令禁止,并规定了相应的惩治办法。各新闻机构也大多制定了本部门的新闻采编规范,对上述违规违法行为予以禁止。因此,新闻机构管理自己的职

---

[1] 参见《昔日北大才子 今日"铁窗"嫌犯 为何?》,http://news.cntv.cn/2015/12/24/ARTI1450957018517734.shtml,2019年3月4日访问。
[2] 参见魏永征、贾楠:《21世纪案为由头:新闻敲诈的刑事制裁分析》,载《新闻界》2014年第20期。

业记者并非无章可循,关键在于要严格照章办事,而不是让这些规章制度徒具空文。[1]

除此之外,媒体内部体制改革也是避免此类新闻敲诈事件发生的重要举措。采编部门负责新闻内容的采编,广告部门负责商谈版面广告,两者各司其职,不能合二为一。经营岗和采编岗之间"防火墙"的设立使得采编人员不受来自金钱或其他利益的诱惑,能更独立地进行新闻报道。如果两个部门的职责发生交叉,采编部门承担起企业盈利任务则可能导致"有偿新闻""有偿不闻"现象的产生。因此,把采编部门与广告部门的职责分离,明确新闻媒体的道德底线和法律底线,才能使其成为社会的健康力量。

(三) 新闻领域的行业自律是预防新闻腐败的关键

纵观以上案例,我国《刑法》对新闻腐败行为主要通过受贿罪、非国家机关工作人员受贿罪、单位受贿罪、敲诈勒索罪和强迫交易罪等罪名进行规制。刑罚固然可以震慑新闻腐败类行为,但是刑罚的目的不在于适用而在于预防。这类行为的整治关键应以刑罚作为最后防线,而将其他手段前置适用,否则动辄对其施加刑罚,适用不当甚至会损害新闻自由权利的行使。[2]同时,通过《刑法》进行规制固然可以有力打击新闻采集中的严重腐败行为,但对于一些情节轻微,未达到《刑法》规定数额的敲

---

[1] 参见陈建云:《新闻敲诈,该当何罪》,载《新闻记者》2014年第7期。
[2] 参见李朝:《新闻敲诈的刑法归责:一种刑罚最小化的社会控制》,载《新闻界》2015年第1期。

诈行为,《刑法》显得束手无策。"一蚁之穴,能溃千里之堤",再小的新闻腐败行为也会给整个传媒生态的崩溃埋下隐患,如果任由其发展,不仅会对我国整个媒体行业和媒体环境造成不可逆的伤害,也会破坏整个社会环境、社会风气和社会秩序,且恶劣影响在短期内难以消除。因此,在通过适用《刑法》对新闻腐败行为进行严厉处罚的同时,也要对新闻日常采编活动中的"小恩小惠"保持警惕。西方许多国家对新闻腐败行为的治理多采用综合性的手段,首先就是新闻行业内自律。

以美国为例,进入19世纪,资本主义的发展处于自由竞争的阶段,新闻业内竞争加剧,暴露出来的新闻职业道德问题日益严重,商业化倾向在美国新闻业中表现得十分突出。为了追求利润,招揽客户,体现在报纸内容上就是色情、凶杀、灾祸、犯罪等低俗内容充斥各个报纸版面。进入20世纪后,美国的新闻业进入市场垄断阶段,新闻传播渠道越来越少,"一城一报"的现象使一些报业集团恣意使用新闻报道权利。再加上此时广告已经成为报业利润的主要来源,各家报社为了争取利润的增长,纷纷使用各种方法扩大广告营收。刊发虚假广告的现象十分普遍,新闻与广告的界限越来越难以区分。[1]

面对这种情形,许多有识之士开始进行深刻的反思,自19世纪上半叶起,以新闻伦理调解为核心的新闻自律运动产生。不少报业主为自己的报馆制定办报方针和工作规章。最早将职业道德置于报刊运营的首要位置的是由霍勒斯·格里利在

---

[1] 参见李衍玲:《新闻伦理与规制》,社会科学文献出版社2008年版,第16页。

1814年创办的《纽约论坛报》。他在该报的创刊词中写道:"它将努力维护人民的利益和促进他们道德的、社会的和政治的权益。它将努力摒弃许多著名便士报上的不道德的、下流的警察局新闻、广告和其他材料。我们将尽心尽力地把报纸办成赢得善良的、有教养的人们嘉许的、欢迎的家庭常客。"[1]1908年,美国密苏里大学新闻学院创办人、首任院长沃尔特·威廉主持制定了《记者守则》,最早系统地提出了新闻职业道德规范,其中涉及新闻腐败的内容包括:正确与公平是良好新闻事业的基础;报人应只写他所深信为真实的事情;受贿于自己,也像受贿于他人一样,应竭力避免;广告、新闻与社论,均应为读者的最大利益服务,他人应有一个真实与廉洁的标准;最成功的以及最能取得成功的新闻事业,必须敬畏上帝和尊重人类,坚持超然地位,不为成见和权力的贪欲所动。

自20世纪20年代起,美国掀起了以确立新闻业内规范为宗旨的促进新闻自律运动。世界上第一个行业职业团体制定的新闻道德规范——由美国报纸编辑人协会颁布的《美国报业道德律》就诞生于这个时期。1947年,美国新闻自由委员会出版《一个自由而负责任的新闻界》,其中提出的"新闻社会责任论"更是为当时的新闻自律指明了方向。[2]

在行业监督的制度设计上,英国也为我们提供了很好的借鉴。自1916年瑞典成立了世界上第一个新闻评议机构开始,许多国家也逐渐建立了新闻评议机构和新闻评议制度。其中,由

---

[1] 参见李衍玲:《新闻伦理与规制》,社会科学文献出版社2008年版,第47—48页。

[2] 同上书,第48页。

英国首创的新闻评议会得到了广泛采用。根据新闻评议会所承担的职责和任务,运作程序通常包括以下内容:"① 接受当事人和社会各界人士的检举和申诉(亦可对社会关注的新闻媒体及新闻从业人员违反职业道德的新闻主动进行审查);② 对决定受理的案件进行调查,举行听证;③ 组织对已调查和听证完毕的案件的审查、评议,并作出相应的仲裁决议;④ 公布仲裁决议和执行方式;⑤ 检查执行情况;⑥ 公布执行结果。"[1]新闻评议制度和评议机构的建立,为新闻自律提供了一种评价、裁判的手段和途径。

在行业自律上,从20世纪90年代初开始,国家新闻出版署、中华全国新闻工作者协会以及一些中央新闻机构采取许多措施,包括发布《中国新闻工作者职业道德准则》《关于禁止有偿新闻的若干规定》《关于建立新闻工作者接受社会监督制度的公告》等,规范新闻传播行为,加强新闻行业自律。这一类行规行约的出台在新闻界的道德自律上取得了一定的成效,但由于缺乏相应的监督机制,仅依靠从业者自身的反省与检查,很多违反职业道德、侵害法人和公民合法权益的行为往往得不到有效制止。因此,自2013年开始,中国记者协会在广泛调研的基础上,逐渐在全国范围内建立新闻道德委员会,主要开展新闻评议、倡议引领、接受举报投诉和对突出问题日常监测的工作。新闻道德委员会的工作使我国的新闻自律机制不再仅仅停留在字面的准则上,而是承担起一定的监督与执行责任。但是,从目前我国

---

[1] 参见朱鸿军、季诚浩:《国外"新闻反腐"的举措及其启示》,载《中国出版》2015年第5期。

新闻敲诈案件频发的现状来看,我国的新闻自律之路仍然任重而道远。

本讲小结

本讲讨论了新闻记者与采访对象之间两个方面的问题,一是新闻记者向采访对象付费以购买新闻,亦称"付费新闻""支票簿新闻";二是采访对象向新闻记者输送利益,这种输送有时是采访对象主动的,有时是被动的。前一问题更多地涉及新闻伦理层面,有时候也会涉及法律层面。而后一问题,"有偿新闻""有偿不闻",根据输送利益程度的不同,既可能在新闻伦理层面讨论,也可能上升到法律的层面。本讲主要讨论了三个罪名:受贿罪、敲诈勒索罪和强迫交易罪。具体内容概括如下:

一是关于"付费新闻"的争议。几乎每一起"付费新闻"案例出现后,都引起新闻传播学术界和业界的争议,支持者和反对者都有。本讲列举了学者们对这一问题的看法。"付费新闻"更多的是新闻伦理层面的问题,要不要从法律上确认付费新闻的合法性,是业界和学界争议的焦点。

二是探讨"有偿新闻""有偿不闻"等引起的新闻伦理问题和新闻犯罪。无论是伦理层面还是法律层面,目前实践中所发生的相关案例都不在少数。本讲重点分析了受贿罪、敲诈勒索罪和强迫交易罪的犯罪构成、犯罪责任以及三个罪名之间的区别,并配合相关案例进行说明和分析。最后,本书作者呼吁加强新闻行业自律是预防新闻犯罪的关键。

后　记

　　说起来惭愧，呈现在读者面前的这本小书，断断续续写了四年多，用我太太的话说："孩子还没出生，就开始写书，如今孩子已经三岁多了，书还没有写完。"书稿之所以拖了那么久，除了自己的惰性使然以外，现在回忆起来大概有如下两个主要原因：

　　一是对写作本书由自信到不自信。虽然我在四年前就定下了书名和全书的写作框架，自认为有信心写好这本书，但随着现实社会环境和媒介环境的变化，随着学术场域中学者更多地聚焦于人工智能、算法推荐、大数据等热门的议题，我时不时就会怀疑自己花那么多时间写作本书究竟有何意义。新闻记者的权益保护、新闻记者职业行为的法律保障与约束等这些传统议题还有必要讨论吗？如果有必要讨论，为什么现实学术场域中关注此类议题的人越来越少？如果没有必要讨论，这些议题是不是已经成为过去，成为伪学术问题了？我的这种时而坚定时而怀疑的心理一直持续了四年。信心不足时，书稿就会被搁置；信心坚定时，书稿又会被重拾起来。

　　二是对书稿写作的难度预估不足。我之所以向出版社报这个选题，首先因为我国记者新闻采集中确实出现了不少法律问题有待探讨，而且此领域的问题极容易被忽视；其次是看到美国三位学者C.托马斯·第纳斯（C. Thomas Dienes）、李·莱文（Lee Levine）、罗伯特·C.林德（Robert C. Lind）合著的《新闻采集与法》（*Newsgathering and the Law*）用1000多页的篇幅探讨新闻采集中的法律问题。再加上，我在教授"传播法研究"课程的时候，搜集资料时发现网络上有人上传"新闻采集与法"相关课程的PPT。这些珍贵的资料，让我受益匪浅。种种原因，促使我想写这本小书。

  本书内容并不想囊括新闻采集中的所有法律问题乃至伦理问题，而是选取了其中六个专题来探讨。在探讨这六个专题前，第一讲总括性地介绍新闻采集涉及的新闻元素，简要地梳理新闻采集中的法律问题。六个专题分别为新闻采访权的法律保护与约束、新闻采集与政府信息公开、审判庭上的摄像机、新闻采集与记者"拒证权"、隐性采访中的法律争议、新闻采集中的"付费采访"与"有偿新闻"。需要说明的是，本书虽然重点探讨的是新闻采集中的法律问题，但也会涉及相关的伦理问题，比如新闻采集中的"付费采访"就是一个很重要的伦理难题。

  其实，从选题构思到全书框架的设定，本书原本都是按照本科生教学用书设计的，但最后成书已经远超过本科生所应掌握的知识范畴。这样也好，不受制于教材框架的限制，可以有更多自由发挥的空间。书中既有案例的展示，也有理论的探讨，既有素描式介绍，也有观点性铺陈。如果从素材和观点的角度来衡量，这本小书可能更适用于研究生教学。

  这本小书的写作过程给我留下深刻的印象，也让我收获了许多——我深深感觉到自己选择研究传播法这一领域是对的，传播法的研究虽然较难，但也让我不断地挑战自己，从而取得意想不到的收获。我坚信：传播法研究博大精深，现实提供给我们太多鲜活的素材，诸多内容都有待于我们去深耕。同时，本书的出版也让我感受到，不为课题、不为论文发表的写作是自由的，这本小书完全是基于我平时本科和研究生教学积累的素材，没有以此为主题申报过课题，没有以此发表过论文。

本书写作过程中，我总认为自己还没有写好，要写的内容还有很多，但一本书总要有完成的时候，"丑媳妇总得见公婆"。所以，书中不可避免存在一些问题，恳请读者提出宝贵的意见和建议。我的电子邮箱是：pgb121@163.com。

在这本小书的写作过程中，范玉吉院长经常鞭策和鼓励我，与我一起探讨传播法的相关问题，使我坚定了继续写下去的决心。我的硕士研究生陈煜帆和朱雯婕帮助写作了本书最后一讲的部分内容。北京大学出版社的刘秀芹编辑几次询问书稿的写作进度，并对书稿进行了认真的审阅和校对。在此一并感谢！

彭桂兵

2020 年 7 月 1 日于上海